U0593995

福建省**中职学考**核心课程系列教材

旅游基础

主　编：何　征　　阮思莲　　汪秀莲
副主编：王晓霞　　江丽容　　曾海燕

扫码获取数字资源

厦门大学出版社
XIAMEN UNIVERSITY PRESS
国家一级出版社
全国百佳图书出版单位

图书在版编目（CIP）数据

旅游基础 / 何征，阮思莲，汪秀莲主编. -- 厦门 ：
厦门大学出版社，2025. 8. -- （福建省中职学考核心课
程系列教材）. -- ISBN 978-7-5615-9811-5

Ⅰ. F590

中国国家版本馆 CIP 数据核字第 2025QZ4684 号

策划编辑　姚五民
责任编辑　姚五民
美术编辑　李夏凌
技术编辑　许克华

出版发行　厦门大学出版社
社　　址　厦门市软件园二期望海路 39 号
邮政编码　361008
总　　机　0592-2181111　0592-2181406(传真)
营销中心　0592-2184458　0592-2181365
网　　址　http://www.xmupress.com
邮　　箱　xmup@xmupress.com
印　　刷　厦门市明亮彩印有限公司

开本　　787 mm×1 092 mm　1/16
印张　　16.25
字数　　386 千字
版次　　2025 年 8 月第 1 版
印次　　2025 年 8 月第 1 次印刷
定价　　54.00 元

厦门大学出版社
微信二维码

厦门大学出版社
微博二维码

出版说明

　　教育是强国建设和民族复兴的根本,承担着国家未来发展的重要使命。基于此,自党的十八大以来,构建职普融通、产教融合的职业教育体系,已成为全面落实党的教育方针的关键举措。这一战略目标的实现,要求加快塑造素质优良、总量充裕、结构优化、分布合理的现代化人力资源,以解决人力资源供需不匹配这一结构性就业矛盾。与此同时,面对新一轮科技革命和产业变革的浪潮,必须科学研判人力资源发展趋势,统筹抓好教育、培训和就业,动态调整高等教育专业和资源结构布局,进一步推动职业教育发展,并健全终身职业技能培训制度。

　　根据中共中央办公厅、国务院办公厅《关于深化现代职业教育体系建设改革的意见》和福建省政府《关于印发福建省深化高等学校考试招生综合改革实施方案的通知》要求,福建省高职院校分类考试招生采取"文化素质＋职业技能"的评价方式,即以中等职业学校学业水平考试(以下简称"中职学考")成绩和职业技能赋分的成绩作为学生毕业和升学的主要依据。

　　为进一步完善考试评价办法,提高人才选拔质量,完善职教高考制度,健全"文化素质＋职业技能"考试招生办法,向各类学生接受高等职业教育提供多样化入学方式,福建省教育考试院对高职院校分类考试招生(面向中职学校毕业生)实施办法作出调整:招考类别由原来的30类调整为12类;中职学考由全省统一组织考试,采取书面闭卷笔试方式,取消合格性和等级性考试;引进职业技能赋分方式,取消全省统一的职业技能测试。

　　福建省中职学考是根据国家中等职业教育教学标准,由省级教育行政部门组织实施的考试。考试成绩是中职学生毕业和升学的重要依据。根据福建省教育考试院发布的最新的中职学考考试说明,结合福建省中职学校教学现状,厦门大学出版社精心策划了"福建省中职学考复习指导用书"系列。该系列旨在帮助学生提升对基础知识的理解,提升运用知识分析问题、解决问题的能力,并在学习中提高自身的职业素养。

　　本系列教材由中等职业学校一线教师根据最新的《福建省中等职业学校学业水平考试说明》编写。内容设置紧扣考纲要求,贴近教学实际,符合考试复习规律,包含学习目标、思维导图、考纲解析(知识点讲解)、思考与练习、模拟试卷五部分。理论部分针对各知识点进行梳理和细化,使各知识点表述更加简洁、精练;模拟试卷严格按照考纲规定的内容比例、难易程度、分值比例编写,帮助考生更有针对性地备考。本系列教材适合作为中职、技工学校学生的中职学考复习指导用书。

目　　录

模块一　旅游概论

模块二　食品营养卫生

模块三　礼貌礼仪

模块一　旅游概论

项目一 　旅游概述

 **项目目标**

    1.理解旅游产生的历程。

    2.理解游览、旅行、旅游之间的联系和区别。

    3.掌握旅游的定义及旅游的内容。

    4.掌握旅游的本质属性。

    5.掌握旅游的特点。

    6.掌握旅游的基本类型。

    7.理解我国旅游组织的类型。

    8.掌握世界旅游组织的基本情况。

 **思维导图**

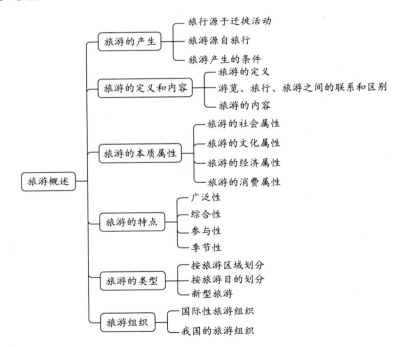

任务一　旅游的产生

【学习要求】

1. 理解旅游产生的历程。

2. 了解自己未来从事的行业,能够准确向他人介绍、解释自己所要从事的职业。

【学习内容】

旅游是在旅行中孕育又从旅行中分离出来的,通过了解旅游活动的起源、发展历程及其背后的驱动因素,为深入研究旅游学的其他方面打下坚实的基础。

一、旅行源于迁徙活动

(一)外部特征的相似性

迁徙与旅行的共同外部特征是空间移动。早期人类的迁徙活动,是从一个地方转移到另一个地方,以寻找更适宜的生存环境;而旅行同样也是人们在空间上从一地到另一地的行进过程。这种空间移动的共性,是旅行源于迁徙活动的基础表现之一。

(二)早期人类迁徙对旅行的预演

在人类社会发展的早期,迁徙是人类为了生存而被动适应自然环境的一种自然行为。当时的人类受气候变化、自然灾害以及所从事的采猎生存方式等因素影响,需要不断地进行迁徙,以获取足够的食物和适宜的居住场所等。虽然这个阶段人类还不具备现代意义上的旅行观念,但这种远距离的迁徙移动,实际上已经开始了类似旅行的实践,可谓是人类有自主意识旅行的"预演"。

(三)采猎生活方式的影响

早期人类长期过着季节性的采猎生活,这种生活方式具有流动性的特点,人们需要根据季节变化、动植物资源的分布等因素,不断地在不同地区之间迁徙集散。这种因采猎而产生的频繁迁徙活动,使人类逐渐适应了长距离的空间移动,也为后来有意识的旅行行为奠定了一定的基础,从某种程度上说,是旅行的早期形态。

二、旅游源自旅行

(一)旅行是旅游的基础和前提

旅行的出现为旅游的产生奠定了基础。早期人类出于各种目的,如商业贸易、宗教传播、求学等而进行的旅行活动,使人们逐渐习惯了离开常住地前往其他地方。在不断旅行的过程中,人们对不同地方的自然景观、人文风情等有了更多的接触和了解,进而产生了单纯为了游览、观光、娱乐等目的而出行的需求,于是旅游开始萌芽,所以说旅行是旅游的先行实践,没有旅行就不会有后来的旅游。

(二)商业旅行的催化作用

商人开创了旅行的先河。在商业活动中,商人需要在不同的地区进行商品交换和贸易往来,这种以盈利为目的的经商旅行,使人们的活动范围不断扩大,也让人们对不同地域的风土人情、自然景观等有了更广泛的认知。随着商业的繁荣,人们在满足物质需求的基础上,开始追求精神层面的享受,于是在经商旅行中逐渐融入了游览、观光等活动,经商旅行由此孕育了旅游的因子,为旅游的诞生创造了条件。

(三)"享乐旅行"的出现标志着旅游的诞生

当人们不再仅仅满足于因生存、工作等需要而进行的旅行,而是出于消遣娱乐和享受人生价值的目的,主动地去寻求旅行中的快乐和满足时,"享乐旅行"便应运而生了。"享乐旅行"的出现标志着旅游从旅行中分离出来。它具有非功利性的特点,是一种纯粹为了满足精神需求、享受生活而进行的旅行活动。这也意味着旅游作为一种独立的社会现象正式诞生。

三、旅游产生的条件

旅游的产生源于人类意识的发展、精神需求的提高和经济条件的成熟。

(一)人类意识的发展

人的生存意识、社会意识、精神文化意识等,是随着人类自身的进化和社会历史的发展而产生和发展的。随着人类社会的演进,人们对自身以及周围世界的认知不断深化,逐渐意识到除了物质生活之外,还存在着精神层面的需求和享受。这种自我认知的拓展,使得人们开始思考如何丰富生活、体验不同的经历,从而为旅游观念的形成奠定了思想基础。

(二)精神需求的提高

当社会生产力发展到一定程度时,人们不再需要将全部时间和精力都用于维持生存,从而有了更多的闲暇时间。此时,休闲娱乐便成为人们生活中重要的一部分,旅游作为一种能够让人身心愉悦、放松身心的活动,自然受到人们的青睐,成为满足休闲娱乐需求的重要方式之一。

(三)经济条件的成熟

旅游活动需要一定的经济基础作为支撑,旅游中产生的费用包括交通费用、住宿费用、餐饮费用等。只有当社会经济发展到一定水平,人们的收入水平提高,有了可自由支配的收入,才能够承担得起旅游所需的各项开支。例如,在古代,只有少数贵族和富商才有能力进行长途旅行,而随着现代经济的发展,越来越多的普通民众也具备了旅游的经济条件。

综上所述,可以得出如下结论:虽然旅游古已有之,但绝非有了人类就有旅游。

旅游是在人类自身的进化和社会发展历程中产生的,其产生的基础条件是人类意识的发展、精神需求的提高和经济条件的成熟。就个体而论,旅游者的产生,是个体追求自身价值的文化意识和经济条件成熟的结果。所以,旅游是超出生存需要而具有享受性的一种社会活动。

从整个人类历史来看,人类具有自觉目的意识的旅行萌芽于原始社会的末期,而具有现代意义的旅行和旅游活动是文明社会的产物,即形成于人类社会、经济、文化发展到一定历史阶段的阶级社会中,并首先在世界文明古国中出现。

任务二　旅游的定义和内容

【学习要求】
1. 掌握旅游的定义。
2. 理解游览、旅行、旅游之间的联系和区别。
3. 掌握旅游的内容。

【学习内容】
游览、旅行、旅游之间既有联系又有区别。旅游是历史发展的产物,是集食、住、行、游、购、娱于一体的综合性的社会活动。

一、旅游的定义

旅游,是人们为寻求精神上的愉快感受而进行的非定居性旅行和在游览过程中所发生的一切关系和现象的总和。

第一,本定义强调旅游必须以旅行为前提,并在异地进行诸如游览、参观、消遣娱乐等活动,以区别于在常住地的游览、休闲娱乐等活动。同时,揭示旅游的本质——寻求精神上的愉快感受的特殊经历。这里的"精神上的愉快感受"包含人身的自由感、精神上的解放感和特定需要的满足感等多种内涵,使旅游与具有功利目的的一般旅行或其他社会活动相区别。

第二,扩大旅游概念的包容性(外延性)。将在商务活动、出席异地会议等过程中兼顾游览和消遣等这种公务与游玩相结合的活动形式包容在旅游范畴之内,即不论是以商务、会议活动为主,游览消遣为辅,或是相反,只要在整个外出计划内或者说在某一段完整的旅行时间内,存在着或发生着非功利性的游览观赏活动,从理论上说,同样可称为旅游。但是,为了与纯消遣性旅游相区别,往往在"旅游"前面冠以"商务"或"会议"等字样,以表明旅游的不同类别,如"会议旅游""商务旅游"。

知识拓展

世界各地对旅游的定义

世界旅游组织对旅游的定义:旅游是指包括人们为了休闲、商务和其他目的,离开他们惯常的环境,到某些地方去并在某些地方停留,但连续不超过一年的活动。

墨西哥旅游部对旅游的定义:旅游是指人们用自己的经济手段,为了娱乐、保健、休息、文化活动或其他类似理由而自愿外出旅行。

奥地利维也纳经济大学旅游研究所对旅游的定义:旅游是指出于休养、受教育、扩大知识和交往、参加组织活动、改变有关的关系和作用等目的而暂时到异地的人的空余时间活动。

二、游览、旅行、旅游之间的联系和区别

游览、旅行和旅游本是三个不同的概念,但从旅游的定义来考察,三者之间又有必然的内在联系。

游览主要目的是参观、欣赏特定的景点或景物,以获取视觉上的享受和对特定事物的了解。因此,游览活动既可以在人们的常住地进行,也可以在异地进行。

旅行是人们在空间上从一个地方到另一个地方的行进过程,目的更为广泛和多元化,除了观光游览外,还可能包括体验不同的文化、探索未知的地方、进行自我成长与学习、寻求心灵的慰藉、开展商务活动、就业迁居等。

而旅游是一种排除功利目的的旅行和游览相结合,以获得精神愉快感受的消遣性、娱乐性的社会活动。所以,在旅游这个范畴里,旅行是旅游的手段或前提,只有不受功利约束而进行的悠然自得的游览参观等活动,才是旅游的目的和内容。

由此可见,旅行是旅游的前提和手段,旅游通常需要通过旅行来实现,没有以旅行为前提仅是游览而不是旅游;游览是旅游的目的和核心内容之一,没有游览,就只是单纯的空间位移,构不成旅游;只有旅行和游览相结合,才能构成完整意义的旅游。这就是旅行、游览和旅游这三者之间的内在联系和区别。

三、旅游的内容

旅游是以"游"为主,集食、住、行、游、购、娱于一体的综合性的社会活动,这是立足于现代旅游而言的。

游览是旅游的主要目的和内容。人们通过对异地他乡自然山水的游览、对文物古迹的欣赏、对风土人情的领略等来完成旅游活动,既增长了知识、扩大了视野,又达到愉悦身心的目的。

每个地方都有其独特的美食文化,品尝当地的特色美食是旅游中不可或缺的一部分。在满足味蕾享受的同时,又可以了解当地文化和生活方式。另外,旅游者在具有异乡情调的宾馆、饭店用餐,不仅有高雅舒适的环境,还有训练有素的服务人员提供优质的服务,使原本的对物质上的需求变成情感上的精神活动。

旅游是在异地他乡从事的活动,一个人的旅游首先必须以他凭借一定的交通工具离开常住地为前提。且对于部分旅游者而言,乘坐某一类型的交通工具是他出游的主要目的,那么,旅行更是旅游的重要内容。

在旅游过程中,人们还会购买具有当地特色的纪念品和手工艺品留作纪念或送给亲朋好友。这些纪念品不仅具有实用价值,还承载着旅游的美好回忆。

在旅游过程中参与各种娱乐活动,如主题公园游玩、游乐场体验、夜间娱乐等,可以增加旅游的趣味性和娱乐性,获得更多的体验感,使旅游更加丰富多彩。

因此,旅游是包含了食、住、行、游、购、娱等内容的综合性活动。

任务三　旅游的本质属性

【学习要求】

掌握旅游的本质属性。

【学习内容】

旅游是人类社会、经济、文化等发展到一定历史阶段的产物,是一种具有消费性、享受性、综合性的社会活动方式。因此,旅游具有社会属性、文化属性、经济属性和消费属性。这些属性都在不同层面诠释着旅游的本质。

一、旅游的社会属性

旅游是人类社会发展的产物,其社会属性是显而易见的。

(一)旅游主体具有社会性

旅游的主体——旅游者具有社会意识、道德观念和变革能力等社会属性。

(二)旅游客体的社会性

旅游的客体——旅游资源,往往是社会历史发展的产物,承载着丰富的社会文化内涵,并且随着社会的发展变化而不断发展变化,故而,必然会被打上社会的印记。

(三)旅游产业的社会性

旅游业作为综合性产业,是社会经济的重要组成部分,对社会经济的发展具有重要的推动作用。它可以带动交通、住宿、餐饮、购物、娱乐等多个相关产业的发展,创造大量的就业机会,增加外汇收入,促进地方经济的繁荣,有助于缩小地区之间的经济差距,推动社会的整体发展。

二、旅游的文化属性

(一)旅游者是依赖于一定社会文化背景而产生的

旅游是一种非强制性的自愿行为。人们对旅游的需求不仅体现了一个人对自身精力以及金钱、时间具有自由的支配权,而且反映了人类对未知世界的探寻和求索的强烈愿望,乃至对异质文化和异域情调的向往和猎奇的心理。一个人之所以成为旅游者,必须要有外出旅游的需要和欲望,这属于文化因素,即足以使旅游者产生旅游动机的文化背景。一个人的旅游需要的产生与文化意识的作用是息息相关的,旅游者来自不同的社会文化环境,其文化背景、受教育程度、价值观、宗教信仰等因素会影响他们对旅游目的地的选择、旅游方式的偏好以及对旅游体验的期望。例如,具有深厚历史文化底蕴的游客可能更倾向于选择参观古迹、博物馆等具有文化内涵的旅游景点。

(二)旅游资源是一定社会文化环境的化身

旅游资源是旅游者参观游览的对象,是吸引旅游者的重要因素。旅游接待地的人文旅游资源包括社会、政治、经济、法律、道德、宗教、历史、科学、艺术和民俗风情等因素,它们都是社会文化因素,具有国家、民族和地区的文化色彩。自然景观如黄山、九寨沟等,其独特的地质地貌、生态环境等不仅是自然美的体现,也常常与当地的传说、神话、宗教信仰等文化元素相结合,赋予了自然景观更深层次的文化意义;人文景观如故宫、长城、兵马俑等,更是人类历史文化的杰出代表,承载着特定历史时期的政治、经济、社会、文化等多方面的信息,是文化传承和展示的重要载体。人们在开发旅游资源的过程中离不开自己的社会意识,总要打上自己所处社会文化的印记。

(三)旅游设施和管理服务是一定社会文化环境的自我表现形式

从旅游设施来说,不管是公共基础设施,还是旅游专门设施,都必须有相当发达的社会生产力和科学技术作后盾。同时,不同国家、民族和地区的旅游设施,必然具有异族历史、艺术、建筑、美术及雕塑等方面的内容,因而具有民族文化的特色,可以作为民族文化、艺术来供旅游者欣赏,从而增加它的吸引力。接待国(地区)在向旅游者提供各项旅游服务时,必然要在内容和形式上展示本国家、本民族和本地区历史遗留下来的各种文化和现有的社会道德风貌,特别是旅游从业人员的言谈举止,都会表现出该地区居民的文化素养。

文化是人类所创造的精神财富。优秀而独特的社会文化总是有着强大的辐射力和吸引力。无论是旅游者的产生、旅游资源的开发和旅游设施的建设,还是对旅游者所提供的各种服务,都是一种社会文化实践。因此,随着社会文化的不断发展,旅游的文化内涵必然更加丰富多彩。

三、旅游的经济属性

(一)旅游是一种消费行为

旅游需要旅游者支付一定的费用来购买各种旅游产品和服务,旅游消费能够带动相关产业的发展,形成一个完整的产业链,促进经济的循环和流通。旅游者的消费支出会转化为相关企业的收入,这些企业再将收入用于生产、采购、支付工资等,进一步带动其他产业的发展,推动经济的增长。

(二)旅游是一种经济产业

旅游业涉及众多的行业和部门,如交通、餐饮、住宿、购物、娱乐、文化、体育等,具有很强的产业关联性和综合性。据世界旅游组织统计,旅游产业每增加1元的直接收入,能够带动相关产业增加4～5元的间接收入。这种产业关联性使得旅游业能够对国民经济的多个领域产生广泛的影响,成为推动经济发展的重要力量。

四、旅游的消费属性

人类的需要分为生存需要、享受需要和发展需要三个方面。只有当人们的生存需要已得到满足,无虑于温饱,才会产生对享受和发展的进一步需要,如产生对具有享受性的旅游消费的强烈愿望。所以,旅游是人们生活水平提高、超出生存需要的一种高级消费形式。所谓高级消费,主要是就旅游消费水平和消费结构而言。旅游的主要目的在于游览,但必须和衣、食、住、行等物质消费,以及游览、娱乐等一系列的劳务消费有机地结合,才能实现完美的旅游愿望。

旅游消费属于需求弹性较大的消费类型。除旅游产品的质量、价格等因素外,国际政治经济形势、旅游者的个性特征(如年龄、职业、性别、受教育程度、宗教信仰等)以及旅游地的旅游供给因素和客源地社会经济发展水平、风俗习惯等,都会直接或间接地影响旅游消费的数量和质量。例如,当经济形势较好、人们收入水平提高时,旅游消费可能会增加;而当经济形势不稳定或个人收入减少时,旅游消费则可能会受到抑制。

任务四　旅游的特点

【学习要求】
掌握旅游的特点。

【学习内容】
旅游作为一种社会性的消费活动,同一般的、其他的消费或社会活动相比较,既有类同之处,又有自身的特征,并随着社会的发展而不断演变。

一、广泛性

旅游的广泛性有三层含义:一指旅游者构成的广泛性,二指旅游地域的广阔性和活动领域的多面性,三指旅游内容的丰富性及其所属性质的多样性。现代旅游,不仅涉足世界的各个角落,而且深入到社会的各个领域,尤其是在旅游者的人员构成上,已打破了长期被少数权贵和富有人士所垄断的格局,日趋大众化、平民化。

二、综合性

旅游的综合性,指旅游是集食、住、行、游、购、娱于一体的社会活动。旅游业涉及多个行业和部门,这些行业相互关联、相互依存,共同构成了完整的旅游产业链。一个地区旅游业的发展能够带动相关产业的协同发展,对地方经济具有较强的拉动作用。

三、参与性

旅游是一种亲身参与和体验的活动。旅游者通过自己的感官和行动去感受旅游目的地的一切,旅游活动需由旅游者在旅游过程中亲临其境、身体力行地参与,不可替代。这种参与性不仅包括对自然景观和文化景观的观赏,还包括对当地生活方式的体验、对特色活动的参与等,使旅游者能够获得更加深刻和难忘的记忆。因此,只有不断开发那些更富有活力和鲜明个性特征的旅游项目,综合运用各种旅游方式,才能更有效地发挥旅游者的主观能动性,以满足旅游者日益个性化的旅游需求,这才是强调旅游的参与性的要义。

四、季节性

旅游活动受到自然因素和社会因素的影响,呈现出明显的季节性特征。例如,一些地区的自然景观在特定季节具有独特的观赏价值,如春季的花海、秋季的红叶等,导致游客在这些季节大量聚集;此外,节假日、学校假期等社会因素也会影响人们的出游时间,使得旅游市场在不同时间段出现旺季和淡季的差异。

任务五　旅游的类型

【学习要求】

1. 掌握旅游的基本类型。

2. 了解新型旅游。

【学习内容】

旅游是一种复杂的社会现象。旅游活动具有多样性,呈现出不同的旅游形式,而且大量交叉进行。

一、按旅游区域划分

按旅游区域划分,旅游可分为国内旅游和国际旅游。

世界旅游发展史表明,旅游活动是按照由近及远、先国内后国外的规律发展的。

可以说,国内旅游是国际旅游的先导,而国际旅游是国内旅游发展的必然。

(一)国内旅游

所谓国内旅游,是指一个国家(地区)的居民在其国家(地区)的境内所进行的旅游活动。由于旅游者的旅游支付能力有大小,闲暇时间有长短,旅游需求有差异,旅游距离也有远近,因而国内旅游又可分为地方性旅游、区域性旅游和全国性旅游三种具体形式。

1. 地方性旅游

地方性旅游,一般指当地居民在本区、本县、本市的范围内的短期旅游。实际上是一种短时间、近距离的参观游览活动,多数和节假日的娱乐活动相结合,时间短、活动项目较少,常是亲朋好友自发组织或家庭式、小集体的旅游方式。

2. 区域性旅游

区域性旅游,指离开居住地到邻近地区的风景名胜区等旅游目的地的旅游活动,如北京旅游部门组织的承德避暑山庄五日游,上海组织的苏州三日游、杭州三日游以及厦门组织的武夷山七日游。

3. 全国性旅游

全国性旅游,指跨省份的旅游,主要指全国重点旅游城市和具有代表性的著名风景名胜地的旅游活动。例如,从广东经桂林、西安、北京、上海的旅游路线,或从北京经南京、苏州、上海、杭州、厦门等一线的旅游活动,都属于全国性旅游。

(二)国际旅游

所谓国际旅游,指一个国家(地区)的居民跨国界到另一个或几个国家(地区)所进行的旅游活动。根据旅游地区的国界和旅游者的国籍来划分,有两种类型:一是本国居民到另一国(地区)或数国(地区)所进行的旅游活动,即出境旅游;二是其他国家(地区)的居民来本国所进行的旅游活动,即入境旅游。

需要注意的是,在我国大陆(内地)旅游统计资料中,将一国内实行不同社会制度的港澳同胞和台湾同胞赴内地(大陆)旅游和内地(大陆)居民赴香港、澳门特别行政区和台湾地区旅游也纳入国际旅游的范畴。

二、按旅游目的划分

按旅游目的划分,旅游可分为观光旅游、度假旅游、公务旅游和专项旅游四大类型。

(一)观光旅游

观光旅游不仅是人类早期的旅游形式,也是目前最普遍和最主要的旅游活动类型。其以参观游览自然景观、名胜古迹、城市风貌等为主要目的,例如游览长城、故宫等著名景点,欣赏不同地方的自然风光。

(二)度假旅游

度假旅游强调放松身心,追求悠闲、舒适的生活体验,通常在海滨、温泉、山区等环境优美的地方进行,如在海边度假、泡温泉、在山林中休闲漫步等。

(三)公务旅游

公务旅游是因工作需要而进行的旅游活动,如商务洽谈、参加会议、考察调研等,通常具有明确的公务目的,但也会在工作之余安排一些休闲观光活动。这种将带有某些具体功利性目的的活动和旅游相结合的旅游形式,是旅游内涵的一种延伸。

由于国际性会议出席规格高,而且必须提前筹备,因而具有消费高、时间长、计划性强等特点,比起一般的旅游接待能获得更高的经济效益。据统计,每年全球会议旅游总支出持续增长,故国际会议旅游成为世界各国,尤其是旅游业发达国家(地区)竞相发展的一个旅游项目。其中,美国、瑞士、法国、英国、意大利、德国、奥地利等国是国际会议旅游的主要接待国,而亚洲的泰国、菲律宾、新加坡等国以及中国香港、北京等地区也已成为接待国际会议旅游的后起之秀。

需要指出的是,随着各国旅游业的普遍发展,国内会议旅游也成为国内旅游的一种形式,并成为各省区市尤其是风景旅游城市旅游业重点开发的旅游项目之一。

(四)专项旅游

专项旅游是指以满足某种特定需要为主要目的的旅游,具备定向性和专题性,主要有宗教旅游、购物旅游和会展旅游等形式。

1. 宗教旅游

宗教旅游是指前往宗教圣地或具有重要宗教意义的地方进行朝拜、祈祷、修行等活动,是世界上最古老的一种旅游形式,延续至今仍然具有很大的吸引力。如麦加朝圣、到佛教名山古寺进香等,对于宗教信徒来说,这是一种重要的精神之旅。被称为"佛教第二故乡"的中国,古寺庙宇遍布名山胜地,每年到普陀山、九华山、峨眉山、五台山等佛教圣地进行朝拜、"还愿"以及观光游览的游客络绎不绝。随着社会精神文明建设的进步,纯宗教目的的旅游已逐渐发展成为国内外广大旅游者所乐于接受的将游山玩水和宗教活动相结合的旅游形式。

2. 购物旅游

购物旅游是以购物为主要动机的旅游方式。旅游者前往具有特色商品或提供购物优惠的地方,如香港、巴黎等购物天堂,购买各类商品,同时也会兼顾一些观光和休闲活动。购物旅游是随着社会经济发展、交通发达、人民生活水平的提高而逐渐发展起来的一种将购物与观光游览相结合的旅游方式。据统计,每年进入中国香港地区的国际旅游者中,有60%左右的人是为了购物,其购物费用也占全部旅游费用支出的60%左右。

3. 会展旅游

会展旅游是一种以会展产业为依托的旅游活动,集公司会议、大型企业会议、综合展览会、奖励旅游为一体。我国内地城市的会展行业发展较晚,但对旅游业的影响正在日益加深,例如,一个服装节或啤酒节对当地服装或啤酒行业的带动作用可能会远远小于对当地旅游业的带动作用。

此外,诸如健康保健、科学探险、红色旅游等各种形式的文化交流乃至政府官员在外交上或对国内外进行出于各种目的的活动之余,产生了旅游行为,从概念上说,都属于专项旅游。

三、新型旅游

新型旅游是相对于传统旅游而言的,既有对传统旅游形式的深化、延伸和细分,又有新开发的旅游项目。其特点是更能适应和满足新时期的旅游者对旅游活动内容和形式上更具个性化和主动参与性的旅游需求。

(一)乡村旅游

乡村旅游作为一种新兴的旅游形式,包括观光农业旅游、休闲农业旅游和生态农业旅游。它是指以农业(包括乡村文化)资源为旅游参观对象的观光、度假、科考、访祖等的复合型旅游活动。尽管传统的观光旅游早已涉足乡野田园,现代的城市居民到城郊远足或借到农村探亲会友之机游览田园风光的休闲活动也不乏其例,但是,这与现代乡村旅游却有本质上的区别。前者仅是以现成的乡村田园风貌为对象,是一种自发式、自助式的休闲活动;而后者的消费对象却是旅游经营者集农业生产、农民生活和生态环境三者为一体,经过精心策划而开发出来的更具有明确主题并提供全程服务的乡村旅游产品。乡村旅游是传统农业经济在现代化进程中新出现的一种独立的经济形式。

(二)工业旅游

从旅游业角度说,工业旅游是在充分利用现有的名牌工业企业设施设备和工业企业文化资源的基础上,赋予其旅游内涵而开发出来的一种让旅游者乐于购买的新型旅游产品(项目);从旅游者角度说,它是以了解名牌工业产品的工艺流程、企业文化、发展历史和未来科技与工业的发展前景等为主要目的且具有较高的科技、知识含量的一种高品位的旅游形式。可见,工业旅游与传统的对某些工业企业的参观游览活动是有本质区别的。工业旅游的兴起,预示着具有较高知识含量和品位的旅游产品或旅游形式,将越来越受到广大旅游者的青睐。

(三)教育旅游

教育旅游也称为修学旅游或研学旅游,主要是为学习知识、增长见识而组织的旅游活动,常见于学生群体,如到历史文化名城、科研机构、高等院校等地进行实地考察、学习交流等。

(四)生态旅游

生态旅游是以有特色的生态环境为主要景观,以可持续发展为理念,以保护生态环境为前提,以统筹人与自然和谐发展为准则,并依托良好的自然生态环境和独特的人文生态系统,采取生态友好方式,开展生态体验、生态教育、生态认知并获得身心愉悦的旅游方式。生态旅游强调经济效益、生态保护和社会效益的有机结合,避免急功近利的发展模式,推动旅游业从传统的资源消耗型向生态友好型转变,优化旅游产业结构,提升旅游业的整体竞争力,实现旅游业乃至整个社会的可持续发展。

任务六　旅游组织

【学习要求】

1. 掌握世界旅游组织的基本情况。

2. 理解我国旅游组织的类型。

【学习内容】

从全球看,旅游组织可谓种类繁多、大小不一,职能有分、权限有别。其机构,或独立,或依属;其范围有国际性、区域性、国家性、地方性;其地位,有官方(政府),有民间(团体);其成员,或政府代表,或公司企业,或个人名义,或兼而有之。

一、国际性的旅游组织

世界旅游组织(United Nations World Tourism Organization,UNWTO),是联合国组织所属的全球唯一的政府间旅游组织。世界旅游组织的最高权力机构是全体成员大会,每两年召开一次会议。世界旅游组织作为联合国开发计划署的一个执行机构,主要负责有关旅游事务的管理,从事旅游信息、数据的收集研讨,并定期向成员国提供资料;从事有关国际性旅游公约、宣言、规划等的制定,以及组织技术交流、培训、研讨和召开国际旅游会议等等。其主要宗旨是推动和发展旅游与旅游业,从而促进世界经济的繁荣与国家间的相互了解,为维护世界和平作出贡献。它每年都会推出一个"世界旅游日"的主题。

世界旅游组织正式成立于 1975 年,总部设在西班牙首都马德里。它的前身是成立于 1925 年的官方旅游宣传组织国际联盟(1947 年更名为国际官方旅游组织联盟)。这个名为官方、实为民间协会性质的组织,却有高瞻远瞩的宗旨——向全世界宣传旅游及其对人类的价值,以推动全球性旅游的发展。随着第二次世界大战后大众性国际旅游的迅速发展,国际有关旅游的问题越来越突出,需要有一个全球性的国际组织来协调和解决问题。于是,在联合国组织的支持下,国际官方旅游组织联盟被改组成新的世界旅游组织。

世界旅游组织现有正式会员 158 个。我国于 1983 年 10 月 5 日被该组织接纳为第 106 个成员国。

世界旅游组织下设六个地区性委员会,即欧洲、美洲、东亚与太平洋、非洲、中东、南亚委员会。它们的主要任务是负责执行世界旅游组织全体大会及执行委员会的决议和建议。

知 识 拓 展

中国旅游标志

中国旅游标志"铜奔马",其含义是:(1)天马行空,象征前程似锦的旅游业;(2)马是古代旅游的重要工具,象征旅游者可以在中国尽兴旅游;(3)铜奔马是青铜器制品,象征着中国悠久的历史,是文明古国的伟大形象。它的出土地是甘肃省武威市凉州区,被称为"中国旅游标志之都"。

二、我国的旅游组织

就目前而言,我国的旅游组织大体可分为行政、行业和学术团体三种类型。

(一)旅游行政管理机构

在旅游行政管理机构中,1964 年 7 月 22 日成立的中国旅行游览事业管理局,1982 年 8 月 23 日更名为中华人民共和国国家旅游局,2018 年 3 月 17 日第十三届全国人民代表大会通过批准国家旅游局改为文化和旅游部。文化和旅游部的全称是"中华人民共和国文化和旅游部",是国务院直属的主管全国旅游行业的最高行政领导机构。

(二)旅游行业组织

1. 中国旅游协会

中国旅游协会成立于 1986 年 1 月,是一个全国性、社团性的旅游行业组织。其成员为全体会员,最高权力机构是会员代表大会。会员代表大会的执行机构是理事会,理事由被推选的各省、自治区、直辖市和重点旅游城市的旅游管理部门,以及全国性旅游专业协会、大型旅游企业担任。

2. 中国旅游饭店业协会

中国旅游饭店业协会成立于 1986 年 2 月,是由中国境内的旅游饭店、饭店管理公司(集团）、饭店业主公司、为饭店提供服务或与饭店主营业务紧密相关的企事业单位及各级相关社会团体自愿结成的全国性、行业性社会团体，是非营利性社会组织。该协会宣传、贯彻国家有关旅游业的发展方针和旅游饭店行业的政策、法规，参与制定相关立法、条例、政府规划、公共政策、行业标准等事务。

（三）旅游学术团体

目前，我国从事各类旅游研究和实践活动的旅游学术团体很多，如中国旅游研究院。它们通过多年来积累的大量的旅游文献数据和各级政府、企业的经验，开展影响旅游发展的理论创新思想和方案的研究，解决旅游发展中的现实热点、难点问题。

【学习与思考】

一、单项选择题

1. 旅行源于（　　）活动。
A. 经商　　　　　B. 迁徙　　　　　C. 享乐　　　　　D. 旅游

2. "旅行"和"迁徙"的共同外部特征是（　　）。
A. 自然行为　　　B. 自由行为　　　C. 空间移动　　　D. 人为移动

3. 早期人类有自主意识的旅行"预演"是（　　）。
A. 迁徙活动　　　B. 经商旅行　　　C. 探险旅行　　　D. 享乐旅行

4. 具有现代旅游意义和本质特征的古代旅游活动是（　　）。
A. 享乐旅行　　　B. 经商旅行　　　C. 经商旅游　　　D. 商务旅行

5. 人类具有自觉目的意识的旅行萌芽于（　　）。
A. 原始社会的初期　　　　　　　B. 原始社会中期
C. 原始社会的末期　　　　　　　D. 世界的文明古国

6. "商务旅游"也属于旅游，说明了旅游的概念具有（　　）。
A. 异地性　　　　B. 非功利性　　　C. 包容性　　　　D. 广泛性

7. 以下情况中，属于旅游的是（　　）。
A. 远古人狩猎迁徙　　　　　　　B. 乞丐沿途要饭
C. 帝王巡游　　　　　　　　　　D. "阿波罗"号飞船登月

8. 旅游的主要目的和内容是（　　）。
A. 游览　　　　　B. 旅行　　　　　C. 娱乐、餐饮　　　D. 购物、住宿

9. 旅游的主体是（　　）。
A. 旅游者　　　　B. 旅游资源　　　C. 旅游业　　　　D. 旅行社

10. 依赖于一定社会文化背景而产生的是（　　）。
A. 旅游者　　　　B. 旅游资源　　　C. 旅游设施　　　D. 管理服务

11. 旅游的（　　）特点，只有在现代社会才得以充分地体现。
A. 广泛性　　　　B. 综合性　　　　C. 参与性　　　　D. 季节性

12. 泰山观日出在（ 　　 ）为宜。

A. 夏秋　　　　　　B. 春夏　　　　　　C. 秋冬　　　　　　D. 冬春

13. 国际旅游是国内旅游发展的（ 　　 ）。

A. 先导　　　　　　B. 必然　　　　　　C. 本质　　　　　　D. 条件

14. 下列属于人类早期旅游形式的是（ 　　 ）。

A. 观光旅游　　　　B. 度假旅游　　　　C. 公务旅游　　　　D. 专项旅游

15. 虽然在近几年发展最快，但仍属于传统的旅游形式之一的是（ 　　 ）。

A. 商务旅游　　　　B. 会议旅游　　　　C. 宗教旅游　　　　D. 购物旅游

二、多项选择题

1. 早期人类远途迁徙的主要原因有（ 　　 ）。

A. 气候的变化　　　　　　　　　　B. 自然灾害

C. 采猎生存方式的流动性　　　　　D. 战争

2. 旅游的内容包括（ 　　 ）等活动。

A. 游览　　　　　　B. 旅行　　　　　　C. 娱乐、餐饮　　　　D. 购物、住宿

3. 旅行的目的广泛，包括（ 　　 ）。

A. 就业　　　　　　B. 商贸活动　　　　C. 求学　　　　　　D. 迁居（移民）

4. 在一段完整的旅行时间内，存在着或发生着非功利性的游览观赏活动，从理论上说，同样可称为旅游，如（ 　　 ）。

A. 会议旅游　　　　B. 科学考察　　　　C. 公务旅游　　　　D. 商务旅游

5. 旅游具有（ 　　 ）特点。

A. 社会性　　　　　B. 文化性　　　　　C. 参与性　　　　　D. 季节性

6. 以下能说明旅游具有季节性特点的有（ 　　 ）。

A. 暑假期间有许多学校组织教师旅游　　B. "国庆"假期被称为"黄金周"

C. 春节是假日旅游的高峰　　　　　　　D. 秋天去北京香山旅游的人最多

7. 以下属于新型旅游的有（ 　　 ）。

A. 乡村旅游　　　　B. 购物旅游　　　　C. 工业旅游　　　　D. 生态旅游

8. 就目前而言，我国的旅游组织大体可以分为（ 　　 ）等类型。

A. 专业　　　　　　B. 行政　　　　　　C. 行业　　　　　　D. 学术团体

三、判断题（对的打√，错的打×）

1. 旅游是在人类产生的同时而产生的。 （ 　　 ）

2. "商务旅游"属于旅游。 （ 　　 ）

3. 安徽农民工到上海打工属于旅游。 （ 　　 ）

4. 经济因素对旅游者的产生和各国旅游活动的发展一直起决定性的作用。 （ 　　 ）

5. 旅游的消费是比一般的生活更高级的消费形式。 （ 　　 ）

6. 随着旅游供给条件的不断发展和改善，旅游的综合性特点越发显著。 （ 　　 ）

7. 旅游的广泛性特点只有在现代社会才得以充分地体现。 （ 　　 ）

8. 世界旅游组织是自发形成的。 （ 　　 ）

项目二	旅游活动的基本要素

 项目目标

1.理解旅游者的概念;掌握旅游者的条件;掌握旅游者的类型。

2.理解旅游资源的概念;掌握旅游资源的类型;掌握旅游资源的特点;理解旅游资源的开发与保护。

3.理解旅游业的概念、性质;掌握旅游业的特点;了解旅游业的影响与作用。

 **思维导图**

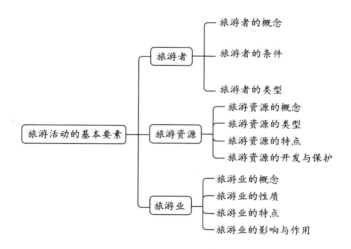

任务一　旅游者

【学习要求】

1.理解旅游者的概念。

2.掌握旅游者的条件。

3.掌握旅游者的类型。

【学习内容】

旅游活动的基本构成要素包括旅游的主体旅游者、旅游的客体旅游资源和旅游的媒介旅游业。主体、客体和媒介三者相互依存、相互制约、紧密结合，共同构成旅游活动的整体。

一、旅游者的概念

旅游是一种消费，因此，旅游者也是消费者。但是，旅游者却不同于一般商品的消费者，而是有其自身的条件和消费需求特点。

旅游者的定义可以这样来表述：旅游者就是暂时离开常住地，通过游览、消遣等活动，以获得精神上愉快感受为主要目的的人。

从这一定义来看：第一，旅游者首先必须是一个旅行者，"离开常住地"明确了地域的变化，是旅游行为发生的基本前提；第二，"暂时离开"区分了长期定居与短期旅游行为，体现旅游活动的暂时性；第三，旅游者又不同于一般旅行者，旅游者外出旅行的目的主要是进行非功利性的游览、消遣等活动，强调了旅游活动的休闲性、体验性或其他非经济利益性目的，将旅游者与商务出差、劳务人员等因工作获取收入的人群相区别，但并不排除在非纯消遣性旅行活动过程中产生的旅游行为，为了区分，可以在前面冠以相应的名称，如会议旅游者、公务旅游者、购物旅游者。

二、旅游者的条件

一个人要成为旅游者，必须具备许多条件，可归纳为社会条件和个人条件。

(一)社会条件

旅游的社会条件，一指社会富裕和社会闲暇，二指人们的旅游权利。

由于旅游是一种高级消费形式，因此，一个人要成为旅游者，只有在一定的社会物质条件下才能实现，也就是说，旅游者的产生有赖于社会经济的发展。

社会富裕是基础条件之一。在经济发达地区，居民收入稳定且富足，他们能够承担起各项旅游开支，从而更有可能踏上旅程。例如，在一些发达国家，人均收入高，人们在满足基本生活需求后，有更多的资金用于休闲旅游，使得出国游、高端度假游等成为常见的生活方式。可见社会经济的发展是产生旅游者的前提条件之一。

社会闲暇同样不可或缺。随着科学技术的进步、劳动生产率的提高和工作制度的优化，人们拥有了更多的闲暇时间，如法定节假日、带薪年假等。这些或集中或分散的闲暇时段为旅游活动提供了时间保障，使人们能够暂时从日常工作中解脱出来，投身到旅游体验中。以我国为例，黄金周等节假日的出现，引发了大规模的旅游出行潮，充分体现了闲暇时间对于旅游行为的促进作用。

旅游活动虽然是个人自愿的一种社会行为，但社会必须首先赋予其成员旅游的权利。这牵涉到每个国家的旅游政策问题。自古以来，每个国家对居民外出旅行或对国内外人员的出入境都有严格的管制。而当今世界虽已更加开放，但各个国家（地区）的开放程度并不相同。国家（地区）对旅游采取的政策是封闭、限制，还是开放、鼓励，直接关系到旅游者能否出得去、进得来以及数量多寡、规模大小的问题。可见，世界越是开放，国家对旅游的政策越是宽松，人们就越能充分行使个人的旅游权利。

（二）个人条件

在当今社会，旅游已成为许多人生活中的重要组成部分，然而，社会富裕并不等于每个家庭、每个人都富裕。一个人要成为真正意义上的旅游者，还必须具备几个关键的个人条件：有"钱"，有"闲"，有旅游动机和身体健康。

（1）有"钱"。有"钱"是指有足够用于支付旅游费用的"可随意支配收入"，即家庭个人的总收入扣除全部税收及社会消费、生活必需消费（衣、食、住、行等）和为防意外的支出之后余下的金额，或叫"开支节余"。这对旅游者的旅游活动具有决定意义，它将决定旅游者到何处去旅游、逗留时间的长短以及消费水平的高低。

（2）有"闲"。"闲"是指闲暇时间，亦指可自由支配的时间。闲暇时间为旅游提供了可能的时间窗口，它是社会发展的产物。科学技术进步，生产力水平提高，劳动生产率大幅提高，必然导致劳动时间的缩短、闲暇时间的增多，从而为人们外出旅游创造时间上的条件。

所谓闲暇时间，就是不受其他条件限制，完全根据个人意愿自由支配的时间。一般来说，具有现代意义的闲暇时间可分为三种：一是每天都有的较短空闲时间；二是周末闲暇时间；三是假日时间（主要指带薪休假）。第一种空闲时间只能就地或在家中消遣，不足以外出旅游，只有后两种闲暇时间才能使短途和长途旅游得以实现。

（3）旅游动机。强烈的"旅游动机"是推动一个人成为旅游者的内在动力。有的人出于对自然风光的热爱，渴望亲身体验大自然的壮美与神奇，如前往张家界欣赏奇峰异石，到桂林领略山水之美；有的人对历史文化有浓厚兴趣，想要探寻古老文明的遗迹和底蕴，去参观埃及金字塔、中国的故宫博物院等；还有的人可能是为了寻求身心的放松与休闲，摆脱日常生活的压力和疲惫，选择去海滨度假胜地享受阳光沙滩，或者到宁静的乡村小镇体验慢生活。此外，社交需求、个人成长、追求新奇刺激等也都可能成为人们旅游的动机。这种内在的驱动力促使人们主动去了解旅游信息，规划行程，克服旅途中可能遇到的困难和不便，积极投身于旅游活动中，从而真正成为一名旅游者。

（4）身体健康。"身体健康"是实现旅游的基本保障。一方面，在旅游过程中，无论是乘坐交通工具长途跋涉，还是徒步游览景区、参与各种户外活动，都需要一定的体力和耐力，以良好的身体作为保证，否则，旅游活动难以开展；另一方面，物质文化生活的改善，社会医疗保健事业的发展，健康素质的提高和生命周期的延长，是旅游者产生的重要条件。

三、旅游者的类型

如同旅游类型一样，由于划分标准不同，旅游者的类型各异。一般可按旅游区域和旅游目的进行划分。

（一）按旅游区域划分

按旅游区域划分，旅游者可分为国内旅游者与国际旅游者两种基本类型。其中，国际旅游者又可分为入境旅游者和出境旅游者。需要特别说明的是，由于历史原因，我国的入境旅游者还包括华侨、港澳台同胞,但按国际惯例不将其统计为国际旅游者,因此,为了便于国际上的对比和分类,特把外国人(包括外籍华人),我国香港同胞、澳门同胞、台湾同胞分开统计,而在称谓上统称入境旅游者。

(二)按旅游目的划分

按旅游目的划分,可把旅游者分为观光旅游者、度假旅游者、事务(公务或私事)旅游者三大基本类型。若从统计角度加以细分,在事务旅游者中又有商务旅游者、会议旅游者、宗教旅游者、购物旅游者之别。

任务二　旅游资源

【学习要求】

1. 理解旅游资源的概念。
2. 掌握旅游资源的类型。
3. 掌握旅游资源的特点。
4. 理解旅游资源的开发与保护。

【学习内容】

旅游资源在旅游活动中占有十分重要的地位,是旅游的吸引力因素,也是旅游业赖以生存和发展的核心要素,具有享受、参与和审美等价值。其合理的开发和有效的保护关系到旅游产业的可持续发展,对地区文化传播、经济增长和生态平衡意义重大,是全球旅游经济持续发展的关键所在。任何一个旅游接待国(地)都得依赖于丰富而具特色的旅游资源,才能持续不断地吸引旅游者前来参观游览;否则,旅游业就会衰败下去。

一、旅游资源的概念

旅游资源是指自然界和人类社会能对旅游者产生吸引力,可以为旅游业开发利用,并可以产生经济效益、社会效益和环境效益的各种事物和因素。

这个定义具有四个方面的含义。

(一)吸引性

吸引性是旅游资源的灵魂,是使旅游者想要亲临其境的动力,也是旅游者选择旅游目的地的首要依据。无论是如黄山的奇松怪石这样的独特景观,还是如傣族泼水节这种充满活力的民俗活动,它们凭借自身独特魅力,激发人们前往游览、体验的欲望。吸引性是旅游资源区别于其他资源的关键所在。

(二)可进入性

这意味着旅游资源所在区域要有便利的交通条件,如良好的公路、铁路、航空线路等,使游客能够顺利抵达。可进入性让旅游资源所在区域从"养在深闺人未识"变为热门旅游地,它是旅游资源开发利用的前提条件。

(三)价值性

旅游资源的价值性主要体现在以下三个方面:在经济价值方面,旅游资源开发后能通过门票收入、旅游服务消费等带动当地经济增长;在文化价值方面,旅游资源如历史遗迹传承着人类文明与历史记忆;在环境价值方面,优美的自然旅游资源能为人们提供生态服务。价值性是旅游资源开发的动力源泉。

(四)变化性

旅游是人类历史发展的产物,因此人们的旅游需求必然随着时代的发展而变化。而自然旅游资源会随季节更替、气候变化而展现不同风貌,人文旅游资源也会在历史发展、社会变迁中演变。这种变化性既为旅游资源增添了魅力,也要求旅游开发与时俱进,以适应资源的动态发展,持续满足游客的多样需求。

从旅游资源的内涵规定性来说,除了特别说明,旅游资源都是指现实的,而非潜在的。

二、旅游资源的类型

旅游资源多种多样,既有具体的、物态的,也有抽象的、非物质性的。我国《旅游资源分类、调查与评价》DB43/T2850—2023国家标准将旅游资源分为8个主类、31个亚类和155个基本类型,见表2-1-1。

表2-1-1 旅游资源分类一览表

大类	主类(8个)	亚类(31个)	典型代表
自然旅游资源	地文景观	综合自然旅游地	五岳名山
		沉积与构造	桂林山水
		地质地貌过程形迹	敦煌鸣沙山
		自然变动遗迹	五大连池火山岩熔
		岛礁	大连金石滩
	水域风光	河段	长江三峡
		天然湖泊与池沼	长白山天池
		瀑布	黄果树瀑布
		泉	陕西临潼华清池
		河口与海面	海南博鳌
		冰雪地	四川海螺沟冰川
	生物景观	树木	张家界国家森林公园
		草原与草地	内蒙古锡林郭勒草原
		花卉地	陕西黄帝陵的"轩辕柏"
		野生动物栖息地	大熊猫及其故乡四川卧龙自然保护区
	天象与气候景观	光现象	蓬莱海市蜃楼
		天气与气候现象	春城昆明

续表

大类	主类（8个）	亚类（31个）	典型代表
人文旅游资源	遗址遗迹	史前人类活动场所	浙江余姚河姆渡遗址
		社会经济文化活动遗址遗迹	北京八达岭长城
	建筑与设施	综合人文旅游地	深圳世界之窗
		单体活动场所	北京国家博物馆
		景观建筑与附属型建筑	杭州西湖
		居住地与社区	丽江古城
		归葬地	武夷悬棺
		交通建筑	杭州湾海大桥
		水工建筑	三峡水库
	旅游商品	地方旅游商品	北京烤鸭、西湖龙井茶、清蒸武昌鱼、同仁堂、景德镇瓷器、杭州丝绸和中国字画
	人文活动	人事记录	曲阜"三孔"
		艺术	昆曲
		民间习俗	伊斯兰教民族节日
		现代节庆	哈尔滨冰雪节

自然旅游资源的功能是向旅游者提供自然界中各种事物和现象的自然美，使观赏者产生心旷神怡、怡情悦性的美感体验；人文旅游资源的功能是为旅游者提供旅行游览中的艺术美和社会美的审美情趣，使人们直接感受到人类文明的产物、人类劳动智慧的结晶、国家（民族）变革的成果和游乐设施带来的欢乐。

旅游活动中，最优的旅游资源形态是自然资源和人文资源的巧妙结合。

值得指出的是，十几年来，从国际旅游消费市场的动向来看，国际旅游者越来越重视旅游目的地是否具有良好的旅游社会氛围这一因素。因此，如今国外已将优质服务和旅游地居民的热情友好态度列为可与自然旅游资源和人文旅游资源同等重要的另一类"资源"，甚至认为这种非物质性的旅游资源较之物质性的景观资源作用更大，有的还以此作为旅游决策的首要条件。

三、旅游资源的特点

不同国家、不同地区的旅游资源是各有特色、各不相同的。然而，旅游资源作为旅游活动的客体，作为可供旅游者进行实地观赏的对象，却有其共同的特点。

（一）吸引性

对于旅游的主体旅游者来讲，旅游目的地具有较大的选择性，同时，又具有不可替代性。因此，旅游资源必须具有吸引旅游者的功能，才具有社会意义和经济价值。旅游活动的天地广阔，人们的旅游动机各种各样，而且还会因时、因地、因条件的变化而变化。所以，旅游者要去何地旅游，除金钱、时间因素外，还取决于哪个地方能提供最有吸引力的旅游资源。吸引力越大,客流量就越大,这是实践所证明的。

(二)变化性

人类历史是发展变化的,因此不同时代就有不同的历史遗存。同时,随着社会生产力水平的提高,人文旅游资源也会得到不断地创造和补充;而自然旅游资源也会因旅游经营者的不断开拓而不断被发现、开发和利用。因此,旅游资源就会不断发展和变化,这也是旅游的内容和形式会不断丰富和变化的原因之一。

(三)垄断性

独具特色的旅游资源具有特殊的使用价值,因而具有垄断性。尤其是珍贵文物作为不能再生产和替代的特殊品,如埃及的金字塔,我国的万里长城、秦陵兵马俑、敦煌壁画,以及一些唯我独有的动植物,都成为最珍贵的旅游资源而吸引五洲来客。同时,由于一些珍贵的文物是禁止出口的,只可以作为样品来发展古器物仿制业,作为开拓我国工艺品制造业的途径,丰富旅游纪念品的供应。如洛阳仿制唐三彩、西安仿制兵马俑等,为多创外汇作出了贡献。

(四)季节性

所谓季节性,是指旅游资源的旅游功能价值的发挥具有明显的季节性特征。许多旅游资源的吸引力会随季节的变化而发生改变。以自然风光为主的旅游资源,季节性表现得尤为明显。春天,桃花灼灼的中国桃花源成为赏花游客的热门去处;夏天,海滨城市凭借其清凉的海水和沙滩吸引大量游客前来避暑度假;秋天,中国银杏村以其绚丽的色彩吸引着摄影爱好者和赏秋游客;冬天,冰雪资源丰富的地区则成为滑雪爱好者和冰雪艺术观赏者的天堂,如哈尔滨冰雪大世界。人文旅游资源也在一定程度上受到季节的影响,一些传统节日和民俗活动通常在特定的季节举行,如德国慕尼黑的啤酒节在秋季举办。

四、旅游资源的开发与保护

当旅游成为一种普遍的社会活动时,对旅游资源的开发和建设、修缮和保护的问题就变得突出起来。旅游资源的开发和保护,无疑是发展旅游事业的头等大事。

(一)旅游资源的开发

任何一个旅游点(城市)的开发和建设,总是以旅游资源的开发为基础,辅以各种旅游设施的建设以及设立并健全各种旅游服务机构来实现其旅游综合接待能力的提升。因此,旅游资源的开发,首先必须进行可行性研究。即对开发条件进行综合评价,制定开发的总体规划,择优开发。

由于旅游业的发展对经济、文化、生态、环境等都会产生直接的影响,发展规模越大,其影响力就越大。因此,旅游资源的开发应与经济效益、生态和环境效益相协调,使开发、利用和保护相统一,只有这样才能避免破坏性的建设或建设性的破坏这种缺乏科学、远见和全局思想的盲目开发现象出现,才能使旅游和旅游业建立在可持续发展的基础上,从而造福人类及其后代子孙。所以,对旅游资源或新的旅游点的开发必须遵循一定的原则。

(1)特色原则。特色,就是特别出色,唯我独存。有特色,才有吸引力和竞争的优势,所以,特色是旅游资源的灵魂。特色原则有两方面的含义,一是要选择最有特色,即具有垄断性从而有不可替代性的资源来开发,并在开发过程中注意保持本来的面目。特别是营建风景区的建筑、雕塑和对一些文化古迹的修缮,要强调返璞归真、修旧如故。庄子所说的"既雕既琢,复归于朴"就有这个意思。二是在新旅游点的规划、开发和建设中要力戒雷同的模仿,切忌动辄一条街、处处见罗汉、三步建亭台、五步造假山,否则,就会丧失自己的风格。必须因地制宜,注重和周围环境的协调,突出地方特色,突出人文景观的地位。

（2）经济原则。旅游资源具有满足旅游者需要的价值,因而,旅游资源具有经济价值。经济价值的大小又与它所能吸引的旅游者的多少成正比。然而,并非具有吸引力的旅游资源都能变成财富。交通不便,设施不全,旅游者进不来、散不开、出不去,就只是一种潜在旅游资源。只有通过开发和利用,使自然和人文资源成为旅游者可直接进入实地观赏的旅游景观才具有经济意义。而开发旅游资源必须投资,讲究经济效益。所谓经济原则,就是在开发建设中力求投入量少、产出最多,以获得较高的经济效益。

为了取得理想的经济效益,首先是地理位置和气候条件优越以及经济发展水平较高的地区应得到优先开发和建设;其次对那些旅游资源规模较大、比较集中、人文景观突出、价值较高的地区（城市）予以重点开发;同时,要充分利用现有的景观资源和设施,有的只要稍加修缮和配套就可利用,以减少投资,扩大经济效益。

（3）市场原则。由于世界旅游市场竞争激烈,国际旅游业早已进入买方市场,因此,旅游资源的开发和建设必须依据旅游消费者的需求变化特点,开发和生产适销对路的旅游产品,这就是市场原则。有的要利用现代科技力量,进行人工组合,以弥补历史文化资源之不足;有的要针对当代旅游者越来越重视旅游地良好的社会氛围的心理特点,在改善旅游环境和提高服务质量上下功夫,以保持源源不断的客源。

（4）保护原则。旅游资源的开发或开发新的旅游资源,要求做到一锄不挖、一草不拔是不可能的。这里强调的是不能单从开发者的经济利益出发,无视对自然环境和生态平衡的破坏;而应该有利于美化大自然、美化环境,才能在更好地为国内外旅游者服务的同时,有益于当地人民生活质量的提升。实质上,旅游地生态环境的破坏,不但给旅游地人民带来危害,同时,也会削弱旅游吸引力。所以,保护原则就是要求旅游资源的开发建设要与当地自然环境相适应,有利于环境保护和生态平衡,避免建设性的破坏和破坏性的建设。

（二）旅游资源的保护

旅游资源具有经济意义、政治意义、历史文化教育意义已为世界人民所公认、所重视。因而,对旅游资源的保护也是一个世界性问题。

对自然风景的破坏主要表现在:乱砍滥伐风景区的树木;因采矿造成的工业污染;因基本建设而乱占风景地;因工厂和稠密居民区排泄废水废气而污染自然环境;因不文明的旅游者攀枝折花、乱刻乱涂而破坏自然景观等等。

对人文景观的破坏主要是历史文物古迹的破坏,不外乎三种类型:一是自然性的破坏,如风、雨、水、阳光、气温、潮湿,乃至虫、禽、兽等对各种文物的破坏。例如意大利的比萨斜塔越来越倾斜。二是人为的破坏,其中有管理保护不善者,如在陕西省扶风县的法门寺内,有一座高45 m、八棱13级的宝塔,由于长期失修,导致在1981年塔身的2/3发生崩塌;有故意破坏者,如"文化大革命"期间,杭州岳飞墓在几个小时内就被"造反派"捣毁;有偷盗破坏者,如鸦片战争后,外国列强不但毁坏我国的许多著名古建筑和文物,还盗走大批国宝,又如国内历代的"盗墓贼"对帝王后妃墓葬的破坏;此外,还有因愚昧无知或因不能正确处理保护古迹和基建的矛盾而造成的破坏等等。三是人为但通过自然而形成的破坏,如人为的废气排泄和水源等环境污染对文物古迹造成损害。以上三种类型的破坏,从世界范围来讲都有不同程度的存在,除了自然的破坏不易避免外,后两种破坏是可以采取有效措施加以防范或尽量减轻的。

任务三　旅游业

【学习要求】

1. 理解旅游业的概念、性质。
2. 掌握旅游业的特点。
3. 了解旅游业的影响与作用。

【学习内容】

旅游业是凭借旅游资源和设施,为人们的旅游活动提供服务并获取经济收益的行业。它涵盖"食、住、行、游、购、娱"六大要素,涉及旅行社、酒店、交通、景区等多个部门。其具有综合性、依赖性、带动性、敏感性和涉外性等特点,不仅能促进经济增长、带动就业,还对文化交流、环境保护等起到推动作用,是全球经济发展中的重要产业,在满足人们精神文化需求的同时,也为地区和国家的发展注入活力,提升其知名度与影响力。

一、旅游业的概念

旅游业是旅游的媒介,是为旅游者与旅游资源之间有机联系提供服务条件的中介。它由旅游设施和各种专业人才构成,共同为旅游活动提供各种服务。旅游设施包括旅游基础设施和旅游服务设施。旅游基础设施是指直接或间接为发展旅游业提供基础条件的公共设施,如道路、桥梁、机场、车站、码头、供水供电系统以及邮政电信系统;而旅游服务设施是指专门为旅游活动服务的基本设施和设备,如饭店、餐厅、娱乐场所、旅游购物商场、旅游航班和旅游汽车、旅游轮船等。应特别指出的是,旅游业还为旅游者提供各种专业服务,如导游服务、饭店服务、旅游咨询服务等。

旅游业要真正发挥作用,"硬件"固然重要,但"软件"的核心,即旅游人才才是旅游行业发展的关键支撑。优秀的旅游人才能够提升旅游产品质量与服务水平,推动旅游行业的创新发展,促进文化交流与经济增长,满足人民日益增长的旅游需求,为游客创造美好的旅游体验,助力旅游业在竞争中蓬勃发展。

综上所述,旅游业是一个以旅游资源为依托,以旅游设施为条件,以出售劳务为特征的经济性产业。根据该定义,可知旅游资源、旅游设施和旅游服务是旅游业经营管理的三大要素。

二、旅游业的性质

旅游业是经济性产业，主要提供旅游服务。任何旅游资源的开发和旅游设施的建设都需要投资，并以产品的形式出售给旅游消费者，从而获取经济利益。旅游业作为经济产业，要符合一般经济规律，因而具有明显的经济性质。旅游是一种高级消费，在旅游经营中，无论是自然旅游资源还是人文资源，主要是满足旅游者精神文化生活的需要，而旅游设施和各种服务的提供，也是为了帮助旅游者实现其完美的旅游愿望，因而具有明显的文化性质。

三、旅游业的特点

旅游业是服务行业（第三产业），因而具有服务性的特点。但是与一般服务行业相比，在其运行的过程中又凸显出明显的自身特点，归纳起来有以下五点。

（一）综合性

旅游业的综合性主要体现在多个方面。一是产业融合，旅游业经营者为旅游者提供食、住、行、游、购、娱等一体化的综合服务，因此关联了交通、餐饮、住宿等诸多行业。二是涉及多种资源，包括自然景观、人文历史、民俗文化等。三是功能综合，有休闲、娱乐、康养、文化教育等功能，这些都充分体现了旅游业的综合性。

（二）依赖性

旅游业的依赖性表现在三个方面：一是有赖于旅游资源作依托。二是有赖于国民经济的发展。客源是旅游业的生命线，客源国的经济发展水平决定着旅游者的多寡；接待国经济发达程度决定着旅游综合接待能力的强弱，在一定程度上也会影响到服务质量。三是有赖于有关部门和行业的通力合作、协调发展。任何一个相关行业脱节，旅游业经营活动就难以正常运转。

（三）带动性

旅游业本身是一个关联带动性很强的产业群体。它能带动直接为旅游者服务的相关产业发展，如交通业、餐饮、购物、娱乐等。同时旅游业还能带动就业，旅游业是劳动密集型产业，能够提供大量的就业岗位，从而对经济和就业起到良好的带动作用。

（四）敏感性

实践证明，旅游市场极易受国际、国内形势变化的影响，从而导致旅游需求的波动。从总的情况分析，第二次世界大战后60余年，国际旅游人数的年平均增长率为6.3%，国际旅游收入年平均增长率为10.9%，可见其持续增长的兴旺景象。但纵观其发展轨迹，也可见其增长波幅陡峭，发展不稳定。尤其是受1997年亚洲金融危机的影响，国际旅游特别是旅游收入的增率大幅度下降。有时整个国际旅游人数和收入大幅度增长，而个别国家（地区）却出现负增长的现象也不乏其例。例如2001年发生在美国的"9·11"恐怖事件，不但使美国旅游业受到重创，而且波及全世界。事实表明，旅游业是个敏感性高和发展不稳定的行业，因而旅游业的微观经营和总体发展上都存在着较大的风险。因此,只有不断提高应变能力,不断调整产品结构,努力改进经营管理,才能在激烈的市场竞争中取胜。

(五)涉外性

当代旅游是一种跨地区、跨国界的广泛的人际交往活动。就一国而言,既有接待外国旅游者的任务,也需要组织国内居民出国旅游。由于各国的社会制度、政治信仰乃至生活方式存在着较大差别,因此,发展国际旅游业的政策性特别强,尤其我们是社会主义国家的旅游业,既要讲究经济效益,又要重视通过旅游活动来促进各国人民之间的相互了解、增进友谊。因此,加强政治责任感、自觉遵守外事纪律是每个旅游从业人员的天职。

同时,因开展国际旅游活动,我国的旅游经营单位和外国旅游经营单位之间,必然要发生经济上的交往,因此,旅游业的涉外性还体现在经济上要遵循互惠互利、讲究信誉的原则。

四、旅游业的影响与作用

(一)旅游业在社会劳动就业中的作用

旅游业是一个劳动密集型的行业,也是一个跨地区、跨行业的综合性产业。它的发展有赖于交通、建筑、工业、商业、农副业、财政、文化教育、体育卫生等各行各业的协调运行。由此可见,旅游业需要的人才门类之广、数量之大是其他产业所不可比拟的。仅1990年,全世界的旅游业就为社会提供了570万个新的就业岗位。而目前,全世界的旅游从业人员已近4亿人,即在全世界从业人员中,每9个人中就有一个人从事旅游业。旅游业的发展必然刺激和带动各行各业的发展,因此,旅游业必然能提供更多的间接就业岗位。

(二)旅游业在国民经济发展中的作用

实际上,旅游业的经济影响是双向的,不仅会影响到旅游目的地的经济,也会对旅游客源地的经济产生影响。但在旅游研究中,人们主要关注旅游的发展对旅游目的地经济带来的各种影响。因此,这里主要讨论的也是一个国家的国内旅游和海外入境旅游对该国经济的影响。同任何其他事物一样,旅游业的发展对一个国家的经济既有积极影响,也有消极影响。

1. 旅游业对社会经济的积极影响

世界各国发展旅游业的经验证明,旅游业在国民经济诸产业中是具有较大优势的产业之一。发展旅游业在促进整个国民经济发展、增加国民收入方面可以发挥出更积极有效的作用,其表现可从直接作用和间接作用两方面来分析。

(1)直接作用:换取外汇,回笼货币。国际旅游接待是一种就地"出口贸易"。一般来说,一个国家换取外汇的途径有两种:一是对外贸易外汇收入,即依靠物质商品出口来换汇;二是非贸易外汇收入。就我国来说,换取外汇的主要渠道是贸易出口,兼有劳务输出、侨汇和发展国际旅游接待等,其中,旅游换取外汇更具有其特殊的优越性。因为国际旅游者是在旅游产品生产地(接待国家和地区)进行就地消费,可以节省商品出口时的运输、转口、关税、保险等费用,即旅游业换取外汇是由旅游者送上门来的,既容易获得,换汇率又高。据实践统计,旅游换汇成本明显低于贸易换汇成本,一般仅为贸易换汇成本的2/3左右。同时,由于旅游业提供的主要是劳务性产品,因而消耗物质商品相对较少,对发展中国家来说,依靠旅游业来换取外汇,在增强国家的外汇支付能力和平衡国际收支方面,更具有重要的现实意义。

积极发展国内旅游,不仅可以满足广大人民日益增长的文化生活需求,而且可以吸收浮游资金来回笼货币,促进国内市场的繁荣与稳定,它是回笼货币、稳定市场的有效途径。旅游回笼货币,是通过旅游接待服务收费,将旅游者多余的货币转归旅游业经营单位,然后回笼到国家银行,实现了社会多余货币所有权的转移。

(2)间接作用:带动国民经济各部门、各行业的发展。现代旅游业的发展实践证明,旅游业实际上已渗透到国民经济的每一个部门,它需要物质生产部门和非物质生产部门的协调和支持才能正常运转,可以说任何一个地区、一个部门都不可能独立发展旅游业。旅游业的迅速发展,必然要刺激和带动诸如交通运输业、建筑业、轻工业、商业、农副食品加工业乃至工艺美术、文化教育、金融财政、文物、园林等各行各业的发展,只有国民经济各部门、各行业共同发展,才能配套成龙,使国家的旅游业和各个旅游企业正常运行。这些被带动的行业中特别是与旅游关系密切的外贸、民航、建筑业所受的影响最大,其发展速度远远快于工业、农业。

同时,旅游业的发展还会不同程度地促进地方经济的发展,提高区域经济水平。由于旅游业是一个关联带动性很强的行业,某个地区一旦开展旅游业,就会带动整个地区经济的全面发展,所以一些经济落后、发展工业难度大但旅游资源丰富、具备发展旅游业条件的地区,就可以大力发展旅游业,发挥旅游业的关联带动功能来促进落后地区的全面发展,提高区域经济水平,改善人民生活条件。由此可见,旅游业还具有扶贫的功能作用。

2. 旅游业对社会经济的消极影响

旅游业的发展会促进和带动国民经济各行各业全面发展并使旅游从业人员和接待地居民的收入增加、生活改善的积极一面,已为世人所公认;而旅游业可能对接待地社会经济产生消极影响的一面,往往容易被忽视。当旅游业的发展宏观失控,一哄而起,超过当地经济所能承受的能力时,就会产生一系列问题,诸如因投入资金过大,长期难以收回投资成本,直接造成经济损失;或因建造饭店、旅游商场和娱乐场所占地过多,使可耕农田面积减少而影响农业的发展等。同时,一些旅游热点城市也因大量旅游者的涌入,对主副食品、工业品等的需求量大幅度增长,给接待地的商品供应带来压力,引起物价的普遍上涨,影响居民生活。

(三)旅游业对文化教育的作用

从产业性质看,旅游业是经济性的。但从消费角度看,旅游消费主要是一种文化性消费,即旅游消费在构成上虽然离不开物质资料,但主要是文化性、精神性资料。所以,旅游业是以生产和制造能满足这种旅游消费需要的产品为己任,并通过与旅游消费者的交换而获得经济效益的,可以说,旅游业是经济-文化事业。因此,发展旅游业将对社会文化教育的发展起推动作用。

(1)旅游业是科学文化交流的纽带。自古以来,旅游与文化有着不可分割的关系,而现代旅游本身就是一种大规模的文化交流。旅游业的一个特殊贡献就是可使不同文化背景、不同价值观念的人群不期而遇,为之提供异域文化交流和思想沟通的机会和环境。同时,随着旅游的重心越来越多地向文化方面转移,从宏观上说,异域的历史文化、建筑文化、民俗文化、饮食文化、宗教文化等越来越具有吸引力,许多专为文化交流而来的文化专业考察团的不断增多就是例证。可见,现代科技、文化交流的广泛开展并卓有成效是与旅游业的发展密切联系的。

(2)旅游业促进文化教育事业的发展。由于旅游业的关联带动功能强,一业发展,百业兴旺,随之而来的是对各类人才的需求量大幅度增加,客观上为社会文化教育事业提供了发展的契机。

我国的旅游教育起始于 1978 年,几十年来发展迅速,卓有成效,已具规模。现在我国的旅游教育事业已从无到有,从小到大,从单一到系列,构成一个包括大、中专学历教育、成人教育、业余进修、短期培训等多形式、多层次、多渠道的旅游教育网络。这是旅游业的兴起促进文化教育事业发展的一个例证。

当然,旅游业的发展也会对接待国(地)的文化产生某些负面效应。在旅游过程中,当两种不同文化接触时,必然会相互发生作用。旅游接待地居民在不断接受外来文化信息的刺激后,也会逐渐受到影响,那些保持古老文化传统的、对于抗衡外来文化冲击的能力还不够强的地区尤其容易受到冲击性影响。如某些少数民族地区,古老的民族习惯已有慢慢消失的趋势;为了迎合旅游者的欣赏心理和口味,接待地的一些传统文化如民俗节日、宗教仪式等已逐渐变成纯商业性的娱乐方式,从而失去其固有的民族韵味和风格,以致有舆论呼吁要加强保护传统的民族文化。

(四)旅游业对社会的影响与作用

随着旅游业的迅速发展,人际交往的频率与范围的不断扩大,必将对社会的各个方面产生巨大的影响。这种影响不但直接作用于接待国(地)的社会,而且也必将反馈到旅游客源国(地)的社会。

1. 旅游业对社会的积极影响与作用

总的来看,旅游与旅游业对社会的影响是以积极、健康、有利方面占主导地位的。旅游与旅游业对社会经济、文化的影响和作用已在前面作了介绍,这里主要从思想观念、社会意识及社会风气等方面的影响作些简要论述。

(1)有助于改变传统观念和社会意识。旅游是一种特殊的社会交往方式,因而也是人们学习社会、了解历史、认识自然、陶冶情操的实践,是人群与社会相互影响的社会行为。来自世界各地的具有不同阶层、职业、信仰和年龄的旅游者与接待地的人民群众接触并参与许多民间活动,有利于彼此的联系和沟通,增进了解和友谊。

(2)有助于文明的传播和良好社会风气的形成。由于旅游是一种广泛的人际交往活动,旅游经营者通过与旅游者的交往,从良好的职业道德和职业习惯行为中所体现出来的文明与先进的思想意识和高尚的道德精神面貌必然会影响和感染旅游者以及周围群众,在思想感情上产生共鸣,并加以发扬光大,加速社会文明的传播。那么,这种彼此尊重、互助互爱的新型的人际关系就会逐步建立,助人为乐、文明礼貌的良好社会风气就会逐渐形成。

2. 旅游业对社会的消极影响与作用。

随着旅游业广泛而迅速地开展,旅游的传播功能对接待地既能造成积极的影响,也会带来一些不利因素和消极影响,主要是对社会意识方面的污染。

所谓对社会意识方面的污染,即随着国际旅游业的发展,将给接待国(地)的道德观念、价值观念、政治信仰乃至生活方式等带来的某些消极后果。

由于旅游者本身就是一个传播媒体,因此,随着大量的国际旅游者的到来,他们不可避免地会将自己的生活方式带到旅游接待地,其中既有文明健康、有利于接待地人民学习和仿效的积极因素,也会有一些颓废的思想意识、低级庸俗的趣味和腐朽没落的生活方式,对接待地产生消极的影响。接待地的一些意志薄弱者经不起这些不健康因素的诱惑,就会在思想上产生共鸣,直至羡慕和追求,甚至完全变质和堕落。

(五)旅游业对自然环境的影响与作用

旅游业的发展与自然环境的关系是一对矛盾的统一体,是相互影响、相互作用的。发展旅游业,能起到进一步美化、保护自然环境的作用,但也会造成对自然环境的污染和破坏。能否最大限度地减少对自然环境的污染和破坏,直接关系到旅游接待国(地)居民的生态环境质量和旅游客源的消长。因此,必须认真地对待这一问题。

(1)旅游业的发展促进自然环境的美化和保护。自古以来,美好的自然环境一直是旅游的第一要素,现在仍然有近70%的国际旅游者流向自然风景名胜地,尤其是那些清新优美、鸟语花香的自然环境,更使得各地的观光旅游者川流不息。可见,自然环境越优美,吸引力越大,旅游价值越高。不敢想象,一个污水横流、垃圾遍地、黑烟滚滚、噪声刺耳的环境,会是人们向往的旅游去处。所以,任何一个旅游胜地,都必须致力于环境的整治、修缮和美化,如修复文物古迹,增加各种基础设施和服务设施,维护环境卫生,防止"三废"污染,维护生态平衡等等,才能满足旅游者的需要,保持它的吸引力。同时,在国家的宏观调控下发展旅游业,可以促进资源优化配置,使整个国民经济建设和旅游业发展协调进行,避免一些建设性破坏和破坏性的建设,达到保护旅游资源的客观效果。

(2)旅游业的发展加速自然环境的污染和破坏。旅游与旅游业的发展对环境的作用具有双重性:积极作用和消极作用。积极作用在前面已作论述,而消极作用主要表现在:由于对旅游资源开发建设不当或失误,使生态环境趋于恶化;由于大量旅游者的涌入,排放的各类废弃物超过了环境自净能力而造成环境污染;由于大量旅游者的接触或不文明行为引起的对风景、文物的破坏等。

综上所述,发展旅游业可以造福于接待国(地),但也可能加难于当地的居民。关键是发展的规模、增长的速度不能超过接待地的旅游环境的承载力,即要与旅游接待地的物质环境和社会环境相适应。同时,要加强管理,注意防患,争取旅游业发展与环境保护相协调,实现"经济效益、社会效益和环境效益相统一"。这是一个国家(地区)旅游业发展成功的标志,也是全人类所关注的旅游与旅游业可持续发展的焦点。

【学习与思考】

一、单项选择题

1. 下列不属于非纯消遣性旅游活动过程中产生的旅游行为是(　　)。

A. 观光旅游　　　　B. 购物旅游　　　　C. 会议旅游　　　　D. 公务旅游

2.（　　）是旅游资源的灵魂。

A. 可进入性　　　　B. 吸引性　　　　　　C. 变化性　　　　　　D. 价值性

3.（　　）越大,客流量就越大,这是经实践所证明的。

A. 垄断性　　　　　B. 吸引性　　　　　　C. 变化性　　　　　　D. 季节性

4.浙江余姚河姆渡遗址是（　　）典型代表。

A. 遗址遗迹　　　　B. 建筑与设施　　　　C. 旅游商品　　　　　D. 人文活动

5.以下各项不属于旅游活动的基本要素的是（　　）。

A. 旅游者　　　　　B. 旅游资源　　　　　C. 旅游设施　　　　　D. 旅游业

6.人为的废气排泄等环境污染造成古建筑的破坏,属于（　　）。

A. 自然性的破坏　　　　　　　　　　　　B. 人为的破坏

C. 人为但通过自然形成的破坏　　　　　　D. 刻意破坏

7.陕西省扶风县法门寺的宝塔因管理不善而倒塌,属于（　　）。

A. 自然破坏　　　　　　　　　　　　　　B. 人文破坏

C. 人为破坏　　　　　　　　　　　　　　D. 人为但通过自然形成的破坏

8.生物景观的典型代表是（　　）。

A. 长江三峡　　　　　　　　　　　　　　B. 蓬莱海市蜃楼

C. 五岳名山　　　　　　　　　　　　　　D. 张家界国家森林公园

二、多项选择题

1.旅游活动的基本构成要素包括（　　）。

A. 旅游者　　　　　B. 旅游资源　　　　　C. 旅游设施　　　　　D. 旅游业

2.被誉为"深圳三景区"的有（　　）。

A. 景绣中华　　　　B. 中国民俗村　　　　C. 世界之窗　　　　　D. 迪士尼乐园

3.地文景观包括（　　）。

A. 自然旅游地　　　　　　　　　　　　　B. 沉积与构造

C. 地质地貌过程形迹　　　　　　　　　　D. 自然变动遗迹

4.旅游业在国民经济发展中的作用有（　　）。

A. 换取外汇　　　　　　　　　　　　　　B. 回笼货币

C. 降低物价　　　　　　　　　　　　　　D. 带动国民经济各部门各行业发展

5.具有现代意义的闲暇时间有（　　）。

A. 每日空闲时间　　B. 周末闲暇时间　　　C. 假日时间　　　　　D. 病假修养

三、判断题(对的打√,错的打×)

1.旅游是一种消费,也是一种享受,因此,旅游者也是享受者。　　　　　　　　　（　　）

2.旅游是一种高级消费形式,因此,一个人要成为旅游者,只有在一定的社会物质条件下才能实现,也就是说,旅游者的产生有赖于社会经济的发展。　　　　　　　（　　）

3.旅游者不同于一般旅行者,旅游者外出旅行的目的主要是进行功利性的游览、消遣等活动,即消磨闲暇时间,满足个人的旅游需要。　　　　　　　　　　　　　　（　　）

项目三	旅游业的构成

 项目目标

1. 理解旅行社的概念；了解旅行社的类型和作用；掌握旅行社的职能和业务。
2. 理解旅游交通的概念；了解旅游交通的作用；掌握旅游交通的特点和类型；掌握影响旅游者选择旅游交通工具的因素。
3. 理解旅游饭店的概念；掌握旅游饭店的类型；了解我国旅游饭店等级划分；掌握旅游者对旅游饭店的要求。
4. 理解旅游景区的概念、条件、特点。
5. 了解旅游购物品、旅游娱乐设施的分类。

 **思维导图**

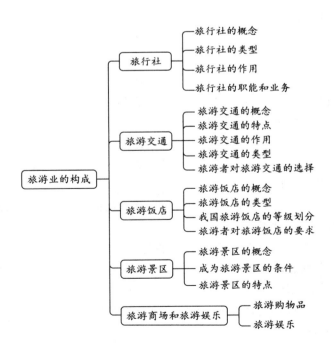

任务一　旅行社

【学习要求】

1. 理解旅行社的概念。

2. 了解旅行社的类型和作用。

3. 掌握旅行社的职能和业务。

【学习内容】

旅游产品是一种要旅游者自己克服空间距离才能得到的产品。由于这一特点,各种旅游产品的生产者,通常不与旅游消费者直接发生接触,他们之间或多或少要经过中间媒介。在现代旅游中,相当多的旅游者要求旅行社提供服务,包括旅游信息、旅游路线的预订和导游等。因此,在旅游供求活动中,旅行社是组织和接待旅游者的中介组织。

一、旅行社的概念

旅行社介于旅游产品和旅游者之间参与旅游产品的销售活动,促进买卖行为的实现,它是为旅游者提供服务的专门机构,是通过旅游产品的销售来获取利润的企业。

2009 年 5 月 1 日起施行、2020 年第三次修订的《旅行社条例》规定:旅行社"是指从事招徕、组织、接待旅游者等活动,为旅游者提供相关旅游服务,开展国内旅游业务、入境旅游业务或者出境旅游业务的企业法人"。它的经营范围包括:安排交通、住宿、餐饮服务,安排观光游览、休闲度假等服务,以及提供导游服务、领队服务、旅游咨询、旅游活动设计服务等,还可接受委托,代订交通客票、代订住宿和代办出境、入境、签证手续等。

自 1845 年英国人托马斯·库克(Thomas Cook)创办世界上第一家商业性旅行社以来,旅行社得到迅猛的发展,它的经营范围从代办旅行业务到组织包价旅游和生产旅游产品,从而沟通了旅游的销售渠道,是旅游业迅速发展的一种推动力。现在,旅行社已遍布全球,为世界旅游业的发展作出了积极的贡献。我国旅行社自 20 世纪 80 年代后期起迅猛发展,据文化和旅游部市场管理司发布的《2024 年第二季度全国旅行社统计调查报告》,截至 2024 年 6 月 30 日,全国旅行社总数为 60833 家。

二、旅行社的类型

(一)我国旅行社的类型

旅行社的种类很多,不同的国家和地区有不同的分类标准。按经营业务范围的不同划分,我国旅行社的类型经历了五个发展阶段(表 3-1-1)。

表 3-1-1　我国旅行社各个发展阶段的类型

阶段	时间	分类	从事业务或接待对象	法律
第一阶段	中华人民共和国成立至 20 世纪 80 年代中期(三类四大旅行社)	中国国际旅行社	负责接待外国旅游者	
		中国华侨旅行社和中国旅行社(后合并为中国旅行社)	负责接待回国旅行、探亲的华侨、外籍华裔,回内地(大陆)旅行、探亲的港澳台同胞	
		中国青年旅行社	负责接待外国青年旅游者和华侨等人中的青年旅游及探亲者	
第二阶段	20 世纪 80 年代中期至 1996 年底	一类旅行社	负责经营对外招徕并接待外国人、华侨、港澳台同胞来中国、归国或回内地(大陆)的旅游业务	国务院于 1985 年 5 月颁布的《旅行社管理暂行条例》
		二类旅行社	不对外招徕,只经营一类社或其他涉外部门组织的外国人、华侨、港澳台同胞来中国、归国或回内地(大陆)的旅游业务	
		三类旅行社	只经营中国公民在国内的旅游业务	
第三阶段	1996 年底至 2009 年	国际旅行社	经营范围包括入境旅游业务、出境旅游业务和国内旅游业务	国务院于 1996 年 10 月 15 日颁布的《旅行社管理条例》
		国内旅行社	经营范围仅限于国内旅游业务	
第四阶段	2009 年至 2017 年	旅行社	经营国内旅游业务和入境旅游业务	2009 年 5 月 1 日起施行的《旅行社条例》
			经营国内旅游业务、出境旅游业务和入境旅游业务	
第五阶段	2017 年至今	旅行社	经营国内旅游业务和入境旅游业务	2017 年 3 月 1 日修订的《旅行社条例》
			经营入境旅游业务和出境旅游业务	

(二)欧美国家旅行社的类型

欧美国家旅行社一般分为三类,即旅游批发商(tour wholesaler)、旅游经营商(tour operator)和旅游零售商(tour retailer)。

旅游批发商,组织并批发包价旅游业务,它通常批量地购买饭店、交通运输部门、旅游景点和包价旅游涉及的其他部门的产品(使用权),再根据旅游市场的需求把这些单项产品组合成若干个各具特色的包价旅游产品,然后通过各种零售渠道销售给旅游者。一般不从事旅游产品的零售业务。

旅游经营商,既组织和批发包价旅游,又兼营旅游产品零售业务,它有自己的零售网点。既可以通过旅游代理商出售旅游产品,也可通过自己的零售网点直接将产品销售给旅游者。

旅游零售商,也称旅游代理商(travel agent),代表旅游者向旅游批发商、旅游经营商或食、住、行、游、购、娱等旅游企业购买其产品,或代表这些旅游企业向旅游者销售其产品,所以它们是旅游批发商、旅游经营商和食、住、行、游、购、娱等旅游企业与旅游者之间联系的纽带,是当前世界范围内的主要旅游中间商。许多旅游供给者如航空公司、游船公司、饭店、餐馆以及旅游批发商,都要通过旅游零售商去实现大量的销售额。

三、旅行社的作用

(一)旅行社在旅游者和旅游产品之间起着中介作用

旅行社既是旅游产品的组合者,又是旅游产品的销售者,在旅游者与旅游产品之间架起沟通的桥梁。作为旅游产品的组合者,旅行社把各种单项旅游产品组合成完整的旅游线路产品;作为旅游产品的销售者,旅行社招徕旅游者,把组合成的旅游产品送到他们手中。

(二)旅行社为旅游者实现其消费需要提供各种服务

(1)旅行社为旅游者提供信息和咨询服务。旅行社是一个信息枢纽站,一方面他们掌握着大量旅游目的地的信息,站在旅游市场的前沿,另一方面他们也最了解客源市场的需求信息,因此旅行社将一些纷繁复杂的信息进行整理和筛选,以清晰明了的方式呈现给旅游者,并回答旅游者的各种问题,为其提供咨询服务。

(2)旅行社为旅游者提供综合服务。旅行社为旅游者提供旅游前准备阶段、旅游过程中和旅游结束后所需要的服务。旅行社在旅游者购买其旅游产品以后,必须严格按照旅游接待计划组织旅游者进行旅游活动,合理安排食、住、行、游、购、娱等事宜,帮助旅游者实现旅游愿望。

(3)旅行社为旅游者提供其他与旅游相关的服务。如为旅游者办理护照签证、出售特种有价证券、发行和汇兑旅行支票、组织兑换业务、为旅游者办理旅游期间的各类保险等。

(三)旅行社为旅游产品供应者提供销售业务

旅游产品主要由交通、食宿、旅游景点、购物、娱乐设施以及各有关服务组成。尽管它们各自的经营部门也直接向旅游者出售自己的产品,但较大部分的产品是通过旅行社销售给旅游者的,旅行社精于销售旅游产品,它们组成了一个庞大的销售网,能为各类旅游产品供应者招徕大量旅游者。

(四)旅行社在旅游业各组成部分间起着组织和协调作用

旅游产品的各个构成要素处于独立分散、各自为政的状态,因此,旅行社作为旅游活动的组织者,对于一个完整的旅游产品的实现起着重要作用。它是联结旅游业各组成部门的纽带,旅游者在旅游过程中的种种联系、衔接、应变等都必须由旅行社来组织安排和协调解决。

四、旅行社的职能和业务

(一)旅行社的职能

(1)生产职能。旅行社对交通、住宿、饮食、游览、购物和娱乐等旅游业组成部分的可行条件进行设计、组合,制定出整体的旅游计划,落实旅游路线、交通工具、食宿、游览项目、购物、娱乐等一系列服务。

（2）销售职能。旅行社将旅游产品的各个部分综合汇集起来销售给零售商或直接在市场上销售给旅游者，起到疏通销售渠道的作用。

（3）组织协调职能。旅行社把旅游产品出售给旅游者后，为了使旅游者的旅游活动顺利进行，必须做好组织协调工作。

（4）提供信息职能。旅行社为旅游者提供旅游供给方面的信息和咨询服务；通过销售和服务，能较好地了解旅游者的兴趣、爱好、要求、意见和建议等，同时把这些信息提供给旅游业的其他部门作参考。

（5）经济利益的分配职能。旅游者虽然在旅游过程中要接触到众多的旅游接待部门，但他们把全部费用作为购买综合旅游产品的费用一次性付给旅行社，旅行社要在各部门之间合理分配总收入，使它们各自获得理想的效益。

（二）旅行社的业务

旅行社的类型和规模虽然不同，其业务范围也有所差异，但具有代表性的业务基本上是相同的。

（1）销售业务。旅行社要随时了解和掌握旅游市场的需求动向，并根据旅行社自身的条件和能力，结合旅游目的地的旅游资源和旅游服务设施情况，设计出各种能够吸引旅游者的适销对路、各具特色的旅游产品，针对自己的目标市场，利用各种传播媒介，通过举办展销会、出版各类宣传品、开展公共关系和其他促销手段将自己的产品销售出去。

（2）计调业务。它是指计调部为业务决策而进行的信息提供、调查研究、统计分析、计划编制等参谋性工作和为实现计划目标而进行的统筹安排、组织落实、业务签约、协调联络、监督检查等业务性工作的总和，即安排好旅游者的接待工作，使他们能够进得来，出得去，住得舒适，吃得满意，玩得开心，觉得此次旅游确实是一种享受。

（3）导游业务。导游员在具体旅游接待工作中起着协调和沟通的重要作用。导游业务是旅游接待工作中的中心环节，要求协同安排好旅游者的住宿、用餐、交通等生活问题，陪同旅游者，做好翻译、导游和宣传工作，关心旅游者的安全，保护他们的正当权益。

（4）财会业务。旅行社的财务部门在了解其资金运动特点的前提下，做好货币资金、结算业务、工资、低值易耗品、固定资产、营业费用和企业管理费、营业成本、营业收入和利润、专用资金的核算，并编制好会计报表。

任务二　旅游交通

【学习要求】

1. 理解旅游交通的概念。

2. 了解旅游交通的作用。

3. 掌握旅游交通的特点和类型。

4. 掌握影响旅游者选择交通工具的因素。

【学习内容】

旅游交通是旅游业发展的重要支撑,贯穿于整个旅游活动之中。它不仅是游客实现空间位移所依赖的手段和工具,还是影响旅游体验的关键因素,舒适、安全、便捷的交通能提升游客满意度。同时,交通的发展也推动着旅游业的繁荣,二者相互依存、共同发展。

一、旅游交通的概念

一般认为,旅游交通应理解为旅游者在暂时逗留地和游览地之间的往返运输。从这个意义上来说,旅游交通仅占整个交通业的很小比例。事实上,旅游者在大多数情况下都是先借助公共交通到达旅游目的地,然后再依靠旅游交通抵达旅游景点。从完整的旅游活动来看,无论是公共交通还是专业性的旅游交通,都承担着旅游者的运送任务。正因为如此,世界各国都将公共交通和专业性的旅游交通综合在一起。

旅游交通是指旅游者为了实现旅游活动,借助某种交通工具,实现从一个地点到另一个地点之间的空间转移过程。它既包括旅游者的常住地和旅游目的地之间的往返过程,也包括旅游目的地之间、同一旅游目的地内各旅游景点之间的移动过程。

二、旅游交通的特点

(1)综合性。旅游交通是由公共交通和专业性的旅游交通共同构成的。专业性的旅游交通设施和服务是专门为旅游者提供的,是整个交通运输业的一部分;而公共交通则在旅游者的整个行程中占很大比例,两者结合在一起来实现旅游者的旅行。

(2)区域性。旅游交通线路是根据旅游者的流向、流量等形成的,旅游的区域性特点决定了旅游交通的区域性。

(3)季节性。由于受节假日、气候、观念等的影响,旅游者的旅游活动呈现明显的季节性,即旺季、平季和淡季。因此,对旅游交通的需求也同样具有季节性这一特征,这不仅存在于一年中的各季、各月以及各周之间,而且在一周中的不同日期之间也同样存在。

(4)替代性。出于经济、审美、时间等各种原因,旅游交通的替代性也显而易见,既表现为各种交通工具之间存在替代性,又表现为同一种交通工具不同档次之间存在替代性。

三、旅游交通的作用

交通是旅游业发展的前提和基础,是旅游业发展的重要支撑,贯穿于整个旅游活动之中。交通运输工具的不断更新和现代化,既是交通客运业发展的集中体现,又是旅游业发展的重要保证。

(一)交通是实现旅游活动的必要手段,是旅游业发展的命脉

交通是旅游业发展的前提和基础,交通工具是帮助旅游者实现旅游活动的必要手段。尤其是现代大规模的旅游,所达地区越来越远,交通工具必不可少。无论是旅游者从常住地前往旅游目的地,还是在旅游目的地之间和内部的各景点之间穿梭,都必须靠交通来实现。所以,旅游交通运输贯穿于旅游活动的始终,是旅游活动和一个国家或地区旅游业发展的基石。

(二)现代交通可以促进旅游景区的兴起和发展

世界上所有旅游发达地区之所以兴旺,莫不与交通条件的发达有关。一个国家或地区发展旅游业的重要条件之一是该地的可进入性程度,即能否进得去、散得开、出得来。只有旅游者亲临其境,旅游资源和旅游设施才能真正发挥作用;只有旅游目的地具备可进入性条件,其使用价值和价值才能真正实现。交通的便利性直接决定了旅游资源开发的深度和广度。发达的现代交通把越来越多的旅游者输送到目的地,该旅游地也因此扩大了影响,提高了知名度,同时又促进了旅游业的发展。

(三)交通是旅游业创收的重要渠道

旅游业创收的渠道很多,其中旅游交通收入所占份额相当大,尤其是远程旅游。距离越远,交通费用越多。据统计,旅游者用于交通方面的开支占总支出的 30%～40%。

(四)旅游交通设施可增添旅游乐趣

交通工具不仅是旅行手段,为人们提供快速、安全、舒适的便利条件,而且可以为人们的旅行游览增添许多乐趣。如人们在旅游途中,乘飞机越过皑皑白雪覆盖的高山、坐火车看见奔腾不止的江河时,会有一种心旷神怡的感觉。特别是一些具有民族特色的羊皮筏、牦牛,具有地方风格的滑竿、乌篷船,具有现代特色的水上摩托艇、热气球、索道缆车等,更可为旅游活动增添色彩。在一些特殊的交通旅游项目中,如邮轮旅游、观光巴士等,交通本身就是一种体验。

四、旅游交通的类型

旅游类型不同,人们对旅游交通的要求也不同。事实上,在旅游的整个过程中,由于每种交通工具有自己的优点和局限性,往往是相互配合、交替使用、相互补充,以方便旅游者完善旅游活动。

(一)航空运输

飞机是世界上远程旅游中最主要的交通工具,它使旅游者的空间移动变得既快捷又方便。快捷的航空交通创造了旅游界的一句名言——"旅游:一个迅速缩小的世界"。一个国家的航空运载能力和其机场的吞吐量已成为该国国际旅游发展水平的重要标志。

与其他运输方式相比,飞机有速度快、舒适、安全、省时、灵活性大和适合中远程旅游等优点,深受旅游者的喜爱。

航空运输在旅游活动中也存在着一定的局限性,如投资大、票价高、运载量小、噪声大、受天气状况影响大、只能完成从点到点的旅行和不适合短途旅游等。

(二)铁路运输

火车自其诞生之日起到第二次世界大战结束一直是旅客运输的主要形式,但二战后,特别是 20 世纪五六十年代以后,世界上乘坐火车旅游的人数已大大减少,尤其是随着高速公路和航空运输的进步和完善,火车受到的冲击更大。因此,研制和发展高速火车,已成为世界铁路运输面临的共同课题。在我国,铁路旅客运输仍占很重要的地位,长期以来有"铁老大"之称,高铁时代的到来,为旅客带来了很大的便利。我国的高铁技术处于世界领先地位,"八横八纵"高铁网覆盖范围广泛,极大地缩短了城市之间的距离。

火车运输具有运输能力强、长途运输成本低、远距离持续行驶能力较强、受季节和气候的影响小、环境污染小、费用低、较安全、舒适性强等优点,对国内旅游者和讲求实际的人来说具有一定的吸引力。与飞机相比,旅游者可完成从点到面的旅行,旅游目的地选择余地大,随意性较强。尤其是在我国,火车目前仍是大多数居民外出旅游最主要的交通方式。

火车的不足之处是速度慢、长时间旅行容易使人疲劳,以及铺设路轨的限制等。因此,近年来许多国家都在对铁路运输进行改革以招徕旅客,如开辟新干线、增加直达快车、提高车速、开通旅游列车和专列、研制磁悬浮列车、实行各种减价办法、发行旅游车票等。

(三)公路运输

乘汽车外出旅游包括乘公共客运汽车和驾乘私人小汽车等两种形式。汽车运输是发展最快、应用最广、地位日趋重要的一种运输方式,在一些国家已取代铁路运输成为陆上旅游的主要运输方式。

与其他运输方式相比,公共客运汽车的经营成本较低、费用便宜,具有独立性、灵活性,短程旅游速度快、方便,旅游汽车环境舒适、空调及音像等设备完善,尤其是利用汽车组织包价旅游可克服行李和转车问题等,因此,深受短途旅游者尤其是青年旅游者的欢迎。

随着我国居民收入水平的提高,私家车十分普及。自己驾车旅游灵活方便、行止自由、方便携带行李和其他器具、可以观赏沿途风光、可以随意选择旅游景点、可以从家门直达旅游地、费用相对较为低廉等,故而成为度假旅游的一种非常普遍的方式。据新时代文旅研究院发布的数据,2024 年全年国内自驾游人次超过 46 亿。

自驾游也有局限性:一是速度不快、活动范围不能太大,不适合长线旅游;二是运载人数有限,平均每人能源消耗量大;三是安全性能差、事故率较高;四是容易产生噪声、废气,污染环境;五是车内空间有限,不能活动,容易产生疲劳。

(四)水上运输

水上运输主要是船舶运输,分为海上运输和内河湖泊运输两种形式。在航空运输崛起之前,水上运输曾是国家间的一种主要交通方式,在世界旅游发展史上曾经有过一段比较辉煌的历史。

内河航运在一些国家也是旅游交通的重要组成部分,例如我国的长江和大运河南段、北美的密西西比河、欧洲的多瑙河、泰国的湄南河等,都是重要的内河旅游航运河道。

轮船具有舒适、经济、运量大、悠闲、线路投资少或几乎没有、运输成本低等特点,对年老体弱和有充裕时间的人来说不失为一种较合适的交通工具。其缺点是速度慢、时间长、灵活性差、受河道和海路吃水深度的限制。

随着国际邮轮复航加快,我国的邮轮市场也持续升温,国际邮轮纷纷加码中国市场,本土邮轮产业也逐步崛起。2024 年上半年,我国邮轮旅客运输量约 50 万人次。

(五)市内交通工具

要顺利完成各景点之间、城市内购物和娱乐等各种活动,还必须依赖市内交通工具。

(1)地铁或轻轨。是大城市内的主要交通工具,具有运量大、速度快、不受地面气候影响、不受其他车辆和行人的干扰、准时、安全、舒适、不排放废气等优点。

(2)公共汽车。具有价格低廉、运行路线和班次多、运量大等优点。

(3)出租汽车。具有随叫随停、灵活方便等优点。

(六)辅助性交通工具

辅助性交通工具既具有运载功能,又有游乐特色,作为对交通运输的补充,有着独特的作用。

(1)机械动力交通工具类。如缆车、机动船(含气垫船)、摩托车、机动三轮车等。

(2)自然力交通工具类。如帆船等。

(3)畜力交通工具类。包括各类坐骑(如马、牛、驴、骆驼、牦牛等)、畜力车(如马、牛、羊、骆驼、驴等拉的车)以及爬犁(如马、狗等拉的雪爬犁等)。

(4)人力交通工具类。如自行车、人力三轮车、木筏、竹排、皮划艇、乌篷船、雪橇、轿子、滑竿、羊皮筏等。

五、旅游者对旅游交通的选择

对旅游交通的选择,是每个旅游者外出旅游首先考虑的问题。安全、便利、高效、快速、舒适、经济是旅游者选择交通工具时最基本的要求。影响他们选择旅游交通有以下几个方面的因素:

(一)各类旅游交通自身的性能

每种旅游交通工具各有利弊,旅游者往往根据自身的各种条件来选择最适合自己的交通工具。

(二)旅游目的地的可进入情况

旅游目的地的可进入情况是旅游者对交通选择的主要考虑因素。只有在交通工具能到达的前提下,旅游者才能对交通工具进行选择。如游长江三峡只能选择游轮,亚美之间的旅游只能选择飞机等。

(三)旅游者自身各种因素

旅游者年龄的大小、个人所具备的各种条件、旅游目的、旅游者的偏好和经验等都在影响着他们对旅游交通的选择。

(四)旅游距离的远近

为了更好地完成旅游活动,实现"快行慢游",旅游者往往选择飞机作为长途旅游的主要交通工具,而近距离旅游则以汽车或火车为主。

任务三　旅游饭店

【学习要求】

1. 理解旅游饭店的概念。

2. 掌握旅游饭店的类型。

3. 了解我国旅游饭店的等级划分。

4. 掌握旅游者对旅游饭店的要求。

【学习内容】

旅游饭店是为旅游者提供食、宿、行、游、购、娱等综合性服务的企业,在旅游业中占据关键地位。旅游饭店作为旅游业的重要组成部分,不断适应市场变化和游客需求的升级,以多样化的类型、优质的服务和科学的运营管理,为游客提供全方位的旅游体验,推动着旅游业持续发展。它不仅是游客旅途中的"家",更是旅游目的地形象的展示窗口,对促进当地旅游经济发展、文化传播交流起着重要作用,是旅游业的核心支撑与多元服务载体。

一、旅游饭店的概念

饭店(hotel)一词来源于法语,原指接待贵宾的乡间别墅,后来被欧美国家沿用,表示提供食宿的商业性设施。随着旅游业的发展,各种类型的旅游饭店应运而生。无论其设施简单还是豪华,它们都必须具备提供餐饮和住宿这两项基本服务功能,这被称为饭店的基本条件。现代化饭店则附带有会议、购物、康乐、通信、交通等综合服务设施,以满足客人食、住、行、游、购、娱等各种需求。

因此,旅游饭店是指以旅游服务为核心,以有形的空间、设备、产品和无形的服务为凭借,在旅游消费服务领域从事生产和营销活动,具有法定独立性的经济实体。

旅游饭店是形成旅游供给的基本要素,是旅游者在旅游活动中日常生活资料的主要供给者和活动基地,它包括客房、餐饮、前厅、商场、康乐、销售、公关等直接对客营业部门和工程维修、人事培训、财务、采购、安全、行政等间接对客职能部门。

旅游饭店出售的产品就是服务,服务质量是旅游饭店成功的基础。饭店的设施设备水平是衡量其服务质量和管理水平的重要标志,但是衡量其管理是否成功的唯一标准则是饭店对这些设施设备的维护保养水平和所提供的服务产品给旅游者留下的印象。

二、旅游饭店的类型

旅游饭店有多种类型,可以根据功能、规模、计价方式、经营方式和地理位置等标准进行分类。

(一)根据旅游饭店的功能分类

1. 观光型旅游饭店

这类旅游饭店主要接待观光旅游客人,多建于旅游观光城市和游览区的周边,如张家界景区内、黄山脚下等地建了大量此类型的酒店,它们位置优越,便于游客轻松游览,能极大缩短游客从住处到景点的时间,充分利用游玩时间。观光旅游客源目前仍然是世界旅游的主导客源市场,故其经营状况容易受到观光旅游市场变化的影响,淡旺季经营差异大。旅游旺季时,一房难求;淡季则入住率低,面临成本压力。观光型旅游饭店的设施和服务要突出观光旅游客人的需求特点:既要价格便宜、经济实用,又要美观舒适、服务周到;既要在餐饮口味上照顾客人的习惯,又要使客人能够了解到当地的传统特色饮食;既要保证客房设施舒适、整洁、美观、安全,又要突出饭店建筑、设施和服务的民族特色、异国风格,这样才能使饭店对观光游客富有吸引力。

2. 商务型旅游饭店

商务型旅游饭店,又称商务饭店,主要面向商务旅行者,为其商务活动、差旅出行提供全面支持与优质服务。这类饭店通常选址于城市中心商务区(CBD)、交通枢纽附近或新兴产业园区周边,凭借便捷交通与核心地段优势,吸引大量商务客源。它们拥有完善且高端的商务设施:具备功能齐全的会议室和多功能宴会厅;商务中心提供打印、复印、传真、翻译、秘书服务等,协助商务人士处理各类文件与事务;高速稳定的无线网络覆盖整个饭店,确保商务人士随时在线办公、沟通交流。它们的客房除常规房型,还有行政楼层、商务套房等特色房型。行政楼层通常提供专属接待服务、免费早餐与下午茶、独立会议室等。商务套房空间更大,配备客厅、卧室、书房,部分还设有厨房,满足长期出差商务人士的需求;餐饮设施和项目完善,除了有中西餐厅、宴会厅外,还设有酒吧、咖啡厅,供商务人士休闲洽谈;康乐设施完备,供客人健身、美容、娱乐等;其他如洗衣房、购物商场、商务中心、保健医疗、外币兑换、胶片冲印等也都比较优良;除传统商务与住宿服务,部分商务饭店还增加联合办公空间、创业孵化服务等,为创业团队、自由职业者提供灵活办公场地与资源支持,拓展客源群体与业务范围。

商务旅游饭店的接待对象决定了它们的设施设备与服务管理的规格和标准。因此,这类旅游饭店的服务质量和服务水平比较高,讲求服务效率,强调餐饮和康乐的服务产品质量。

3. 度假型旅游饭店

这类旅游饭店主要接待游乐、度假、疗养的旅游者,多建于海滨、湖畔、山区、温泉畔、森林、海岛、风景名胜等地。它们远离城市中心,但交通却十分便利。度假型旅游饭店的房型丰富多样,以满足不同游客的需求。除了标准间和套房外,还有特色海景房、山景房、树屋、水上屋等。这些房间不仅注重舒适度,还强调与自然环境的融合,部分高端度假饭店还提供私人管家服务,为客人提供全方位的贴心照料。为了让游客在度假期间尽情享受休闲时光,度假型饭店配备了各种各样的娱乐设施。在海边的度假饭店,往往配备冲浪板、帆船、潜水装备等水上运动设施,满足游客对于水上冒险的渴望。而在山区的度假饭店,可能会提供徒步小径、山地自行车租赁服务,以及适合家庭游玩的野餐区域。此外,大多数度假饭店都设有游泳池,有的还配备了温泉浴场、SPA 中心,让游客在放松身体的同时,舒缓精神压力。

这类旅游饭店的经营难点是似乎难以避免的季节性和时间性,但是,只要能够采取适当的、灵活的经营策略,将会较好地消除不利因素的影响。

4. 会议型旅游饭店

在当今商务活动频繁、旅游业蓬勃发展的时代,会议型旅游饭店应运而生,成为满足各类会议需求与游客体验的重要场所。

这类旅游饭店主要接待各种会议团体,多建于政治、经济、文化中心等大都市或者交通方便的旅游胜地,拥有多个不同规模、布局灵活的会议室,从小型私密的洽谈室,到可容纳上千人的大型宴会厅,一应俱全。配备先进的视听设备,如高清投影仪、专业音响、同声传译系统等,保障会议顺利进行。部分高端会议型饭店还设有智能会议管理系统,方便会议组织者安排议程、管理参会人员。旅游饭店还配备具备专业素养的会议服务人员,协助客户制定会议方案,包括场地布置、设备调试、餐饮安排等细节。会议期间,随时提供贴心服务,如茶水供应、设备操作协助等,确保会议高效有序开展。这类旅游饭店的会议接待质量、接待服务效率是保证其经营成功的关键。

5. 长住型旅游饭店

这类旅游饭店以接待驻当地的商务机构办事人员、度假客人与家庭为主,客人在店的住期较长,甚至可以长久居住。饭店与客人之间通常需要签订一个租约,约定租期、租金付款方式、续租条件等条款。饭店内一般采用家庭式的布局,客房以套房为主,并配备有客人长期居住所需要的家具、家用电器和厨房设备等,以方便客人自理饮食。这类旅游饭店的设施、管理、组织较其他类型简单,但是强调营造家庭式的气氛和主动、热情、周到的服务。比如,应该为客人提供固定停车位、自助洗衣房、婴孩托管、代办采购等服务项目。

6. 汽车旅游饭店

这类旅游饭店以接待驾车旅行者为主,多建于国家级公路干线旁和交通要道上。早期它们的设施都比较简单,甚至仅有客房,现在已趋向豪华,配备有餐厅、酒吧、洗衣房、会议室等综合服务设施。这类旅游饭店的经营特色是经济、卫生和高效。

(二)根据旅游饭店的规模分类

1. 小型旅游饭店
这类旅游饭店的客房数在 300 间以下。

2. 中型旅游饭店
这类旅游饭店的客房数在 300～600 间。

3. 大型旅游饭店
这类旅游饭店的客房数在 600 间以上。

此外,根据旅游饭店的经营方式分类,有独资、合资、连锁、股份等旅游饭店;根据旅游饭店的地理位置分类,又有城市、机场、车站、沙漠、树上旅游饭店等等。有时,一家旅游饭店具有好几个类型的特征,可以同时被列入几个分类中,饭店应该把握主要接待对象的需求内容和特点,向旅游者提供能够满足其需要的服务和产品。

三、我国旅游饭店的等级划分

常见的旅游饭店等级划分标准有星级制和级差制。大多数国家(包括我国在内)采用星级制:一星、二星、三星、四星、五星(包含白金五星)。旅游饭店的星级越高,其设施和服务越好。星级的有效期和标志的使用权为五年。

旅游饭店星级评定工作由全国旅游饭店星级评定机构统筹负责,其责任是制定星级评定工作的实施办法和检查细则,授权并督导省级以下旅游饭店星级评定机构开展星级评定工作,组织实施五星级饭店的评定与复核工作,保有对各级旅游饭店星级评定机构所评定饭店星级的否决权。省、自治区、直辖市旅游饭店星级评定机构按照全国旅游饭店星级评定机构的授权和督导,组织本地区旅游饭店星级评定与复核工作,保有对本地区下级旅游饭店星级评定机构所评饭店星级的否决权,并承担推荐五星级饭店的责任。其他城市或行政区域旅游饭店星级评定机构按照全国旅游饭店星级评定机构的授权和所在地区省级旅游饭店星级评定机构的督导,实施本地区旅游饭店星级评定与复核工作,保有对本地区下级旅游饭店星级评定机构所评定饭店星级的否决权,并承担推荐较高星级饭店的责任。

四、旅游者对旅游饭店的要求

旅游者对旅游饭店的要求是由饭店服务产品的基本特点决定的,即无形性、生产和消费同一性、不可储存性、不可移动性等。饭店服务产品,就是凭借它自己的设施设备,以饭店服务人员的服务操作给予旅游者一次精神享受,并使旅游者留下深刻印象。旅游者能够在饭店获得美好的消费感受,在消费后对饭店留下深刻的印象,并向亲朋好友宣传赞扬,是旅游饭店追求的最大目标,也是其服务产品满足旅游者要求的根本标志。为了实现旅游饭店的服务管理目标,饭店服务与管理人员必须了解旅游者对饭店的如下要求:

(一)舒适

舒适是指旅游饭店宽敞、优雅、卫生的环境及热情、周到的服务。旅游饭店的设施设备和服务接待的规格是由其主要接待对象——国内外旅游者决定的。没有舒适感的饭店将无人问津。

服务首先是满足客人精神需要的产品,其中服务态度在饭店服务管理和客人的感受中占有最重要的比重。使旅游者感到满意的服务态度主要包括职业微笑和职业用语两个方面。因此,职业微笑和职业用语是使住店旅游者产生舒适感的关键,也是实现旅游饭店管理规范化、标准化、现代化、国际化的核心技术。

职业微笑属于专业服务技术范畴,并不必然反映员工发自内心的热情、友善的服务态度,只是旅游饭店的一项服务规程,因此必须人人执行。否则,容易使客人感到被冷遇,使饭店服务工作事倍功半。

职业用语,即标准服务用语,是饭店经过专门设计的、饭店内所有人员必须统一使用的规范服务语言。它以最简洁、最优美的话语,表达了最完整、最准确的含义,消除了客人因服务语言产生误解的可能性;它使复杂的饭店服务过程变成客人的美好享受,突出体现了饭店的行业特色和专业管理水平。

此外,旅游饭店员工主动、周到的服务是使住店旅游者获得超出预期的服务、产生舒适感的另一个关键因素。

(二)方便

方便是指旅游饭店比较高的服务效率。旅游者在饭店最无法接受的就是较长时间的等候或者寻找。为此,旅游饭店一般都设置完善的服务项目和指示标志,执行严格的服务规程,明确所提供各项服务的时限,以保证住店旅游者能够获得及时、有效的服务。

(三)安全

安全是实现旅游活动的前提,也是旅游饭店的特点之一。旅游饭店一般都实行严格的安全保卫规章制度,对设施设备维护保养、服务操作、安全巡查、安全装备和装置检查、财产保管等环节进行有效的安全控制,确保住店客人的生命和财产安全。

(四)经济

在市场经济条件下,能够以有竞争力的价格向旅游者提供最佳的饭店服务产品,是旅游饭店吸引旅游者的主要手段和体现其经营管理水平的重要标志。

任务四　旅游景区

【学习要求】

理解旅游景区的概念、成为旅游景区的条件及旅游景区的特点。

【学习内容】

旅游景区是旅游活动的核心要素。它是具有参观游览、休闲度假、康乐健身等功能,具备相应旅游服务设施并提供旅游服务的空间或地域。它的类型丰富多样,涵盖自然景观类、人文景观类、主题公园等,景区的合理开发与保护至关重要,是吸引游客出行的关键因素,对推动当地经济发展、创造就业岗位等都有着至关重要的作用。

旅游景区,作为旅游活动的核心要素,是具有特定美学、历史、文化或娱乐价值,为游客提供游览、休闲、度假等体验,并配备相应服务设施的区域。它是旅游业的基础产业部门,是旅游业发展的基石与核心驱动力,是一个国家或地区旅游业赖以存在和发展的最基本条件,在旅游产业中占据着举足轻重的地位。

一、旅游景区的概念

旅游景区(tourist attraction),也称旅游地、旅游目的地,其含义较为广泛,是一个非常笼统的概念,一般指由若干地域上相连的、具有若干共性特征的旅游吸引物、交通网络及旅游服务设施组成的地域单元。从广义上来讲,任何一个可供旅游者或来访游客参观游览或开展其他休闲活动的场所都可以称为旅游景区。它的空间跨度差别很大,大至一个国家,小至一个乡村、一座博物馆、一处名人故居。

旅游景区可以定义为经县级以上(含县级)行政管理部门批准成立,有统一管理机构,范围明确,具有参观、游览、度假、康乐、求知等功能,并提供相应旅游服务设施的独立单位。

二、成为旅游景区的条件

一个地区要成为吸引旅游者前来游览参观、休闲度假、求知考察的旅游景区,必须具备以下条件:

(1)具有观赏、文化或科学价值。旅游景区的建立,主要目的是满足人们旅游、休闲生活的需要。在人们的旅游休闲活动中,参观、游览、娱乐等是最主要的内容。所以,旅游景区必须具有观赏价值,以满足人们的参观、游览、度假、娱乐等需要。

文化价值是指旅游景区的景观或景物要含有一定的文化知识内容。在旅游日益受到人们青睐的时代,在物质生活得到满足之后,人们更多地追求精神生活的享受,要求精神上的愉悦、知识上的丰富和见识上的提高。人们越来越重视旅游的文化内涵,在观赏景物、获得美感的同时,还能增长知识、开阔视野。因此,作为旅游、休闲活动的对象物和场所,旅游景区还应具有文化价值。

旅游景区的科学价值是指旅游景区的景观或景物由于其本身的独特性而具有科学考察或科学研究价值,能够为某些领域的科学研究工作提供佐证。

(2)环境优美,景物集中。旅游景区主要是以景物为特征的,既可以是自然景物,也可以是人文景物,两者有机结合,营造出优美的环境,给人以充分的美感。同时,要求景物集中,景物与景物之间或游览点与游览点之间的平均距离和平均可达时间应在合理的范围之内,形成旅游景区的吸引合力,方便旅游者游览,节省游览时间,也有利于旅游景区的管理。

(3)能够满足旅游者开展参观、游览、度假、康乐、求知或科学文化活动等不同需要。人们往往把观光旅游、休息娱乐与增长见闻、丰富知识、提高修养等精神活动结合在一起,以增加旅游活动、休闲活动的品位。因此,旅游景区在规划时可根据其自身特点和旅游者的旅游目的,确定不同的功能,并可有所侧重。

三、旅游景区的特点

旅游景区是专为旅游者参观、游乐和增长知识而设立和管理的长久性休闲活动场所,因此,它具有以下几个特点。

(1)专用性。旅游景区是指定的用来供游人开展参观、游览、度假、康乐、求知、科学文化等各类休闲活动的场所,这种专用性的指定或出于商业性决策,或出于政府有关部门的公益性决策,职能都不会发生改变,即均供游人参观游览或开展其他休闲活动,否则,不能称旅游景区。

(2)可控性。旅游景区必须由相关部门、相关人员进行专门的管理,必须能够对游人的出入进行有效的控制,否则,从旅游业经营的意义上看,便不属于真正的旅游景区,而只能是一般的公众活动区域。

(3)长久性。旅游景区必须有其长期固定的场址,并利用这一场址发挥其固有的职能。

任务五 旅游商场与旅游娱乐

【学习要求】
1. 了解旅游购物品。
2. 了解旅游娱乐设施的分类。

【学习内容】

在旅游活动中,旅游商场与旅游娱乐是不可或缺的组成部分,它们提升了旅游的文化内涵,极大地丰富了游客的旅行体验,为旅游产业注入活力。通过购物和娱乐活动,游客能更深入地了解当地文化,对旅游目的地的形象塑造和品牌传播起到积极作用。

"购"是旅游活动六要素之一。购买旅游目的地富有地方特色又物美价廉的旅游购物品,已成为人们结束一次游历时必不可少的活动。旅游商场是旅游业不可缺少的一个组成部分,它是旅游日用品、纪念品、免税品等旅游购物品的主要供应场所,也是旅游业的一项重要经济来源,因而占有重要地位。

一、旅游购物品

(一)旅游购物品的概念

旅游购物品是由旅游目的地向旅游者提供的商品,是旅游者在旅游活动中所购买的富有民族、地方和游览地特色的,对旅游者具有强烈吸引力以及具有纪念性、针对性、艺术性和礼品性的物质产品,也就是旅游者所购买的商品。

旅游购物品的供应可以丰富旅游生活、弘扬旅游地文化,销售物品的收入在整个旅游收入中占有相当大的比重。

(二)旅游购物品的特点

(1)纪念性。纪念性是旅游者对旅游购物品的最基本要求。旅游者在异国他乡旅游,往往怀有猎奇心理,每到一地或结束旅游时,总希望购买一些能反映旅游地文化古迹、风土人情的纪念品,或留作自用,可以睹物思情,唤起自己美好的回忆,或馈赠亲友,使其身临其境。旅游购物品原则上要求就地取材、就地生产、就地销售。

(2)针对性。旅游活动是人们在基本生活需要得到满足以后的一种高级消费形式。作为旅游购物品,从总体上来看,是旅游目的地为了满足远道而来进行观光、游览或其他活动的旅游者的购物需要而生产和经营的具有民族和游览地特色的物质产品。因此,旅游购物品的销售对象主要是旅游者,具有明显的针对性,其生产经营活动受旅游目的地的政治、经济以及其他因素变化的影响较大。

(3)艺术性。旅游购物品的艺术性,就是要利用传统工艺充分表现商品的民族风格和地方特色,并与当地景观、文化传统巧妙融合,使商品显得新颖奇特、美观别致,具有艺术欣赏价值,给人以美的享受。

(4)礼品性。一件精美的旅游购物品不仅能给人带来美的享受,而且能够使旅游者显示出自己的经历、身份等。因此,当旅游者完成一次旅游活动,把旅游购物品带回常住地馈赠亲朋好友时,受礼者也会感到荣幸。此外,旅游者在旅游地停留的时间是短暂的,购物时间性很强,不可能花太多的时间对购物品进行仔细比较,且所购物品中的相当部分是用来馈赠亲友的,故而小巧玲珑、包装精美的旅游购物品对旅游者具有很大的吸引力。

(三)旅游购物品的分类

为了适应旅游业的发展需要,更好地组织规划旅游购物品的生产经营活动,满足旅游者的购物需求,选择恰当的分类标准,将旅游购物品分为不同的类别、品种、规格、花色,称为旅游购物品的分类。

按旅游购物品的用途,可以分为以下几类。

(1)旅游工艺品。包括陶瓷、刺绣、织锦、染织、地毯、雕塑、漆器、玩具、金属工艺、编织工艺等品种。它们历史悠久,技艺精湛。

(2)文化艺术品。包括书画、不属国家禁止出口的古玩和历史文物、碑刻、拓片、仿古书画、古董复制品、古籍影印本、出土文物复制品、文房四宝等。它们既具有历史、艺术和科学价值,又具有教育和纪念意义。

(3)旅游纪念品。它们是以旅游景点的文化古迹或自然风光为题材,利用当地特有的原料,体现当地传统工艺和风格,富有纪念意义的小型纪念品。往往标上产地地名,或用产地的人地事物特征作商标。

(4)风味土特产品。包括各种有地方特色的名酒、名茶、风味小吃、药材和其他农副产品。它们品种繁多,各具特色。

(5)名贵饰品。包括各种珠宝、金银、玉石等首饰。

(6)特色服装。包括有地方特色的丝绸制品、棉毛制品、呢绒制品、皮革制品,款式别致的民族服装和装饰品。

(7)旅游食品和日用品。这是旅游者在旅游活动中购买的食品饮料和具有实用价值的旅游小商品,如雨伞、拐杖、旅游鞋、太阳帽、防晒霜等。

(8)其他商品。如机场的免税商店里出售的来自世界各地的特色商品,包括日本的家用电器和摄影器材、法国的化妆品、意大利的皮革制品等。

二、旅游娱乐

(一)旅游娱乐的概念

旅游娱乐是指旅游者在异地旅游过程中,寻找精神愉悦、身体放松、获得内心满足和个性发展的旅游活动,以及旅游目的地融合这些需求的服务供给产业。

(二)旅游娱乐设施的分类

根据旅游者的不同需求,旅游娱乐设施可以划分为文化、消闲、体育、娱乐四种类型。

(1)文化类。文化类旅游娱乐设施一般都是由政府支持修建的国家和地区标志性、象征性建筑或者历史文化保护遗址,用来举办思想性、科学性、艺术性、时代性强的具有精神文化性的旅游娱乐活动,比如各地著名的博物馆、音乐厅、歌剧院、舞剧院、艺术中心等。

(2)消闲类。消闲类旅游娱乐设施主要是指电影院、游乐场、游艺厅、公园等,具有参与性、趣味性的特点,消费水平适中。

(3)体育类。由于体育项目具有竞争性、规则性,体育类旅游娱乐设施及设备条件直接影响旅游者的练习、比赛效果和成绩,所以场地、设备水平比较高,并提供裁判、教练、陪练服务。同时,为了满足旅游者对安全、清洁的要求,都附设管理较好的淋浴室、更衣室、医疗中心等,以保证旅游者的隐私和生命财产安全。

(4)娱乐类。娱乐类旅游娱乐设施主要是指歌舞厅、夜总会、KTV、组织大型娱乐或游乐节目的主题公园等,具有享乐性和国际性的特点。它们的项目更新快,产品档次高,专业技术性强,经营管理比较复杂;强调演出的组织、主持、策划,文艺节目的新颖、专业,娱乐企业服务和管理的规范化、标准化、现代化、国际化,树立娱乐品牌形象。

【学习与思考】

一、单项选择题

1. 根据旅游饭店的规模分类,旅游饭店的客房数在600间以上的是(　　)。

A. 小型旅游饭店　　B. 中型旅游饭店　　C. 大型旅游饭店　　D. 超大型旅游饭店

2. 旅游饭店星级的有效期和标志的使用权为(　　)年。

A. 二　　　　　　　B. 三　　　　　　　C. 四　　　　　　　D. 五

3. (　　)是旅游接待工作中的中心环节。

A. 销售业务　　　　B. 计调业务　　　　C. 导游业务　　　　D. 财会业务

4. 下列交通方式深受短途旅游者尤其青年旅游者欢迎的是(　　)。

A. 航空运输　　　　B. 铁路运输　　　　C. 公路运输　　　　D. 水上运输

5. (　　)是旅游业发展的前提和基础。

A. 旅行社　　　　　B. 旅游交通　　　　C. 旅游饭店　　　　D. 旅游景区

6. 对年老体弱和有充裕时间的人来说,下列交通工具较适合的是(　　)。

A. 航空运输　　　　B. 铁路运输　　　　C. 公路运输　　　　D. 水上运输

7. 世界上远程旅游中最主要的交通工具是(　　)。

A. 航空运输　　　　B. 铁路运输　　　　C. 汽车运输　　　　D. 水上运输

8. 旅游交通线路是根据旅游者的流向、流量等形成的,体现了旅游交通的(　　)特点。

A. 综合性　　　　　B. 区域性　　　　　C. 季节性　　　　　D. 替代性

9. 旅行社在旅游者和旅游产品之间起着(　　)作用。

A. 中介　　　　　　B. 组织　　　　　　C. 推动　　　　　　D. 重要

10. 饭店必须具备的基本服务功能是(　　)。

A. 提供空间、设备　　　　　　　　　B. 提供产品、服务

C. 提供餐饮、住宿　　　　　　　　　D. 提供生产和营销

二、多项选择题

1. 构成旅游业的三大支柱是(　　)。

A. 旅行社　　　　　B. 旅游交通　　　　C. 旅游饭店　　　　D. 旅游景区

2. 旅游交通的特点主要有(　　)。

A. 综合性　　　　　B. 区域性　　　　　C. 可控性　　　　　D. 季节性

3. 会议型旅游饭店经营成功的关键有( )。

A. 会议接待质量　　　　　　　　　B. 接待服务效率

C. 接待服务态度　　　　　　　　　D. 接待服务规格

4. 旅游娱乐设施可以分为( )。

A. 文化类　　　B. 消闲类　　　C. 体育类　　　D. 娱乐类

5. 旅行社的计调业务主要包括( )。

A. 信息提供　　　B. 计划编制　　　C. 组织落实　　　D. 导游接待

三、判断题(对的打√,错的打×)

1. 旅行社既是旅游产品的组合者又是旅游产品的销售者。 （　）

2. 旅游交通是由公共交通和专业性的旅游交通共同构成的。 （　）

3. 噪声大、票价高是航空运输的局限性。 （　）

4. 职业微笑和职业用语是实现旅游饭店管理规范化、标准化、现代化、国际化的核心技术。 （　）

5. 长住型旅游饭店经营的特色是经济、卫生、高效。 （　）

项目四	旅游市场

 项目目标

1. 理解旅游市场的概念;了解旅游市场形成的条件;掌握旅游者的流动规律。
2. 了解我国出境旅游市场;理解我国主要入境旅游市场的构成情况;理解我国国内旅游市场发展态势。

 思维导图

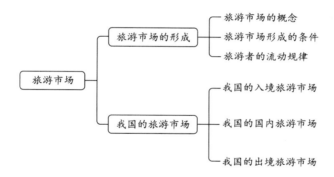

任务一　旅游市场的形成

【学习要求】

1. 理解旅游市场的概念。
2. 了解旅游市场形成的条件。
3. 掌握旅游者的流动规律。

【学习内容】

旅游市场的形成是有一个过程的,它是社会经济发展到一定程度,旅游活动商品化、社会化的产物。旅游资源是旅游市场形成的首要条件,旅游市场兴旺程度与经济发展水平是同步的,政府的旅游政策也是影响旅游市场形成的一个重要因素。旅游者的流动规律受旅游距离,旅游地经济、政治、文化、旅游供给方提供产品的特色等影响。

一、旅游市场的概念

旅游市场的形成是有一个过程的,它是社会经济发展到一定程度,旅游活动商品化、社会化的产物。旅游活动从过去只有个别王公贵族、巨富商贾和文人墨客才能做到的旅行,变成今天人们在交往、贸易、社会、文化等多种动机驱使下的一种强大的社会需求。这样,一方面存在着旅游者的旅游需求,另一方面存在着旅游服务提供者的旅游供给。双方以商品交换的方式联系在一起,形成了旅游市场。旅游市场的基本功能是将旅游需求与旅游供给联结起来,旅游市场的基本矛盾是旅游产品的需求与供给之间的矛盾。

旅游市场是旅游需求市场和旅游供给市场的总和,反映着国家之间、国家与旅游经营者之间、旅游经营者之间、旅游经营者与旅游者之间错综复杂的经济关系。旅游市场的形成和发展是这些关系协调发展的必然产物。

旅游市场的概念有狭义和广义之分。狭义的旅游市场指在一定时间、地点和条件下具有购买力和旅游动机的旅游消费群体,即客源市场;广义的旅游市场指在旅游产品交换过程中各种经济行为和经济关系的总和。

二、旅游市场形成的条件

(一)旅游目的地旅游资源状况

旅游资源是旅游市场形成的首要条件。旅游资源的丰富程度与独特程度是影响旅游市场形成的关键因素。一个地区若拥有世界著名的风景名胜、历史遗址或独特的自然风光,往往能吸引大量游客前来观光游览。例如,埃及的金字塔、希腊的雅典卫城等,这些世界级的旅游资源不仅为当地带来了巨大的经济收益,也使其成了国际旅游市场的重要组成部分。旅游资源的丰富性与独特性为旅游市场的形成提供了坚实的物质基础。

(二)旅游供求市场的经济发展水平和前景

旅游市场形成与经济发展密不可分。首先,旅游客源市场分布格局与国家经济发展水平、国民人均收入水平是相一致的,并且这种客源市场结构具有一定的稳定性。经济的发展是旅游市场形成的主要条件,凡是经济发达和经济发展前景好的国家和地区都是发展最好和最快的旅游市场。第二次世界大战以后,欧美地区是世界上经济发展最快的地区,从而也使该地区成为国际旅游市场的主体,成为世界最大的旅游供给市场。其次,随着世界经济格局的变化,世界旅游市场的分布也会发生一定的改变。比如,近些年来,亚太平洋地区旅游市场的崛起,就与欧美发达国家的经济波动及东亚、太平洋地区的经济充满活力息息相关。最后,旅游供给市场的综合经济实力是建设旅游市场和旅游环境的物质基础。

(三)旅游供求市场的人文地缘关系

许多地域接壤、相互毗邻的国家或者地区之间都有着不可阻隔的政治、经济、历史、文化等联系,形成比较大规模的、长期稳定的人员旅行往来。其中比较典型的是欧洲国家间、欧美之间、欧洲与其前殖民地国家间、英联邦国家间,以及我国海外华侨华人和港澳台同胞与内地(大陆)间。他们中每年都有大量探亲观光、寻根祭祖、旧地重游的人员流动,占有关各国(地区)每年入境旅游者总人数的60%以上,形成世界人数最多的国际旅游客源市场。不同地区的社会文化背景和风俗习惯往往吸引着不同类型的游客前来体验。同时,社会文化因素还能够影响游客的旅游行为和消费习惯,从而推动旅游市场的细分和升级。例如,中国的传统文化和民俗风情就吸引了大量的外国游客前来参观和体验。

(四)旅游目的地的市场开发水平

旅游供给市场从形成到成熟,必须经过适应需求、刺激需求、引导需求和创造需求不同层次的实践过程。在很短的时间内,许多国家在竞争激烈的世界旅游市场中成为旅游强国,靠的是不断提高旅游服务质量,加速开发和更新旅游产品,增加旅游产品的销售渠道,加大旅游产品促销的力度,提供并创造能够满足旅游者各种需求的旅游服务产品,使自己的国家迅速形成具有竞争力的旅游市场,并跻身于世界旅游强国的行列,比如新加坡、泰国、澳大利亚。

(五)政府发挥的积极作用

政府的旅游政策也是影响旅游市场形成的一个重要因素。积极的旅游政策鼓励旅游经营者采取各种措施满足旅游市场的需求,促进旅游市场的发育和形成;相反,则会抑制客源的增长。政府通过宏观调控、宣传和人才培养、简化手续、促进旅游市场建设等直接推动旅游市场的形成和发展。中国政府近年来大力推动旅游业的发展,出台了一系列优惠政策,如减免景区门票、提高旅游服务质量等,有效地促进了旅游市场的繁荣。

三、旅游者的流动规律

(一)近距离旅游流动量最大,远距离旅游流动量逐渐增大

在世界旅游市场中,无论是国内旅游还是国际旅游,无论是旅游人次还是旅游收入,都主要取决于旅游距离的远近。近距离旅游因时间成本低、经济成本较低、文化熟悉度较高等因素占绝对优势,其流动量最大。

但是,随着经济的发展、科学技术的进步,特别是交通工具的现代化和信息技术的革命,世界远距离旅游的比重在不断增大。根据世界上权威的旅游统计和研究机构的调查报告,许多经济发达国家到距离惯常居住地200千米以内的地方旅游的人数在全国旅游者总数中的比例逐渐减少,而到距离其惯常居住地1000千米以外的地方旅游的人数比例却在逐渐增加。另外,根据国际航空协会的估计,今后,距离在2500千米以上的远途客运量占世界航空客运总量的比重将会不断上升,远距离旅游将有广阔的前景。

(二)流动量和流向集中在经济发达的国家和地区

旅游者的流动量和流向集中在经济发达的国家和地区,主要有以下原因。

1. 旅游设施完善

交通网络纵横交错,航线密集、陆运畅达,住宿从奢华酒店到亲民民宿一应俱全,餐饮融合多元风味,且景点周边配套设施完备,让游客出行、食宿与游览皆便捷无比。

2. 旅游资源

经济发达的国家和地区往往既有独特的自然景观,如美国的大峡谷、澳大利亚的大堡礁等,又有丰富的人文景观,像法国的卢浮宫、意大利的古罗马斗兽场等。这些资源对国内外游客都具有极大的吸引力,能够满足不同类型旅游者的需求。加之保护得力,能为游客提供高品质、沉浸式的旅游体验。

3. 旅游服务质量

经济发达的国家和地区注重旅游专业人才的培养,拥有大量高素质的旅游从业人员,如专业的导游、酒店服务人员、旅游策划师等。他们能够为旅游者提供优质、高效、个性化的服务,提升旅游者的满意度。服务管理遵循严谨规范的标准,游客权益得以切实维护。

4. 消费能力

欧美等发达国家的居民普遍具有较高的旅游消费能力,旅游需求涵盖高端度假、商务出行、大众观光等多样层次,有力推动旅游市场细分拓展,促使产品与服务不断创新升级,促使旅游市场不断向多元化、高端化发展,进一步提升了这些地区在国际旅游市场中的地位。

5. 宣传推广

经济发达的国家和地区的旅游部门和企业通常会投入大量的资金进行旅游宣传推广,借助电视、网络、社交媒体等多渠道全方位营销,精心打造形象鲜明独特且深入人心的旅游品牌,如"浪漫之都""购物天堂"等,强力吸引游客纷至沓来。

6. 政策支持

许多经济发达的国家和地区为了吸引更多的国际游客,签证政策宽松灵活,或免签或落地签,极大方便游客往来。同时,政府出台税收优惠、资金补贴等政策扶持旅游企业,加大基础设施与资源开发投入,为旅游业蓬勃发展营造优渥环境。

(三)流向政治、经济和文化中心

一般而言,一个国家和地区的政治、经济、文化中心都是大城市。其标志性的政治建筑与景观,如各国首都的议会大厦、总统府等,承载着深厚的历史文化内涵与政治意义,极具参观价值。经济中心商业繁荣,拥有众多高端购物中心、特色商业街,能满足游客多样化的购物需求,同时现代化的高楼大厦与城市景观彰显独特魅力,商务旅游频繁也带动了休闲旅游发展。文化中心则汇聚了丰富的文化资源,博物馆、美术馆、剧院林立,各类文化活动如艺术展览、音乐会等接连不断,游客在此可深入领略不同艺术形式与文化传承,感受文化创新的活力,沉浸于浓厚的文化氛围之中。

(四)流向风景名胜区和文化特色显著区

旅游市场的竞争力取决于旅游供给方提供产品的特色。首先,这类区域具有独特的魅力,风景名胜区的自然美景如奇峰异石、秀水青山等,能给人强烈的视觉震撼,使游客在繁忙生活中寻得身心放松之所。而文化特色显著区的古老建筑、传统民俗等人文景观,具有深厚的文化底蕴,可满足人们对文化艺术的欣赏与探究欲望。其次,它们是知识的宝库,在风景名胜景区能实地了解自然科学知识,在文化特色区则可深入学习人文历史等知识,丰富游客的知识储备。

任务二 我国的旅游市场

【学习要求】

1. 了解我国出境旅游市场。

2. 理解我国主要入境旅游市场的构成情况。

3. 理解我国国内旅游市场的发展态势。

【学习内容】

我国的旅游市场涵盖入境、国内和出境三大板块,形成了以国内旅游为基础、国际旅游为延伸的复合体系。

一、我国的入境旅游市场

入境旅游市场指招徕和接待国外居民来本国、本地区旅游的市场。需要特别说明的是,由于历史原因,我国大陆的入境旅游者还包括华侨和港澳台同胞,但不将其统计为国际旅游者。因此,为了便于国际上的对比,特把外国人以及港澳台同胞分开统计,而在称谓上港澳台同胞通称为我国大陆的入境旅游者。

我国的入境旅游市场不但是我国国际旅游市场的重要组成部分,而且是我国旅游业的先导和支柱。就一般规律而言,国内旅游市场和国际旅游市场互相制约、互相影响,是密切联系的整体;国内旅游是国际旅游的基础,国际旅游是国内旅游的延伸,按照先国内旅游后国际旅游的顺序发展。入境旅游市场应该是国内旅游市场发展到一定程度的产物。然而,由于国情与经济发达国家不同,发展中国家通常是从优先启动入境旅游市场来发展旅游业的,主要目的是取得更多的外汇收入,以支持本国的经济建设。

我国旅游业的真正起步是从 20 世纪 70 年代末努力开拓入境旅游市场开始的。经过10 年左右时间,我国旅游基础设施、产品种类、服务质量、接待能力和创汇水平得到极大的发展。尽管这个过程中积累了许多问题,但是,没有我国入境旅游市场的优先发展,我国旅游业就不可能取得今天世人瞩目的成就。目前,我国已跻身于世界旅游大国的行列,据国家移民管理局数据,2024 年前三季度,入境中国游客合计 9462.83 万人次,同比增长 78.8%。

我国的入境旅游市场主要分为我国港澳台地区市场和客源国市场两部分。

(一)我国港澳台地区市场

自改革开放以来,香港、澳门特别行政区与台湾地区同胞一直是内地(大陆)接待人数最多的入境旅游者。2023 年香港、澳门和台湾同胞赴内地(大陆)旅游人次合计 6824 万。港澳台地区市场一直是内地(大陆)旅游业最大的入境旅游客源市场。

港澳台地区与内地(大陆)有着相同的文化传统、亲近的民族血缘关系,同时三地经济都很发达,又是在内地(大陆)投资总量最大的地区,与内地(大陆)有着不可阻隔的经济联系。香港、澳门回归祖国以后,随着"一国两制"和内地与港澳关于建立更紧密经贸关系的安排(Closer Economic Partnership Arrangement,简称CEPA)框架的贯彻实施,必将继续推动港澳入境旅游客源市场的发展。其中,香港是内地最重要的入境旅游市场之一,应该始终重视对其的开发和服务。一方面,香港经济繁荣、居民生活消费水平高,向内地提供大量入境旅游客源;另一方面,香港是世界金融贸易中心和著名旅游城市,拥有世界一流的交通、通信设施,是世界重要的旅游中转客源市场,是亚太地区的国际旅游中心和进入内地的重要通道,每年会有大量的国际商务旅游者和工商人士通过香港入境到内地旅行。

(二)客源国市场

1. 亚洲市场

(1)日本市场:日本是与我国一衣带水的邻邦,来往交通方便,与中国有着深厚的历史文化渊源,许多日本游客对中国的历史文化遗迹、传统艺术等有着浓厚的兴趣,如西安的兵马俑、北京的故宫等。在历年来华的外国人中,日本来华旅游总人数和在华消费总额都名列前茅,对我国入境旅游市场起着举足轻重的作用,是我国必须挖掘的、富有潜力的入境旅游市场。

(2)韩国市场:韩国位于朝鲜半岛的南半部,西与我国的山东省隔黄海相望,是亚洲地区经济实力较强的国家之一。1992年中韩建交后,韩国来华旅游人数逐年增加,并很快成为我国较大的入境旅游市场。2024年1—9月,韩国赴华游客总数已达162.3万人次,同比增长146%,基本坐稳了中国入境游最大客源国地位。韩国市场快速成长的原因,除旅行距离较近外,更重要的是中韩两国的经贸合作发展较快。因此,我国旅游经营者应该重视韩国市场的开发工作。

(3)东南亚市场:主要是指马来西亚、新加坡、菲律宾、泰国、印度尼西亚等国家的入境旅游市场。这些国家成为我国的主要客源地,除了地理因素、双边经济比较活跃外,更重要的是人文因素,即在这些国家中生活着大量的华侨和华人。这些华侨华人普遍比较富裕,在很大程度上影响着所在国家的经济,构成我国入境旅游的巨大而稳定的客源市场。

2. 欧洲市场

(1)俄罗斯市场:俄罗斯是世界上国土面积最大的国家,与我国大范围接壤,交通便利,是世界先进的工业国家,经济实力居全球前列,国民的贫富差距不太大,人民生活水平和受教育程度高,社会福利保障体系完善,外出旅游的传统习惯由来已久,是世界最主要的旅游客源市场之一,对我国的入境旅游市场来说也是如此。

(2)西欧市场:其中来华人数比较多的国家是德国、英国。目前西欧各国旅游者到亚太地区旅游的兴趣正在提高,市场潜力非常大,我国应该加大对西欧入境旅游市场的开发力度。

另外,由于我国是人口大国,发展潜力巨大,而欧洲则是世界主要的资本市场,我国与绝大多数欧洲国家都已建立起广泛而紧密的经济、文化交往关系,我国入境旅游市场中欧洲旅游者的比重将会不断增加。

3. 美洲市场

我国的美洲入境旅游市场的客源主要来自北美市场,即美国和加拿大。整个北美的经济、文化都很发达,其中美国经济处于世界领先水平。北美是世界主要旅游客源市场,旅游者的支付能力较强,是我国应该继续研究和开发的有巨大潜力的入境旅游市场。同时,我国悠久灿烂的历史文明、博大精深的东方文化、具有民族特色的传统风俗,对北美旅游者有强大的吸引力,并且随着我国经济的全面开放,北美已成为我国最大的投资、贸易伙伴之一,为更多的北美旅游者来华创造了积极的条件。

4. 大洋洲市场

大洋洲市场主要指澳大利亚市场。由于人文地缘的关系,澳大利亚人出国的主要目的地是新西兰、英国和美国,但是近年来出国人员中到我国旅游的人数越来越多。澳大利亚是亚太地区少数发达国家之一,是我国应该积极开发的、非常有潜力的入境旅游市场。

了解我国的主要入境旅游市场,有助于我国积极拓展新兴市场、重点开发潜力市场,有助于我国旅游经营者向来自这些国家和地区的旅游者提供他们所喜好的、有针对性的服务产品,有助于促进我国旅游业提高服务质量和管理水平,更好地满足旅游者的各种需求,有助于加强我国政府旅游部门和旅游企业的市场研究、开发、宣传和促销工作等。

二、我国的国内旅游市场

国内旅游是指一个国家的居民离开自己的惯常居住地到本国境内的其他地方进行旅游。一般而言,国内旅游呈现从近到远、渐进发展、国内旅游先于国际旅游(出境旅游)的普遍规律。这主要是因为国内旅游的路途比较短,所需要的时间和资金成本比较少,也不需要办理繁杂的手续。国内旅游也因此具有强大的生命力,通常在旅游市场中占据最大比重,国内旅游的人次总是远远高于国际旅游的人次。

我国的国内旅游市场是指我国国内旅游客源市场和旅游供给市场的总和。从20世纪80年代中期开始,我国的国内旅游市场初步形成,一方面,受入境旅游市场兴旺的影响和我国国民经济发展的带动作用,国内居民的旅游意识逐步增强、旅游活动逐渐增多;另一方面,此时我国已经初步形成了比较完善的旅游环境和基础设施条件,完全有能力满足国内旅游者的基本需要。1985年的国内旅游人次为2.4亿,从20世纪90年代进入快速发展时期,1990年国内旅游人次为2.8亿,2000年为7.4亿,2011年已达26.4亿。2024年前三季度国内出游人次达42.37亿。目前,我国已经成为世界上国内旅游人次最多的国家。

(一)根据客源类型划分的我国主要国内旅游市场

1. 观光旅游者

观光旅游者是目前我国国内旅游市场的主体,他们出游呈现明显的季节性、综合性、经济性、重游率低的特点。比如,山色风光最迷人的春秋季节是国内旅游的旺季,旅游者不但要求所游览的旅游景点知名度高、食宿条件较好、旅游过程保证安全,同时还希望花费尽可能少。因此,观光旅游者外出的目的就是参观游览、多看景点,除了在食、宿、行、游等方面必要的支出外,其他方面消费很少。

2. 娱乐休闲旅游者

进入 20 世纪 90 年代以后,我国的娱乐休闲旅游者不断增多并有形成主流市场的趋势。他们在出游的季节等方面与观光旅游者的选择相似,但在旅游产品内涵的丰富性和旅游活动的参与性方面明显要求较高,而且只要他们满意,重游率比较高。近年来,北京水立方、昆明世博园、哈尔滨冰雪节、洛阳牡丹节、广州美食节,以及国内的著名风景区等,成为人们享受欢乐、消除疲劳、放松心情的周末和假日的好去处。

3. 度假保健旅游者

度假保健旅游者主要选择参加一些有益于身体和心理健康的旅游活动,以中老年旅游者居多,主要项目有医疗旅游、温泉旅游、体育保健旅游、森林旅游和避暑旅游等。我国拥有众多适于疗养的旅游胜地,中医、中药以其独特而神奇的疗效对医疗保健旅游者产生强烈的吸引力,这项旅游市场目前正处于开发阶段,具有良好的发展前景并有望成为我国旅游业的特色产品。另外,医疗保健旅游属于高级消费,旅游企业的经济收益也比较高。此外,随着我国社会经济、文化、教育、宗教等各项事业的不断进步,文化、宗教、研学旅游客源市场将会逐步扩大。

(二)我国国内旅游市场的发展态势

我国国内旅游市场的发展是令人振奋的,而且持续发展是必然趋势。但同时也要认识到我国国内旅游的人次已达到世界第一位,可是人均旅游次数、人均旅游消费额、国内旅游市场的经济收入水平、国内旅游产出占旅游业和国内生产总值的比重等重要指标与国际水平相差还很大,不能适应经济发展、人民生活水平提高和旅游消费需求增长的需要。我国的国内旅游市场开发、服务和管理工作必须全面提升,需要注意以下四个方面。

(1)在市场开发方面,要抓住我国扩大内需、促进消费给国内旅游市场拓展带来的长期战略机遇,积极开发旅游、文化、休闲、健身等消费热点,努力完善旅游产品结构,开发有市场竞争能力和产品附加值高的新产品,以延长旅游者的逗留时间,扩大旅游消费总额和人均旅游消费额。

(2)在市场管理方面,要加强规范和整顿旅游市场秩序,标本兼治,建立"诚信旅游""旅游行风建设""精品化景区建设""游客文明出游"等活动的长效机制,保证国内旅游市场的健康持续发展。

(3)在服务创新方面,要不断满足新的市场需求,不断满足高级旅游消费的需求,不断满足多样化、个性化的旅游需求,改善旅游企业的服务品质,真正提高旅游企业的经济效益。

(4)在服务管理方面,要通过旅游服务质量提升计划、旅游质量发布制度、旅游公共服务体系、旅游安全保障体系、旅游保险体系等体系与制度建设,加强我国旅游业的信息引导、组织协调、应急救援、纠纷处理等服务管理工作。

三、我国的出境旅游市场

我国的出境旅游市场指我国的居民出境到其他国家或地区旅游的客源市场,是我国国际旅游市场的组成部分。

20 世纪 80 年代,我国实行改革开放政策以后,出境人数大大增加,但其中真正因为旅游而出国的并不多。我国出境旅游到 20 世纪 90 年代才发展起来,经历了从无到有、从小到大的发展过程,并保持着强劲的发展势头,已经影响了世界旅游市场的走向。1979 年,我国的出国(境)总人次为 28 万,从 1983 年算起,我国出国人次达到第一个 1000 万用了 17 年的时间,达到第二个 1000 万只用了 3 年的时间,而 2004 年一年就净增加近 1000 万人次,2023 年中国出境旅游人次超过 8700 万。自 2003 年开始,我国已经是亚洲最大的客源输出国,目前,我国已经成为世界最大客源输出国和旅游消费国。我国出境旅游市场呈现出多维度的发展态势,在目的地选择方面呈现多元化的特点。传统热门目的地依旧备受青睐,亚洲的泰国、日本、韩国等国家,由于地理位置临近、文化具有相似性以及旅游产品丰富多样,吸引了大量中国游客。泰国的曼谷、清迈等地,以其独特的佛教文化、热带风光和丰富的美食体验,每年接待大量中国出境游客;日本的东京、京都、大阪等城市,凭借其先进的科技、精致的文化和优质的服务,成为购物、文化体验的热门之选;韩国的首尔、济州岛等则因韩流文化、时尚美妆和便捷的旅游设施吸引众多游客前往。同时,欧洲的法国、意大利、英国等国家也凭借深厚的历史文化底蕴、著名的艺术作品和独特的建筑景观,成为我国游客长线出境游的重要目的地。例如法国的卢浮宫、埃菲尔铁塔,意大利的罗马斗兽场、威尼斯水城等都是极具吸引力的旅游资源。

然而,我国出境旅游市场也面临一些挑战。例如国际形势的变化可能影响签证政策和航班运营,从而给游客出行带来不便;旅游安全问题,包括自然灾害、社会治安等方面,也需要游客和旅游企业更加重视并做好防范措施。总体而言,我国出境旅游市场在不断发展变化中持续呈现活力与潜力。

【学习与思考】

一、单项选择题

1. 旅游市场的基本矛盾是(   )。

A. 旅游者与旅游经营者之间的矛盾   B. 旅游产品的需求与供给之间的矛盾

C. 食、住、行、游、购、娱各部门之间的矛盾   D. 旅游资源与旅游客源之间的矛盾

2. (   )是旅游市场形成的首要条件。

A. 旅游者   B. 旅游资源   C. 旅游供给   D. 旅游需求

3. 第二次世界大战以后,欧美经济发达国家一直占据着世界旅游市场的主导地位,国际旅游者及其支出的(   )左右产生并流向这一区域。

A. 60%   B. 70%   C. 80%   D. 90%

4. 可以把旅游市场细分为欧洲市场、美洲市场、东亚与太平洋市场、非洲市场、中东市场和南亚市场,这是以(   )为标准来划分的。

A. 市场规模   B. 地理分布

C. 人口特点   D. 市场质量

5. 市场质量是指（　　　）。

　　A. 市场的可进入性　　　　　　　　B. 市场的规模大小

　　C. 市场的销售潜力　　　　　　　　D. 市场的占有率

6. 在历年来华的外国人中，（　　　）来华旅游总人数和在华消费总额都名列前茅。

　　A. 日本　　　　　B. 美国　　　　　C. 加拿大　　　　　D. 新加坡

7. （　　　）已经成为我国入境旅游人次数最多的欧洲国家。

　　A. 法国　　　　　B. 英国　　　　　C. 德国　　　　　　D. 俄罗斯

8. （　　　）是目前我国国内旅游市场的主体。

　　A. 公务旅游者　　　B. 休闲旅游者　　　C. 观光旅游者　　　D. 度假旅游者

二、多项选择题

1. 旅游市场反映着（　　　）错综复杂的经济关系。

　　A. 国家之间　　　　　　　　　　　B. 国家与旅游经营者之间

　　C. 旅游经营者之间　　　　　　　　D. 旅游经营者与旅游者之间

2. 旅游供给市场从形成到成熟，必须经过（　　　）不同层次的实践过程。

　　A. 适应需求　　　B. 刺激需求　　　C. 引导需求　　　D. 创造需求

3. 下列属于用人口地理标准来细分旅游市场的有（　　　）。

　　A. 旅游市场的规模　　　　　　　　B. 旅游市场的质量

　　C. 人口地理分布　　　　　　　　　D. 人口特点

4. 下列属于用行为特征标准来细分旅游市场的有（　　　）。

　　A. 旅游目的　　　B. 旅游时间　　　C. 旅游心理　　　D. 利益追求

5. （　　　）市场属于东南亚市场。

　　A. 新加坡　　　　B. 马来西亚　　　C. 菲律宾　　　　D. 新西兰

6. 西欧国家中来华人数比较多的国家有（　　　）。

　　A. 俄罗斯　　　　B. 英国　　　　　C. 德国　　　　　D. 法国

7. 我国的美洲入境旅游市场的客源主要来自北美市场，即（　　　）。

　　A. 美国　　　　　B. 巴西　　　　　C. 阿根廷　　　　D. 加拿大

三、判断题（对的打√，错的打×）

1. 第二次世界大战以后，亚太地区是世界上经济发展最快的地区，从而也使其成为国际旅游市场的主体。　　　　　　　　　　　　　　　　　　　　　　　　　　（　　　）

2. 旅游市场兴旺程度与经济发展水平是同步的。　　　　　　　　　　（　　　）

3. 在世界旅游市场中，无论是国内旅游还是国际旅游，也无论是旅游人次还是收入，都主要取决于旅游距离的远近，远距离旅游占绝对优势，其流动量最大。　　（　　　）

4. 旅游市场细分可以细分到个人的要求。　　　　　　　　　　　　　（　　　）

5. 由于旅游需求的差异性很大，旅游市场细分必须使用有效的细分标准和模式。

　　　　　　　　　　　　　　　　　　　　　　　　　　　　　　　　（　　　）

6. 判断市场规模时，最常用的标准是该旅游市场的接待总人数，而不是各经营者市场占有率。　　　　　　　　　　　　　　　　　　　　　　　　　　　　　（　　　）

7. 我国的入境旅游市场不但是我国国际旅游市场的重要组成部分,而且是我国旅游业的先导和支柱。 （　　）

8. 发展中国家通常是从优先启动出境旅游市场来发展旅游业,主要目的是回笼货币,以支持本国的经济建设。 （　　）

9. 目前,我国已经成为世界上国内旅游人次最多的国家。 （　　）

项目五　旅游业的发展趋势

 项目目标

1. 理解世界旅游业的发展趋势。
2. 掌握我国旅游业的发展趋势。
3. 理解生态旅游资源的概念和特点;理解生态旅游发展的原则与意义;掌握生态旅游资源的分类。
4. 理解旅游可持续发展的概念;理解旅游可持续发展的目标和措施。

思维导图

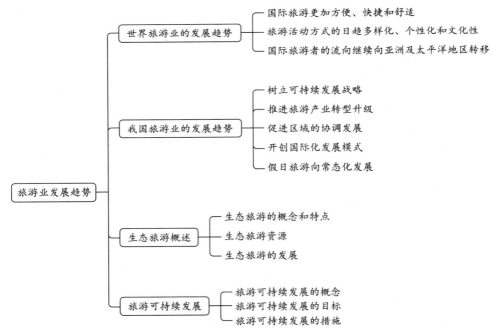

任务一　世界旅游业的发展趋势

【学习要求】

理解世界旅游业的发展趋势。

【学习内容】

世界旅游业呈现智慧化转型趋势,人工智能、大数据和虚拟现实技术的深度应用,推动智能预订、个性化推荐及沉浸式体验升级,元宇宙旅游等新业态加速探索。可持续发展成为行业共识,各国强化生态保护与低碳运营,推广绿色交通、碳中和酒店及负责任旅游理念,生态旅游、低碳旅游需求激增。消费端趋向个性化和精细化,定制游、小众目的地和深度体验需求增长,Z世代推动社交化、打卡式旅行风潮。后疫情时代,健康安全标准升级,弹性预订、无接触服务普及,同时全球旅游业面临地缘政治、气候变化与数字化转型的平衡挑战,逐步从规模扩张转向质量提升与韧性构建。进入21世纪,世界旅游业将发生如下变化。

一、国际旅游更加方便、快捷和舒适

随着社会经济的进一步发展、高新技术的导入、以人为本观念的深入人心,无论是旅游设施、旅游交通,还是旅游宣传和服务,都将为旅游的发展提供更好的物质条件,使得国际旅游更加方便、快捷和舒适。

旅游设施是接待旅游者参观游览及其他活动的物质设备条件,包括旅游基础设施和旅游服务设施。随着科技的不断发展,旅游设施必将变得更加舒适、方便和高效。例如在欧美国家,你只需凭一张电子旅游磁卡即可进行全球性无票国际旅游。一个国家或地区的经济越发达、技术越先进,其设施建设往往也越合理、越完备,旅游接待条件因而也越充分。

旅游交通发展势头不可阻挡,尤其是铁路、航空、公路和水运四大现代交通方式综合应用、相互配合、相互补充。例如,欧洲的高铁网络连接了许多主要城市,乘客可以在短时间内穿梭于不同国家的城市之间。从法国巴黎到德国柏林,乘坐高铁仅需几个小时,而且高铁站通常位于城市中心或交通枢纽附近,方便乘客快速到达旅游景点。中国的高铁更是将国内的各大旅游城市紧密相连,如从北京到上海、广州到深圳等线路,不仅速度快,而且车厢内环境舒适,提供高质量的餐饮服务,为国内旅游和部分国际入境旅游提供了高效的交通方式。

旅游宣传是指旅游目的地(国家、地区、城市等)或旅游企业(旅行社、酒店、景区等)为了吸引潜在游客,提高旅游产品和服务的知名度、美誉度,而通过各种渠道和手段进行信息传播的活动。随着互联网的发展,网络宣传成为主流。社交媒体平台、旅游网站、官方旅游公众号等都是重要的宣传阵地。比如,在抖音等短视频平台上,一些地方旅游局通过发布当地的美食、美景短视频,引发大量用户关注和点赞,从而提高旅游地的知名度。旅游宣传是旅游市场营销的重要组成部分,它的目的在于激发潜在游客的旅游动机,增加旅游目的地或旅游产品的吸引力,进而促进旅游市场的繁荣和发展。

旅游服务是旅游经营者和相关部门为充分满足旅游者各种正当而合理的旅游需要而提供的各种服务的总和。随着旅游服务意识的增强、以人为本观念的确立、旅游营销和服务技能的不断提升,服务整体水平不断迈上新的台阶,国际旅游更加方便和舒适。

二、旅游活动方式的日趋多样化、个性化和文化性

(一)旅游活动方式的多样化

从近年国际旅游发展趋势来看,随着世界各国经济发展与人们生活水平的提高,过去那种单纯游山玩水的消遣观光,将逐渐为多样化的旅游项目所代替。新的旅游资源和新的旅游目的地将被大量地开发,景点的开发将呈现出主题式和运动式两大特点,各种专项主题旅游活动和参与型旅游活动也会日趋丰富。旅游与文化、体育、娱乐、健康、养老等产业的融合不断加深,形成了多种"旅游+"新业态,如体育旅游、康养旅游、研学旅游等,为游客提供了更加丰富多样的旅游选择。

(二)旅游活动方式的个性化

随着旅游业的不断深入开展,旅游者的经验越来越丰富,心理也越来越成熟,旅游者成熟的一个明显表现就是个性化要求的提升。在个性化时代,旅游者在很大程度上已经从消费者转换成一定意义上的生产者,原先是经营者卖什么消费者就买什么,现在是旅游者提出自己的个性化要求,由经营者提供甚至是经营者与消费者共同进行产品设计。随着电子技术的发展,人类的个性化需求得到最大限度的满足。电子技术在多方面提供了个性化手段,尤其在旅游经营的方方面面体现得很明显。旅游者和旅游经营者可以共同设计旅游产品,如健康旅游、教育旅游等,以满足旅游者的个性化要求。

(三)旅游活动方式的文化性

旅游者在欣赏大自然的美景、身心完全放松之后对旅游活动中的文化现象更为关注。文化旅游正成为全球范围内日益凸显的新趋势。人们越来越注重旅游中的文化体验,旅游城市通过文化创意、现代科技手段的融入,打造具有当地文化特色的活动,如主题景区、文化节庆、艺术展览和演艺表演等,以增加旅游体验的文化艺术魅力。各种学术考察旅游和文化专题旅游迅速发展,如茶文化旅游、博物馆旅游。另外,由于旅游者受教育水平的提高和交通的进一步发展完善,学生的研学旅游将更加普及。

三、国际旅游者的流向继续向亚洲及太平洋地区转移

一般来说,旅游业的发展受到整个经济发展的制约。20 世纪 50—60 年代,世界经济基本上以欧洲和美国为重心。70 年代以后,逐渐形成了美国、西欧和日本三足鼎立的局面。到 80 年代末,美国、英国、法国、日本出国旅游人次占全部出国旅游人次的 43%,此外还出现了一些新兴旅游客源国或地区,如新加坡、韩国等国家和我国香港、台湾等地区。随着世界旅游业的继续发展,这种格局出现了新变化。欧洲旅游业的统治地位开始动摇,美洲旅游业保持平稳发展,亚太地区旅游业开始崛起,其他地区旅游业也快速地发展。20 世纪 90 年代至 21 世纪初叶,世界经济和贸易的重心转向亚太地区,该地区的国际旅游业迅速兴起,国际

旅游者持续向亚洲及太平洋地区转移。这一地区名胜古迹众多,自然风光优美,旅游资源丰富,新的旅游目的地和新的旅游产品不断涌现,再加上西方国家的旅游者对东方国家的兴趣越来越浓,使该地区具有发展旅游观光事业的巨大潜力,旅游业在较为落后的基础上得到迅速发展,超过了世界旅游业的平均发展速度。在今后一二十年内,亚太地区接待旅游者人次和旅游收入,仍将以高于世界平均增长率的幅度持续增长。世界旅游市场也将形成欧洲、美洲、亚太地区三分天下的格局,亚太地区已经跃居世界第一。

任务二　我国旅游业的发展趋势

【学习要求】

掌握我国旅游业的发展趋势。

【学习内容】

我国旅游业的发展趋势体现在以下方面:以落实科学发展观、实施旅游可持续发展战略为指引,推进旅游产业转型升级,以转变旅游发展方式为核心,以优化旅游产业结构为基础,以推进集约型发展为重点。推动区域协调发展,充分发挥每个地方的优势,开创国际化发展模式,持续推动假日旅游向常态化发展。

一、树立可持续发展战略

发展旅游业,除了注重经济效益、社会效益外,还要注重环境效益,实现三者的统一。落实科学发展观,实施旅游可持续发展战略,就是要对旅游资源和包括资金、原料、能源、技术、人才等在内的经济资源加以合理利用和大力保护,通过采取各种有力措施,一方面在平衡开发、利用和保护之间关系的基础上,使旅游资源得到合理开发、充分利用;另一方面使经济资源得到综合利用。在经济上,不仅要重视数量增长,更应该注重改善质量、增加效益、节约资源;在生态上,要以保护自然为基础,与环境和资源的承载力相协调;在社会文化方面,要与社会进步相适应,以提高生活质量为目的。只有这样,才能使旅游业真正实现可持续发展。

二、推进旅游产业转型升级

推进旅游产业转型升级要以转变旅游发展方式为核心,以优化旅游产业结构为基础,以推进集约型发展为重点。

(一)完成集约型发展方式的转变

转变旅游发展方式意味着从传统的粗放型、数量型增长模式向精细化、质量型发展模式转变。传统旅游发展往往侧重于旅游接待人次与旅游收入的数量增长,而在现代旅游语境下,更加关注游客体验的深度与旅游产品的内涵挖掘。过去一些热门旅游景区单纯依赖门票经济,大量游客涌入导致景区环境承载压力过大,游客游览品质下降。如今,这些景区开始转变发展思路,注重旅游产品的多元化开发。以黄山风景区为例,除了传统的登山观景线路,景区深度挖掘黄山的文化底蕴,开发了黄山文化研学旅游产品,邀请专家学者为游客讲解黄山的地质地貌形成历史、古代文人墨客在此留下的诗词画作背后的故事以及黄山地区独特的民俗文化传承。同时,还打造了黄山摄影创作基地,为摄影爱好者提供专业的拍摄指导与配套服务,吸引游客在景区停留更长时间,从单纯的观光游览向深度体验、文化学习、艺术创作等多元化体验转变。这种转变不仅提升了游客的满意度与忠诚度,也使得旅游收入来源更加多样化,从单一的门票收入拓展到餐饮、住宿、旅游纪念品销售、文化体验项目收费等多个渠道,实现了旅游经济效益与社会效益的平衡发展。完成旅游业发展方式转变的目的,就是完善旅游产业体系、提升旅游产业素质、全面发挥旅游产业功能,顺应经济社会发展的趋势,充分发挥旅游产业依托性、关联性、带动性的突出优势,为国民经济和社会发展作出积极贡献。

(二)形成完善的旅游产业结构

1. 旅游产业结构的含义

旅游产业结构指旅游经济各部门、各地区、各种经济成分及经济活动各个环节的构成与相互联系、相互制约的关系。旅游产业结构主要包括旅游地区结构、旅游组织结构、旅游产品结构、旅游所有制结构和旅游行业结构。每种结构都存在着一定的比例关系。建立合理的旅游产业结构,是旅游产业政策中的重要内容,也是旅游业发展的重要条件。

2. 旅游产业结构的优化

旅游产业结构优化本身就是生产力,即使在规模和总量不变的情况下,通过产业结构的优化也会提高产品的附加值和竞争力。旅游产业结构的优化,是指通过各个生产要素的优化组合实现产业结构的合理化,其基本目标是使旅游资源得到较为合理的开发,旅游供给体系趋于完善,形成产业结构的新格局,使旅游产业外部和内部各种重要的比例关系不断趋于协调,并向效率化、高级化方向发展,从而充分有效地发挥旅游业的产业功能和经济优势,全面提高旅游业的社会经济效益和旅游企业经济效益。

从形成完善的产业结构的角度来看,旅游产业结构的优化大体包括四个方面的内容。

(1)行业结构的优化。行业结构的优化指通常所说的食、住、行、游、购、娱六大要素部门之间的优化。从行业六要素来说,它们都在为旅游者的需求提供相应的物质条件和服务,并根据旅游者的需求状况随时调整供给量,因此行业供给总是在波动中进行,在自然发展的过程中逐步逼近目标;但是从工作的角度来看,旅游经营者不能总是被动地等待,而应该进一步提高结构优化的速度,各旅游要素在横向水平上要综合平衡,在纵向水平上要升级换代,全行业必须有一个综合性的权威部门进行宏观调控,只有这样才能提高全行业的效益。

(2)市场结构的优化。优化的市场结构应该是多元化的,若仅局限于单一市场或少数市场,不仅风险大,而且容易受制于人,所以必须形成一个多元化的市场结构。首先是入境旅游、国内旅游和出境旅游的市场结构问题,其次是市场结构的多元化问题。这两个问题的解决对完善旅游产业结构起到了基础性的作用。

(3)产品结构的优化。产品结构优化是指旅游产品的构成及各部分之间的相互关系的优化,其目标是产品多样化,即根据不同旅游者的不同消费需求和旅游动机,提供相应的旅游产品,具体包括产品品种的整体结构优化和不同质量、不同层次的产品结构的优化两个方面。前者是指通常所说的传统观光旅游、度假休闲旅游和特种旅游三大产品的结构优化,后者则是指从产品的质量角度来看,应该形成普品、精品、特品和绝品四大类旅游产品,且它们的构成应该与旅游者的需要构成一致。

(4)组织结构的优化。旅游组织结构的优化是指旅游各行业机构的设置、旅游企业机构的设置和旅游企业规模的优化。除了要充分发挥旅游行业组织协调旅游企业与政府部门关系、为企业提供服务的积极作用外,还应协调好大、中、小型旅游企业的比例关系。一方面为了应对日益激烈的竞争,旅游企业将通过联合、合并或并购等多种形式来推进企业的集团化进程,适当提高市场集中度;另一方面引导中小型企业向专业化经营方向发展,使旅游企业的规模结构更趋合理。

3. 旅游产业结构优化的措施

旅游产业结构优化的措施有:

(1)发挥资源优势,强化产品特色。

(2)科学规划项目,增加必要投入。

(3)加强人员培训,适当引进智力。

(4)提升国内旅游品质,扩大产品创新。

(5)优化旅游环境,促进持续发展。

三、促进区域的协调发展

区域协调要求能够充分发挥每个地方的优势。协调并非均衡,也不是意味着所有省(辖市、自治区)、地(州)和县(市)都要把旅游业作为支柱产业。只要把每个地方的优势发挥出来,协调发展的目的就达到了。

(一)政府引导型的旅游发展战略正在形成

政府引导型的旅游发展战略是指按照旅游业的自身特点,以市场配置资源为主导,充分发挥政府的引导作用,争取旅游业的更大发展。

政府引导型战略的主体是政府,主导是市场。因此,在制定和实施这一战略的过程中,各级政府与各级旅游管理部门和各类旅游企业之间形成了多重交叉组合的相互关系,按照发展的实际情况和要求,各个层次和各个方面应有所侧重和分工,以构成完整的促进旅游业发展的体系。政府引导型战略的主要内容有观念引导、政策引导、管理引导和资金导向等方面。它要求建立和完善旅游法制体系,将旅游管理纳入法制管理的范畴;把旅游管理部门纳入政府部门,以适应大产业的规模和大发展的前景;健全和发挥行业协会和学界的作用,加强政府管理和决策的科学性;开征旅游税;增加旅游宣传促销的投入等。

(二)协调东、中、西部的关系

我国东、中、西部的旅游业发展情况各不相同,并且都有各自的比较优势。政府应该通过相关政策调控,促使各地区发挥旅游资源特色,形成各自地区的旅游精品、旅游特品,或者旅游绝品,实现东部、东北部、中部和西部地区的共同协调发展,缩小各地区旅游经济发展差距。只有协调好东、中、西部之间的关系,才能促进区域的协调发展。

(三)发展区域旅游

从旅游的经营规律和特点出发,要跨越行政区划的限制,建设一批具有一定规模、质量上乘、特色鲜明和富有吸引力的旅游区域,以在日益激烈的旅游市场竞争中占据优势地位,有两个途径:一是邻近区域的结合,事实上在我国已形成了几个这样的发达旅游区域,如泛珠三角旅游区、长三角旅游区、西南旅游区、环渤海旅游区、海峡西岸等;二是以产品的组合、线路的组合形成旅游区域,如长江三峡、丝绸之路、红色旅游、香格里拉生态旅游、青藏铁路沿线旅游、"一带一路"特色旅游。从长远来看,地域邻近的区域旅游和产品组合的区域旅游两种模式会有更大的发展,继而形成全国统一的大市场局面。

(四)完善旅游目的地体系

实现旅游产业的转型升级,就是要提升我国旅游产品的市场竞争能力,而旅游产品的市场竞争又集中表现在旅游目的地的竞争上。我国正在以创建中国优秀旅游城市、中国最佳旅游城市、中国旅游强县、特色小城镇和美好乡村为基础,建设自己的优秀旅游目的地体系,打造一批具有世界影响的旅游目的地品牌,形成特色化、人性化、国际化的旅游环境。

(五)推进城乡融合

在蓬勃兴起和发展的国内旅游和出境旅游中,农民旅游所占份额也较大。据统计,目前,农民出游人数的增长率和消费的增长情况都超过了城市旅游。城乡互动包括三个方面:一是互为资源。城市性的资源,如现代建设成就、博物馆、美术馆、大型主题公园等成为发展都市旅游的基础条件,具体的产品形式主要是文化旅游和专题旅游。森林、现代观光农业、草原、峡谷等乡村性的资源,成为乡村旅游的主要吸引物,其产品的表现形式有生态旅游和特种旅游。城乡互为资源使整个社会资源的利用度和广泛性大大增强。二是互为市场。城市人下乡旅游,农村人进城旅游,形成了对流的旅游潮。三是互为条件。在城乡接合部和环城市度假带,普遍形成了相互交融的局面,其态势已经形成,而且还会进一步强化,尤其是全域旅游的发展使城乡互动变得更充分。在此基础上,从城市旅游开始扩展、延伸到城郊接合部,再进一步扩展到远郊甚至直接扩展到农村,这对区域协调发展同样起到重要的作用。

四、开创国际化发展模式

(一)世界旅游业发展现状

世界旅游业自第二次世界大战崛起至今,一直高速发展,成为世界上发展势头最强劲的产业。无论是发达国家还是发展中国家,都根据各自的国情,选择适合本国旅游业发展的道路,从而形成了各具特色的旅游发展模式。常见的有常规旅游发展模式和非常规旅游发展模式。常规旅游发展模式是指旅游业发展与经济发展相适应、国内旅游与国际旅游同步前进、入境旅游与出境旅游并重发展的一种模式,如美国、法国、英国等欧美发达国家采用的就是常规旅游发展模式。而我国旅游业走的是一条"入境旅游-国内旅游-出境旅游"的非常规旅游发展模式。

非常规旅游发展模式在旅游业发展的初始阶段是可行的,也是必要的。但它必然蕴含着高速度与低质量、新产业与旧秩序、结构与功能失衡,特别是国际、国内旅游供给缺乏替代性的深刻矛盾。表面上看来,国际旅游搞得轰轰烈烈,但就整个旅游业来说,大量存在的还是国内旅游。在我国人民逐步富裕起来走向全面小康的时候,过去那种国际、国内旅游供给大相径庭的局面必须改变。我国旅游业应在继续发展入境旅游的同时,把工作重点逐步转向国内旅游,以跟上旅游经济从粗放型向集约型转变的步伐。

(二)开创国际化旅游发展模式的措施

开创国际化旅游发展模式的措施可以体现为以下三个方面。

1. 全面加强环境建设

我国旅游业现在和发达国家相比,最大的差别在环境质量方面。为了向国际化靠拢,首先,必须改善城市环境,赋予城市一定的文化底蕴和特色,以增强吸引力;其次,改善自然环境,使之有清新的空气、清洁的水和清爽的市容,努力缩小与发达国家的差距;最后,创造良好的社会环境,包括消除对旅游者的冷漠、解决语言环境问题等。

2. 体制和机制的创新

体制和机制的创新是全面提升旅游产业整体素质的关键,主要是改革的问题。一是要建立一种市场化的旅游经济体制,综合改革和衔接好市场化的旅游经济体制与现行政府主导型的旅游发展体制之间的关系;二是要建立国际化的企业运营体制。在旅游企业中全面推行现代企业制度,进一步采用国际化的发展政策,也包括现有政策的调整。

3. 建立举国竞争体制

第一,要正确应对国际市场竞争激烈的局面,扬长避短,制定符合国情、适应竞争需要的发展战略和相应的对策,形成垄断性、创新性并存的产品和服务体系。第二,要形成以企业竞争为基础、以联合竞争为主体、以国家直接参与和组织竞争为龙头的举国竞争的完整体系,通过增加投入、组织国家级的大型活动、全面调整企业结构、加强对运行秩序的调控、提升质量和形象等方法来进行。第三,形成海外联动营销机制,主要是强化驻外机构宣传中国、宣传旅游的职能。

五、假日旅游向常态化发展

(一)假日旅游的概念

假日旅游是我国人民利用元旦、清明、五一、端午、中秋、国庆、春节等法定假日外出旅游的一种形式。这是国家于 2007 年 12 月又一次调整法定节假日,并实施职工带薪休假制度的结果。

假日旅游,以其新的假日生活方式、新的消费热潮、新的经济增长点,给旅游业及相关行业带来积极的推动作用,并将持续成为未来旅游发展的一种趋势与潮流。

(二)假日旅游存在和发展的主要原因

(1)充足的闲暇时间。人们有了足够多的时间,来改变传统的休假方式,去从事或长或短时间的旅游活动。

(2)收入水平的提高。我国社会稳定、经济持续发展使城镇居民收入明显增长,为人们的假日旅游奠定了物质基础。

(3)消费观念的转变。随着人民生活水平的不断提高,基本的衣食住行问题得到解决后,人们就有了更高层次的消费需求,利用假日外出旅游成为一种趋势。

(4)交通条件的改善。高铁的日益普及、高速公路网的不断完善、私家车的普及、包机和廉价航班的大量推出,使得人们在短时间内以较低的价格完成长距离的旅行成为可能。

(5)坚实的社会心理基础。我国人民普遍有着深厚的假日情结,喜欢利用节假日举家团聚,聚亲情、叙友谊、谈展望、齐出游等。

(三)假日旅游的特点

(1)旅游者总量呈骤然上升趋势。

(2)旅游趋向大众化。旅游者主体一改过去中老年、成功人士居多的情况,而呈平民化、大众化的趋向,具有"家庭型多、工薪族多、中青年多、自费者多"的特点。

(3)注重休闲方式。旅游者出游的主要目的是在平时紧张工作之余寻求消遣、消除疲劳、增进健康等,因此,休闲生态旅游占据了主要市场份额。

(4)具有地域特征。假日旅游客源市场在目的地定位上以国内中远距离的中长线旅游为主,出境游也比较多。同时,旅游地域相对固定,旅游者到达目的地后,一般活动范围不大,往往局限于旅游目的地及周边旅游地。

(5)趋向常态化。新休假方案将避免人们同时间内集中出行造成的拥堵、旅游服务质量下降等问题。人们可以更自主地安排出游,更方便地选择自由行及旅游方式、主题和内容,从而带动淡季自由行市场,假日旅游接待市场将呈现常态化

云南彝绣

云南彝绣开辟的"非遗文化+市场产品+旅游体验+就业致富"发展路径成效显著。在旅游市场中,以精美绚丽的彝绣制品如服饰、饰品、家居用品等作为特色旅游产品,摆满了大理、丽江等地的旅游商店货架,深受游客喜爱。游客们在旅行途中,不仅能欣赏到彝族传统服饰上绣工精致、色彩斑斓且蕴含丰富文化寓意的图案,还可参与刺绣体验活动,亲手感受穿针引线,将彝族古老传说与风情绣入织物的奇妙过程。当地许多妇女借此机会掌握彝绣技艺,参与到绣品制作中,实现了在家门口就业。一些彝绣工坊与旅游景区合作,定期展示刺绣工艺,吸引大量游客参观学习,既传播了彝绣文化,又拓宽了销售渠道,让彝绣在新时代焕发出新活力,有力推动了非遗文化在旅游浪潮中的传承与发展,带动当地民众稳步走向致富之路。

任务三　生态旅游概述

【学习要求】

1. 理解生态旅游资源的概念和特点。

2. 理解生态旅游发展的原则与意义。

3. 掌握生态旅游资源的分类。

【学习内容】

生态旅游是在保护生态环境的前提下开展的一种以生态景观欣赏和体验为内容的自然旅游活动,生态旅游强调其以保护自然环境和维护当地人民生活秩序为前提,让游客在欣赏自然景观的同时获得深度体验。

一、生态旅游的概念和特点

生态旅游是在保护生态环境的前提下开展的一种以生态景观欣赏和体验为内容的自然旅游活动,它既不同于旅游生态学研究活动,也有异于传统的大众旅游活动。生态旅游是在经济欠发达国家或地区首先发展起来的,这些国家或地区在传统旅游形式的影响下,其生态环境受到了严重破坏,这迫使人们不得不考虑一种新的旅游形式来消除传统旅游对生态环境的消极影响,因此主动提出了开展生态旅游的主张。20世纪80年代以来生态旅游以每年10％～30％的速度发展。生态旅游的兴起是人们对自然环境的兴趣和环境保护意识不断增强的结果,其被看作是传统大众旅游的替代品,是当代世界旅游业的转折点。

(一)生态旅游的概念

生态旅游的概念可分为广义和狭义两种。狭义的生态旅游是指具有较高文化素养、对生态学知识有强烈的兴趣或较多了解的人们,到偏僻、人迹罕至的生态环境中进行探险或考察的专项旅游,如到南美原始森林观赏珍奇动植物。通常极具冒险精神或强烈科学研究目的,少数旅游者热衷于进行此类旅游。广义的生态旅游是指在良好的生态环境中游览、观赏、休闲、度假,在此过程中愉悦身心、增加生态及相关知识,其主要包括森林生态旅游、海洋生态旅游等。

尽管生态旅游的定义还未统一,但都包含了以下三种最基本的内涵:其一,生态旅游为回归大自然之旅,旅游对象是原生、和谐的生态系统。生态旅游者到优美的自然环境中去欣赏、探险、考察、尽享回归自然、返璞归真之乐。其二,生态旅游必将促进环境的保护。生态旅游不仅是一种单纯的生态性、自然性的旅游,更是一种通过旅游来加强自然旅游保护的旅游活动,甚至是直接提供环境保护的实际贡献的旅游活动。其三,生态旅游是一种维系当地人民生活,强调社区参与和获得利益的旅游。生态旅游除了是一种提供自然旅游体验的环境责任型旅游之外,也具有繁荣地方经济、提高当地居民生活品质、尊重与维护当地传统文化完整的重要功能。

普通旅游并不排斥国家森林公园和自然保护区等自然风景区,生态旅游与普通旅游的根本区别并不是旅游对象的不同,而是旅游方式的不同。生态旅游是在观赏自然风景的同时又对自然环境进行保护的一种绿色的旅游形式。

(二)生态旅游的特点

生态旅游是一种自然取向的观光旅游,并被认为是一种兼顾自然保护与发展目的的活动。

1. 天然性

天然性主要是指旅游生态环境和文化环境的原始自然性。生态旅游以自然生态环境保存得较好的区域为主要目的地,不仅地理环境保持着相对原始的状态,而且还具有独特而完整的历史和现实文化,人们的生活方式和文化模式保留着纯自然或接近自然的原始状态,异城文化表现明显。

2. 保护性

生态旅游把生态环境的承载力作为首要考虑的因素,重视旅游环境容量的研究,强调旅游经营者、旅游者和当地居民都要以保护环境为己任,通过人力、财力和知识等方面的资助,促进当地的环境保护,保障旅游地的持续生存和发展。

3. 知识性

一个生态旅游地包含了大量有关的地质、地貌、气象、水文、植物、动物、医学、建筑、环境等科学信息和知识,科学知识含量高,文化内涵丰富。通过生态旅游,人们可以更多地了解自然,增长自然科学知识,了解特有的物种生活的习性以及其可利用的生态价值和经济价值,了解生态系统既相互依存又相互制约的关系。

4. 高层次性

生态旅游并非单纯到生态环境中看一看、走一走、发一通感慨,而应体现保护生态环境的意识与行动,在生态旅游中通过环境的审美感觉,人们重新发现自然环境的意义和人在保护环境中的重大作用。生态旅游要求旅游者和旅游经营管理者都要对生态环境保护做出具体的承诺,尽到具体的责任,它要求每一个活动都要事先做出对环境影响的评价,活动中的每一个环节都要进行严格的生态管理,活动的每一个参与者都要遵循和维护生态道德,自觉地、有意识地去保护生态环境。因此,生态旅游者必须具有较高的品位。

5. 参与性

生态旅游可以让旅游者亲自参与到自然与文化生态系统之中,在实地体验中领会生态旅游的奥妙,获得与众不同的经历和新奇的旅游体验。同时,生态旅游是旅游者、旅游地居民、旅游经营者和其他人员广泛而积极参与的一种旅游活动。

二、生态旅游资源

生态旅游资源是伴随着生态旅游活动而出现的概念,它是生态旅游活动的客体。

(一)生态旅游资源的概念

生态旅游资源是指以自然生态和人文生态吸引旅游者前来进行生态旅游活动,在保护生态环境的前提下能够产生可持续发展的生态旅游综合效益的各种因素和现象的总和。

生态旅游资源和一般所讲的自然旅游资源既有重合之处,又有不同之处。重合之处是指自然旅游资源均可用于生态旅游,属于生态旅游资源的一部分;不同之处指自然旅游资源不能涵盖的生态环境部分。

生态旅游资源不等同于自然景观和森林旅游资源,生态旅游也不仅仅是去保护区旅游。

(二)生态旅游资源的分类

按照生态旅游资源的自然或人文属性,其可分为自然生态旅游资源和人文生态旅游资源两大类型。

自然生态旅游资源是原生性的自然景观,纯天然生成物,是经过几十亿年大自然的造化所形成的,对人类产生自然的吸引力和亲和力的自然环境及其景象的地域组合,包括地文生态旅游资源(如冰川活动遗迹、古生物化石、火山地震遗迹、岩溶景观、海岸地貌、峡谷地貌、风蚀风积地貌)、水体生态旅游资源、气候天象生态旅游资源和生物生态旅游资源(如森林生态、草原生态、古树名木与奇花异卉、珍稀动物及其栖息地)四部分内容。

人文生态旅游资源是人类在具体的自然生态环境中所创造的文化,包括人工自然型生态旅游资源(如园林生态、农业生态、森林公园、植物园、动物园、自然保护区、风景名胜区、野营地)和人造文化型生态旅游资源(如历史文化遗产、民族风情纪念馆、纪念地)两大部分。

三、生态旅游的发展

生态旅游是一种以欣赏和研究自然、野生动植物等自然生态景观以及探寻、了解、研究当地的人文生态景观为主的旅游活动。其最大的特点是在保护承担环境和维护当地正常生活秩序义务的同时,仍能把商业性的旅游业与旅游地生态保护结合起来,以支持当地的经济发展。

(一)生态旅游发展的原因

生态旅游在短时期内兴起,并迅速成为全世界旅游的一个热点,并非偶然,而是事出有因,归纳起来主要有以下三点。

(1)全球生态环境的恶化引起人类社会对环境质量的普遍关注。从生态环境的角度看,由于人类经济活动,特别是工业化进程的快速发展,环境日益恶化,直接威胁到人类自身的生存和发展。因而,人类迫切需要构建一种优化的"人-地"关系系统,寻找一种经济发展、资源利用和环境保护相互融合的协调发展方式。换言之,就是随着全球生态环境问题的日益严重,人们的环保意识觉醒,经济发展和环境保护的结合已成为时代趋势,强调生态保护和旅游发展有机结合的生态旅游得到了广泛的关注和空前的发展。

(2)旅游需求的变化和旅游动机的转变。旅游者的主动性决定着旅游行为能否进行。自20世纪90年代以来,旅游者的动机和目的发生了很大转变。富裕、身体健康的老年人因经常参加旅游,逐渐对传统的旅游方式感到不满,趋向于更吸引人的自然生态之旅,以满足返璞归真的愿望。有自由主义思想的中年人和中产阶级,因经历了20世纪六七十年代出现的"绿色运动"而表现出较强的环保意识。浪漫的青年人,既有经济条件的保障又有较长的假期,因而在工作之余趋向于亲身体验自然取向的生态和探险旅游活动。同时旅游者在现代社会面临着喧闹纷扰的城市环境、工作的压力、精神的紧张等,更容易产生到不受污染的大自然和较好地保留着传统文化的地区去旅游度假的强烈愿望,渴望回归自然。

(3)传统旅游呈现的弊端促使人们寻求新的旅游方式。传统旅游在促进经济增长的同时,也日益呈现出弊端,在发展中国家尤为明显,因此,生态旅游的优势得以凸显。由于世界范围的环境意识高涨,人们越来越热衷于到实地掌握有关生态系统、濒危物种及其他有关自然保护问题的第一手资料,通过旅游活动提高对生态的了解和认识。

(二)生态旅游发展的原则

1. 少而精原则

为了更好地保护生态环境,生态旅游的规模不宜太大,人为操作的因素、人工设施应尽量减少。要控制旅游者的数量及活动范围,引导他们具有良好的行为规范,并为他们提供一种直接参与的轻松愉悦的经历,保证他们有良好且充分的旅游体验。对旅游者开放的地区也应有所规划和选择,把较不敏感的地区提供旅游使用,避免破坏未开放的地区。

2. 保护原则

生态旅游反映了人们与自然和谐相处的愿望。旅游和生态环境保护是相互依存的关系。一方面,旅游以生态环境为载体,或者为基础。如果没有良好的生态环境,生态旅游就无法发展。另一方面,加强环境保护,就可以为旅游提供更加广阔的天地。因此,在发展生态旅游时,应将保护视为优先考虑因素,当旅游用途与保护用途相抵触时,以后者为先,充分认识资源内在的价值,尤其包括对资源本身及其有限性的认识,在旅游开发中,不能竭泽而渔,而应以一种有利于环境的方式去开发,同时还要做好对旅游者的调查与研究。

3. 严格管理原则

发展生态旅游,要制定出各种管理规定,明确该做什么、不该做什么,可做什么、不可做什么,旅游开始前,明白地告知旅游者有关生态环境保护的知识,以使生态旅游地的每个人,包括旅游者、旅游经营者等都能事先了解,做到预防为主、严格遵守。同时借助旅游规划与管理技术,辅助生态旅游地的经营管理,对旅游地的生态环境指标做科学的监测,将环境监测所得结果用以回馈修正目前的管理措施,使得各项管理工作趋于完美。

4.“双赢”原则

通过发展生态旅游,当地居民可从中获得理想的经济收益,促进了当地居民保护生态环境的积极性,并将部分收益投入对资源和环境的保护,从而使旅游者从中获得满意的旅游体验和高质量的旅游经历。

(三)生态旅游的意义

目前,生态旅游之所以能够获得社会的广泛认可,是因为它有许多积极的作用。这些积极的作用主要表现在促进经济发展、文化繁荣、生态建设、保护区和旅游地可持续发展等方面。

1. 利于生态环境的保护

生态旅游是一种强调当地资源保护的旅游形式,从可持续发展的观点来看,生态旅游对环境的正面效益也十分明显。从全球范围来看,生态旅游的发展促进了国家森林公园、自然保护区、历史文化名城、历史和文化遗产等旅游资源的开发、建设和保护。

优越的环境是生态旅游最强大的旅游吸引力,在环境意识日益深入人心的今天,人们为了发展旅游,比以往任何时候都更注重环境保护和环境质量的改善。同时,生态旅游可以产生旅游和环境间的协同作用,减少对环境的负面伤害,从而建立起一种和谐的共生关系,推动对自然资源、野生动植物及环境的保护。此外,生态旅游还可促进民族传统文化的发展与保护。为了吸引生态旅游者,需要保护良好的人文生态环境,尤其是保持着原始古朴民风的、原汁原味的人文生态资源。随着生态旅游的发展,当地一些几乎被人们遗忘了的传统习俗和文化活动又得到开发和恢复,以前几乎被抛弃的文化遗产不仅随着旅游的开发而获得新生,而且旅游地居民对这种其他地方所没有的独特文化资源引以为豪,从而更加自觉地去保护。

2. 明显的经济效益

生态旅游对旅游地经济的积极作用是非常明显的。从世界范围来看,当今世界生态旅游的主要客源地是经济发达国家,人们的收入水平较高,旅游开支较大,而旅游地大多是发展中国家,通过开展生态旅游,可为旅游地带来大量的旅游收入。同时,生态旅游资源富集的地区,往往是自然及社会文化相对原始的地区,也是社会经济贫困的地区,由于贫困,许多资源面临着被破坏的处境。发展生态旅游,对旅游地及居民来说,可以提高当地经济收益,增加就业机会,帮助当地居民脱贫致富。

3. 良好的社会效益

发展生态旅游,可以改善人们的生活质量,提高人们的生活品位,促进国民素质的提高。同时,可以发挥环境的教育功能,唤醒人们的环保意识,增强民众参与环保的信心。

杭州西溪国家湿地公园

杭州西溪国家湿地公园是生态旅游的成功范例。西溪湿地是国内第一个集城市湿地、农耕湿地、文化湿地于一体的国家湿地公园。

在生态保护方面,实施了湿地植被恢复、水质净化等工程,构建起稳定的生态系统,众多鸟类栖息繁衍,水生生物丰富多样。旅游开发上,推出了生态观光船游线,游客可在船上欣赏沿途的自然风光,感受"一曲溪流一曲烟"的诗意;还有湿地漫步道,供人近距离亲近自然。同时,西溪湿地将文化与生态融合,展示了悠久的农耕文化、民俗文化等,如越剧表演、水乡婚礼展示等特色文化活动,既满足游客对自然美景的向往,又让他们领略到深厚的文化底蕴,在生态保护与旅游发展间找到了平衡,成为杭州生态旅游的一张耀眼名片,吸引着大量国内外游客前来体验绿色、文化之旅。

任务四　旅游可持续发展

【学习要求】

1. 理解旅游可持续发展的概念。

2. 理解旅游可持续发展的目标和措施。

【学习内容】

旅游业的可持续发展,是在全球旅游业急剧膨胀、繁荣背后的危机日益暴露的现实下提出来的,并迅速得到了广泛的认可。可持续发展战略的确立,从政策上、法律上对旅游业的经营行为做了规范,要求旅游与自然、文化资源和人类生存环境形成一个整体,即旅游、资源、人类生存环境三者的统一。

据新华社报道,眼下,有世界第一峡谷之称的雅鲁藏布大峡谷日益受到世人的瞩目。国内一些企业跃跃欲试,拉开架势纷纷准备在大峡谷上马大型工程……一些单位打算在那里建高档宾馆、酒店,也有的要建别墅、度假村……

如此一来,大峡谷还没来得及向世人展示其真面目,就可能已面目全非,其神秘的韵味也将荡然无存了。

旅游业的可持续发展是在全球旅游业急剧膨胀、繁荣背后的危机日益暴露的现实下提出来的。

一、旅游可持续发展的概念

可持续发展概念最早出现在 1980 年由国际自然保护同盟制定的《世界自然保护大纲》中,它是人类在面临人口、资源、生态环境的严峻形势下产生的。

1987 年,世界环境与发展委员会(WCED)发表了《我们共同的未来》的报告,从理论上阐述了可持续发展是人类解决环境与发展间矛盾的根本原则,并且在实践上提出了比较全面的具体建议,认为可持续发展是在满足当代人需要的同时,不损害人类后代满足其自身需要的能力。

可持续发展强调的是环境与经济的协调,追求的是人与自然的和谐,其核心思想是健康的经济发展应建立在生态可持续能力、社会公正和人民积极参与自身发展决策的基础上。它所追求的目标是既要使人类的各种需求得到满足、个人得到充分发展,又要保护资源和生态环境,不对后代人的生存和发展构成威胁。

可持续发展概念包括人类需要、资源限制和公平三个要素。具体包括以下几个方面的内容:

(1)强调发展是第一位;

(2)强调生态、经济和社会的持续性;

(3)强调发展机会选择的平等性;

(4)强调经济发展与环境保护的整体协调性;

(5)强调建立和推行一种新型的生产和消费方式;

(6)强调人类的文明发展与观念转变。

旅游是经济、社会、文化等现象的综合反映,这一特性决定了旅游业的发展必然会对旅游目的地社会、经济、环境等各方面产生积极或消极的影响。旅游业的可持续发展,是在全球旅游业急剧膨胀、繁荣背后的危机日益暴露的现实下提出来的,并迅速得到了广泛的认可。

1989 年 4 月在荷兰海牙召开的"各国议会旅游大会"上第一次明确提出旅游可持续发展概念,不仅形成了旅游可持续发展的思想,而且做出了有关旅游可持续发展的原则结论以及建议措施。1990 年在加拿大召开的"地球 90 国际大会"阐述了旅游可持续发展理论的主要框架和主要目标,较全面地反映了可持续发展的内容。1992 年联合国环境与发展大会通过的《21 世纪议程》中有 7 处直接提到了旅游业,随后,《21 世纪议程》又被转化成为关于旅游业的行动纲领——《关于旅游业的 21 世纪议程——实现与环境相适应的可持续发展》。之后又有《可持续旅游发展宪章》《可持续旅游发展行动计划》《关于旅游业社会影响的马尼拉宣言》等影响世界旅游业发展与环境的关系的文件陆续发布。1999 年 10 月世界旅游组织第 13 届大会通过的《全球旅游道德规范》第三条明确规定了有关旅游可持续发展的问题。

旅游可持续发展是指以资源和生态环境承受能力为基础,以符合当地经济、文化发展状况和社会道德规范为标准,以实现旅游资源的永续利用,促进旅游发展的经济效益、社会效益和环境效益的统一,既满足当代人的需要,又不对后代人满足其自身需要的能力构成危害为目标的发展思想和发展道路。

旅游可持续发展的实质,就是要求旅游与自然、文化资源和人类生存环境形成一个整体,即旅游、资源、人类生存环境三者的统一。

二、旅游可持续发展的目标

旅游可持续发展的目标具体有以下几个方面:

(1)保护生态环境、生态资源不受污染和破坏。要使旅游业实现可持续发展,关键是对旅游资源进行全面管理,通过有效的管理使各类资源免受破坏,并使旅游资源的使用速度低于更新速度。

(2)满足旅游者高质量的体验和阅历的需要。对于很多旅游者来说,旅游就是要使自己有一段丰富多彩的经历和体验。旅游资源的质量、旅游环境的品位是使人们获得高质量感受的一个基本条件,具有这样特点的旅游资源才能使旅游具有生命力并真正得到发展。

(3)实现强持续性的高效率。以最小的旅游环境和资金投入要素的使用量来换取最大的经济福利总量,使旅游获得最大的益处,高效率地创造环境、经济效益。

(4)建立一套旅游生态持续性评价体系和市场管理机制,实现规范化和科学化发展。具体来说,就是要提高生态旅游环境质量评价指标的科学水平、旅游地的最大安全水平、旅游项目可接受的风险水平和旅游地生态发育的空间水平等。

(5)建立人与自然多方面的协调关系,保护旅游地的生命力和多样性。人与自然之间是一种平等的关系,不能把人和自然对立起来。

(6)保障旅游地居民的生活质量和旅游地文明的公平发展。要千方百计地满足旅游地居民对就业、粮食、能源、住房、水、卫生保健等方面的基本需要,提高生产质量,防止因贫困而对旅游资源进行掠夺式的开发;适度控制人口增长速度,并把旅游地居民人口限制在可持续发展的水平上。

三、旅游可持续发展的措施

(一)建立完整的服务产品体系

旅游产品是旅游经济的细胞。原国家质量监督检验检疫总局颁布的中华人民共和国国家标准《旅游业基础术语》GB/T 16766—2017 将旅游产品定义为:由实物和服务综合构成,向旅游者销售的旅游项目,其特征是服务成为产品构成主体,其具体展示主要有旅游线路、活动和食宿。

可持续旅游产品是与当地环境、社区和文化保持协调一致的产品,具有高成本、高附加值和高知识含量的特征。

可持续旅游产品应该选择"经营—保护—知识—科研—生产"联动的开发之路。首先根据旅游行政管理的指导和市场需求状况来设计,以可持续性为核心的旅游产品,同时考虑其环境、文化、社会经济的标准,以形成可持续旅游目的地。此外,和平是旅游可持续发展的前提,通过促进不同文化之间的接触与相互了解,经过精心设计的旅游产品可以对世界和平作出重要的贡献。

生态旅游提供给旅游者的必须是具有良好生态环境、以大自然为主体的旅游产品,这是一个综合的、多层次的概念,包括大众生态旅游产品、高质生态旅游产品和特种生态旅游产品三个部分。比较典型的大众生态旅游产品有乡村旅游、森林旅游、海洋旅游、自然生存游等。高质生态旅游产品是在大众产品基础上达到高质量要求的产品;而特种生态旅游产品是指具有特殊优势的、在市场上形成独特吸引力的生态旅游产品,如冰川探险旅游、世界遗产探秘旅游等。

(二)形成严格的管理体系

在实施旅游可持续发展战略的过程中,政府的宏观决策和管理措施是决定性的因素,即在可持续发展思想中,制度因素的作用至关重要。

1. 政府引导

在国家旅游发展总战略中,为保护环境、保障当地居民权益和避免因缺少规划而带来的消极后果,应有选择、有控制地发展旅游基础设施、设备、需求和旅游综合接待能力,在规划和区域开发方面,注意在经济发展和生态环境上达成一致。

2. 制定标准

要制定好生态旅游的产品标准,包括总的要求和具体表现形式,便于操作和管理,也便于市场宣传。

3. 形成示范

实现旅游可持续发展,要建立试点示范工程。通过示范工程,摸索和积累经验,然后有计划和有步骤地推广。

4. 加强协调

要加强协调包括各级政府、各个政府部门间的协调,也包括旅游经营者和政府部门间的协调。要提高协调效率,减少不必要的中间环节,从而提高经济、社会、环境效益。

5. 制度创新

行政体制、经营体制和内部管理体制应当逐步形成完整规划和完整程序,使制度创新落实到位。

6. 科学管理

依靠和引进科技手段,制定旅游科学技术政策体系,大力推广电子信息技术、清洁卫生技术、资源保护技术、能源节约技术等,加大旅游科技投入力度,使科学技术真正成为支持旅游可持续发展的主要手段。

(三)构建新型的绿色体系

从泛生态的意义和可持续发展的最终目标出发,构建一套新型的、有利于环保、符合环保要求的绿色体系已成为当务之急。

20世纪90年代,世界进入了环保时代、绿色时代。绿色时代的到来对世界经济发展产生了巨大的影响,对旅游业也不例外。可持续发展战略的确立,从政策上、法律上对旅游业的经营行为做了规范,要求旅游经营者必须树立绿色观念、推进绿色开发、打造绿色产品和开展绿色营销。

1. 树立绿色观念

在旅游发展过程中,破坏环境和影响可持续发展的事例并不少见,其根本原因在于对环境保护的认识不足,特别是对旅游发展自身的规律性认识得不透、把握得不够,这需要旅游经营者观念的转换和强化对绿色、环保的认识。因此,要大力培育旅游发展中的绿色观念,以少走弯路、少付代价。

2. 推进绿色开发

绿色开发是旅游资源开发方面的要求。旅游资源是珍贵的,其中大多属于不可再生的自然和历史文化遗产。因此,在开发和建设中,应将保护放在第一位,在保护原有风貌的前提下进行合理开发。开发和建设要以资源的负荷能力或承载能力为依据,达到永续利用的目的,确保其经济、社会、环境整体效益的提高。

3. 打造绿色产品

绿色产品是指对环境无污染、污染很少或不影响环境整体性的产品,在国外又称为环境友善产品。开发绿色产品,要求在产品设计、产品结构功能、产品的使用及废弃物的处理等各方面都要考虑对生态环境的影响。

4. 开展绿色营销

绿色营销是在绿色消费的驱动下产生的。绿色消费是指消费者意识到环境恶化已经影响到其生活质量和方式,要求企业生产、销售对环境负面影响最小的绿色产品,以减少危害环境的消费。而绿色营销则是指旅游经营者顺应绿色消费潮流,从保护环境、减少污染、充分利用资源的角度出发,通过研制产品、利用自然、变废为宝等措施,满足旅游者的绿色需求,实现旅游经营者的营销目标。通过绿色营销,促使旅游者自觉地加入维护生态环境、减少资源消耗与环境污染的行列,进而形成全民保护环境的意识和社会公德。

【学习与思考】

一、单项选择题

1. 世界旅游业的发展趋势是国际旅游者的流向继续向(　　　　)地区转移。

A. 欧洲　　　　　B. 非洲　　　　　C. 拉美　　　　　D. 亚太

2. 在旅游业竞争中,( )竞争是最高层的。

　　A. 产品　　　　　　B. 价格　　　　　　C. 文化　　　　　　D. 科技

3. 政府引导型旅游发展战略的主导是( )。

　　A. 政府　　　　　　B. 市场　　　　　　C. 政策　　　　　　D. 法制

4. 旅游业发展方式转变的目的,就是完善旅游产业体系、提升旅游产业素质、综合发挥旅游产业( )。

　　A. 优势　　　　　　B. 职能　　　　　　C. 功能　　　　　　D. 特点

5. 旅游者出游的主要目的是为了在平时紧张工作之余消遣、消除疲劳、增进健康等,因此,( )占据了主要市场份额。

　　A. 探险旅游　　　　　　　　　　B. 休闲生态旅游

　　C. 观光旅游　　　　　　　　　　D. 公务旅游

6. 人造文化型生态旅游资源有( )。

　　A. 历史文化遗产　　B. 森林公园　　　　C. 动物园　　　　　D. 植物园

7. 生态旅游与普通旅游的根本区别是( )。

　　A. 旅游对象　　　　B. 旅游方式　　　　C. 旅游地点　　　　D. 旅游途径

8. 1989 年 4 月在( )召开的"各国议会旅游大会"上,第一次明确提出旅游可持续发展概念。

　　A. 法国巴黎　　　　B. 意大利罗马　　　C. 英国伦敦　　　　D. 荷兰海牙

9. ( )是旅游经济的细胞。

　　A. 旅游产品　　　　B. 旅游企业　　　　C. 旅游市场　　　　D. 旅游需求

二、多项选择题

1. 从形成完善的旅游产业结构的角度来看,大体包括( )的优化。

　　A. 行业结构　　　　B. 市场结构　　　　C. 产品结构　　　　D. 组织结构

2. 从世界旅游业的发展趋势来看,旅游活动的方式日趋( )。

　　A. 多样化　　　　　B. 个性化　　　　　C. 简单化　　　　　D. 文化性

3. 目前,我国已开发了一些具有典型生态价值的生态旅游区,如( )。

　　A. 四川九寨沟　　　　　　　　　B. 湖北神农架

　　C. 长江三峡　　　　　　　　　　D. 甘新丝绸之路

4. 生态旅游可以了解( )等方面的科学信息和知识。

　　A. 气象　　　　　　B. 建筑　　　　　　C. 地质　　　　　　D. 水文

5. 下列关于生态旅游的描述,正确的有( )。

　　A. 生态旅游是在保护生态环境的前提下开展的一种旅游活动

　　B. 生态旅游不同于旅游生态学研究活动

　　C. 生态旅游是在经济发达国家或地区首先发展起来的

　　D. 生态旅游被看作传统大众旅游的替代品

三、判断题(对的打√,错的打×)

1. 促进区域旅游的协调发展,要求能够充分发挥每个地方的优势,都要把旅游业作为

支柱产业。　　　　　　　　　　　　　　　　　　　　　　　　　　　　　（　　）

2. 我国旅游业走的是一条"入境旅游—国内旅游—出境旅游"的非常规旅游发展模式。
　　　　　　　　　　　　　　　　　　　　　　　　　　　　　　　　　　（　　）

3. 由于缺乏必要的基础设施和旅游服务设施，目前绝大多数旅游者所进行的不是生态意义上的旅游。　　　　　　　　　　　　　　　　　　　　　　　　　　（　　）

4. 国家森林公园和自然保护区是一国发展生态旅游的重要基础和条件，其数量的多少和面积的大小在一定程度上也反映了该国的生态旅游发展水平。　　　　　　（　　）

5. 21 世纪是旅游的第二个黄金时代，旅游者将达到空前的规模，旅游业将发展成为世界最大的产业。　　　　　　　　　　　　　　　　　　　　　　　　　　　（　　）

6. 一般来说，旅游业的发展不受整体经济发展的制约。　　　　　　　　（　　）

7. 可持续发展强调保护第一位。　　　　　　　　　　　　　　　　　　（　　）

模块二 食品营养卫生

项目六	营养学概述

 **项目目标**

1. 学习营养学的基本概念。
2. 掌握营养素的种类与功能。
3. 了解不同人群的营养需求特点。
4. 熟悉膳食指南与营养建议。
5. 理解营养在疾病预防中的作用。

 思维导图

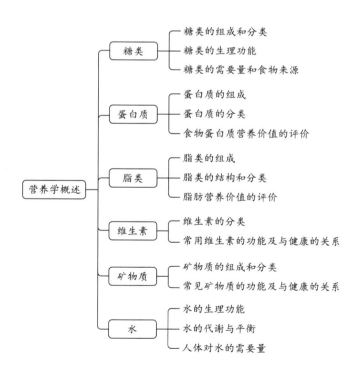

任务一　糖类

【学习要求】

1. 了解糖类的组成和分类。

2. 掌握糖类的生理功能。

3. 掌握糖类的需要量和食物来源。

【学习内容】

糖类由碳、氢、氧组成,因氢氧比例常为2∶1,所以又称为碳水化合物。按FAO/WHO标准,碳水化合物可分为糖(单糖、双糖、糖醇)、寡糖、多糖。需掌握糖类的生理功能,它是主要的供能物质,能构成机体组织,有调节血糖、节约蛋白质和抗生酮作用,膳食纤维还能促进肠道健康。在需要量上,我国建议除特定人群外,其供能占膳食总能量的55%～65%。糖类食物来源广泛,涵盖粮谷、薯类等。

一、糖类的组成和分类

糖类是由碳、氢和氧三种元素组成,由于它所含的氢氧的比例多数为2∶1,和水分子一样,故称为碳水化合物。同理,糖类(碳水化合物)可以在体内氧化生成二氧化碳和水,并释放热能。

根据FAO/WHO 1998年《碳水化合物和人类营养》专家报告,碳水化合物可分为糖、寡糖和多糖三大类(表6-1-1)。

表6-1-1　糖类的组成和分类

分类	亚组	组成
糖(1～2个单糖)	单糖	葡萄糖,果糖,半乳糖
	双糖	蔗糖,麦芽糖,乳糖
	糖醇	山梨醇,甘露醇
寡糖(3～9个单糖)	异麦芽低聚寡糖	麦芽糊精
	其他寡糖	棉子糖,水苏糖,低聚果糖
多糖(≥10个单糖)	淀粉	直链淀粉,支链淀粉,变性淀粉
	非淀粉多糖	纤维素,半纤维素,果胶,亲水胶质物

(一)糖

糖包括单糖、双糖、糖醇。单糖:是结构最简单的碳水化合物,不能再被水解为更小的糖单位,如食物中最常见的葡萄糖、果糖等;双糖:蔗糖是最具商业意义的双糖,主要来源甘蔗和甜菜;糖醇:单糖还原后的产物,广泛存在于生物界,特别是在植物中。

（二）寡糖

寡糖又称低聚糖，一些寡糖存在于水果和蔬菜中；多数寡糖不能或只能部分被消化吸收。

（三）多糖

多糖是指带有 10 个或以上单糖分子相连而成的聚合物。其性质与单糖和寡糖不同，一般不溶于水。

二、糖类的生理功能

碳水化合物是生物体维持生命活动所需能量的主要来源，是合成其他化合物的基本原料，同时也是生物体的主要结构成分。人类摄取食物总能量的 50％～65％ 由碳水化合物提供，碳水化合物是人类及动物的生命源泉。

机体中碳水化合物的存在形式主要有三种：葡萄糖、糖原和含糖的复合物。碳水化合物的生理功能与人类及动物摄入食物的碳水化合物种类和在机体内存在的形式有关，主要有以下功能。

（一）提供能量

碳水化合物是人类最经济和最主要的能量来源，通常 50％ 以上膳食能量由碳水化合物提供。以葡萄糖为主供给机体各种组织能量，葡萄糖在体内释放能量较快，供能也快，是神经系统和心肌的主要能源，也是肌肉活动时的主要燃料，对维持神经系统和心脏的正常供能、增强耐力、提高工作效率都有重要意义。糖原是肌肉和肝脏碳水化合物的储存形式。

（二）构成组织结构及生理活性物质

碳水化合物是构成机体组织的重要物质，并参与细胞的组成和多种活动。每个细胞都含有碳水化合物，主要以糖脂、糖蛋白和蛋白多糖的形式存在，分布在细胞膜、细胞器膜、细胞质以及细胞间基质中。糖结合物还广泛存在于各组织中，如脑和神经组织中含大量糖脂，糖脂是细胞与神经组织的结构成分之一。糖与蛋白质结合生成的糖蛋白如黏蛋白与类黏蛋白，是构成软骨、骨骼和眼角膜、玻璃体的组成成分；某些酶如核酸酶等都是糖蛋白。一些具有重要生理功能的物质，如抗体、酶和激素的组成成分，也需碳水化合物参与。

（三）血糖调节作用

食物对于血糖的调节作用主要在于食物消化吸收速率和利用率。碳水化合物的含量、类型和摄入总量是影响血糖的主要因素。不同类型的碳水化合物，即使摄入的总量相同，也会产生不同的血糖反应。食物中消化快的淀粉、糖等成分，可以很快被小肠吸收并升高血糖水平；而一些抗性淀粉、寡糖或其他形式的膳食纤维，则不能显著升高血糖，它们的消化是一个持续缓慢释放过程。这是因为抗性淀粉只有进入结肠经细菌发酵后才能被吸收，对血糖的应答影响缓慢而平稳。因此在糖尿病患者膳食中，合理使用碳水化合物的种类及数量是关键因素。

（四）节约蛋白质作用和抗生酮作用

当膳食中碳水化合物供应不足时，机体为了满足自身对葡萄糖的需要，则通过糖异生作用产生葡萄糖，主要动用体内蛋白质。而当摄入充足的碳水化合物，则不需要动用蛋白质来供能,进而减少蛋白质的消耗,即碳水化合物具有节约蛋白质作用。脂肪在体内分解代谢,需要葡萄糖的协同作用。当膳食中碳水化合物供应不足时,食物脂肪或体内脂肪被动员并加速分解为脂肪酸来供应能量。这一代谢过程中,由于草酰乙酸不足,脂肪酸不能彻底氧化而产生过多的酮体,酮体不能及时被氧化而在体内蓄积,以致产生酮血症和酮尿症。膳食中充足的碳水化合物可以防止上述现象的发生,因此称为碳水化合物的抗生酮作用。

(五)膳食纤维的促进肠道健康功能

膳食纤维本身具有重要的功能。在肠道益生菌的作用下,膳食纤维发酵所产生的短链脂肪酸对促进肠道菌群增殖具有广泛的健康作用。膳食纤维主要的生理功能包括:①增加饱腹感;②促进排便;③降低血糖和血胆固醇;④改变肠道菌群。

三、糖类的需要量和食物来源

(一)糖类的需要量

膳食营养素参考摄入量(dietary reference intake,DRI)制定常用其提供能量占总能量百分比表示。许多国家推荐摄入量不少于55%。2000年,中国营养学会结合中国膳食实际,建议除2岁以下婴幼儿外,碳水化合物提供能量应占膳食总能量的55%~65%;碳水化合物的来源应含有多种不同种类的谷物,特别是全谷物,应限制纯热能食物如糖的摄入量,以保障人体能量充足和营养素的需要。

(二)糖类的食物来源

富含碳水化合物的食物主要有面粉、大米、玉米、土豆、红薯等。一般地,粮谷类含碳水化合物量为60%~80%,薯类为15%~29%,豆类为40%~60%。单糖和双糖的来源主要是白糖、糖果、甜食、糕点、水果、含糖饮料和蜂蜜等。全谷类、蔬菜水果等富含膳食纤维,一般含量在3%以上。

任务二　蛋白质

【学习要求】
1. 了解蛋白质的组成。
2. 理解必需氨基酸的概念。
3. 理解蛋白质的分类。
4. 掌握食物蛋白质的营养价值评价。

【学习内容】

蛋白质由碳、氢、氧、氮等元素构成,基本单位为氨基酸。必需氨基酸是人体不能合成或合成不足需从食物中获取的,蛋白质可按化学组成、形状、营养价值分类。从含量、消化率、利用率、质量及互补作用等方面评价食物蛋白质营养价值,有助于合理膳食。

一、蛋白质的组成

(一)蛋白质的元素组成

蛋白质是生命的物质基础,主要由碳、氢、氧、氮四种元素构成,一部分蛋白质也含有硫、磷、铁和铜等元素。在人体内只有蛋白质含有氮元素,其他营养素都不含氮。所以氮成为蛋白质组成的标志性元素。

(二)蛋白质的分子组成

蛋白质分子是生物大分子,其基本构成单位是氨基酸。各氨基酸按一定的排列顺序由肽键(酰胺键)连接。由于其排列顺序的不同,链的长短不一,以及其空间结构的异同,就构成了无数种功能各异的蛋白质。人体对蛋白质的需要,实质上就是对氨基酸的需要。天然氨基酸有许多种,构成蛋白质的氨基酸主要是其中的20多种。

氨基酸按营养价值分为必需氨基酸和非必需氨基酸。必需氨基酸是指人体内不能合成或合成速度不能满足机体需要,必须从食物中直接获得的氨基酸。必需氨基酸有赖氨酸、色氨酸、苯丙氨酸、苏氨酸、甲硫氨酸、异亮氨酸、亮氨酸、缬氨酸。对婴幼儿而言,必需氨基酸有9种,还包括组氨酸。

二、蛋白质的分类

蛋白质是复杂大分子,种类繁多,分类方法有以下几种。

(一)按照蛋白质化学组成分类

按照蛋白质化学组成,蛋白质可分为单纯蛋白质和结合蛋白质。单纯蛋白质是水解后只产生氨基酸而不产生其他物质的蛋白质,即仅由氨基酸组成,不含其他化学成分的蛋白质,如清蛋白、球蛋白、谷蛋白。结合蛋白质由单纯蛋白质和其他化合物结合构成,被结合的其他化合物通常称为结合蛋白质的非蛋白部分(辅基),如核蛋白、磷蛋白、糖蛋白和色素蛋白等。

(二)按照蛋白质形状分类

按照蛋白质形状,蛋白质可分成纤维状蛋白质和球状蛋白质。按照蛋白质的功能,将其分为三类:结构蛋白质、生物活性蛋白质和食品蛋白质。

(三)按照蛋白质的营养价值分类

按照各种食物蛋白质所含必需氨基酸的种类、数量及比值,蛋白质可分为三类,即完全蛋白质、半完全蛋白质和不完全蛋白质。

1. 完全蛋白质

完全蛋白质是一种质量优良的蛋白质,含有必需氨基酸,并且种类齐全,数量充足,比例合适,不但能维持人体的生命和健康,还能促进儿童的生长发育。属于完全蛋白质的有奶类中的酪蛋白、乳汁中的乳白蛋白、小麦中的小麦谷蛋白、蛋类中的卵白蛋白和卵黄磷蛋白、肉类中的白蛋白以及大豆中的大豆球蛋白等。

2. 半完全蛋白质

半完全蛋白质含有各种必需氨基酸,但含量不均,互相比例不合适,若在膳食中作为唯一的蛋白质来源,可以维持生命,但不能够促进儿童生长发育。属于半完全蛋白质的有小麦、大麦中的麦胶蛋白等。

3. 不完全蛋白质

不完全蛋白质所含必需氨基酸种类不全,若在膳食中作为唯一蛋白质来源,既不能维持生命,也不能促进儿童生长发育。属于不完全蛋白质的有玉米中的玉米胶蛋白,动物结缔组织中的胶原蛋白以及豌豆中的豆球蛋白等。

将蛋白质划分为完全蛋白质、半完全蛋白质和不完全蛋白质是比较粗略的,仅具有相对意义。一般来说,动物性食品较植物性食品中所含的完全蛋白质多,所以动物性食品蛋白质的营养价值一般高于植物性食品蛋白质。

三、食物蛋白质营养价值的评价

评价一种蛋白质的营养价值有多种方法,但总的来说,都是从"量"和"质"两个方面来评价。"量"即食物中蛋白质含量的多少;"质"即其必需氨基酸的含量及模式。此外,还应考虑人体对该食物蛋白质的消化、吸收利用程度。任何一种方法都是以某种现象为观察评价指标,具有一定的局限性。

(一)蛋白质的含量

蛋白质的含量是影响食物蛋白质营养价值高低的基本因素。人们的摄食量主要取决于满足能量的需要,而不是为了满足蛋白质的需要。评价食物蛋白质时绝不能离开含量而单纯谈质量,即使营养价值高,但如果含量低,无法满足人体氮的平衡,也不能发挥优良蛋白质应有的作用和满足人体的需要。食物蛋白质含量可用凯氏定氮法测量。蛋白质平均含氮量为 16%,用测得的氮乘以系数 6.25,即可得到蛋白质质量分数。

$$蛋白质质量分数(\%)=蛋白氮质量分数(\%) \times 6.25$$

(二)蛋白质消化率

蛋白质的消化率,是指食物中蛋白质能够被肠道消化吸收的程度。蛋白质消化率越高,被人体吸收利用的可能性越大,其营养价值也越高。通常以蛋白质中被消化吸收的氮的数量与该种蛋白质的含氮总量的比值来表示。

食物蛋白质消化率除受人体因素影响之外,还受食物因素的影响,如食物的品种、加工和烹调方法、其他营养素的存在等。一般来说,动物性食物的消化率高于植物性食物。如牛奶、鸡蛋的蛋白质消化率分别为 95%、97%,而玉米和大米的蛋白质消化率分别为 85% 和 88%。

(三)蛋白质利用率

衡量蛋白质利用率的指标有很多,各指标分别从不同角度反映蛋白质被利用的程度,下面介绍几种常用的指标。

(1)生物价(BV)越高,表明其被机体利用程度越高,最大值为 100。生物价对指导蛋白质互补及肝、肾患者的膳食很有意义。

$$生物价（\%）=\frac{储留氮}{吸收氮}\times100$$

（2）蛋白质的净利用率（NPU）反映了食物中蛋白质被利用的程度，包括食物蛋白质的消化和利用两方面，因此更为安全。

$$蛋白质的净利用率（\%）=消化率\times生物价=\frac{储留氮}{食物氮}\times100$$

（3）蛋白质的功效比值（PER），被广泛用来做婴幼儿食品中蛋白质的评价。

$$蛋白质的功效比值=\frac{动物体质量增加量（g）}{摄入食物蛋白质的量（g）}$$

（四）蛋白质的质量

蛋白质质量评价是国际上非常关注和有争论的主要课题。评价蛋白质的方法应能精准区分个别蛋白质对人类生物学需要的相对效能。过去用蛋白质功效比值（protein efficiency ratio，PER）及未校正的氨基酸评分（amina acid score，AAS）评价蛋白质质量，而用蛋白质消化率校正的氨基酸评分（protein digestibility-corrected amino acid score，PDCAAS）衡量和表达蛋白质的质量是目前简易而又准确的方法。用PDCAAS来评价食物蛋白质的质量是从以下三方面考虑的：①食物蛋白质的必需氨基酸组成；②食物蛋白质的消化率；③食物蛋白质能提供人体必需氨基酸需要量的能力。PDCAAS高于或等于1.0的蛋白质都是能满足人体必需氨基酸需要量的质量相等的高质量蛋白质，PDCAAS低的要么难以吸收，要么必需氨基酸含量有限。0分则表示这种蛋白质缺乏某些人体必需的氨基酸，如果只吃它，吃多少都不能满足人体需求。

（五）蛋白质的互补作用——学会多样化饮食及荤素搭配

将不同种类的食物互相搭配混合食用时，可以使其中相对不足的必需氨基酸（限制氨基酸）相互补充，通过取长补短来提高蛋白质的营养价值，更接近人体所需的氨基酸模式，这就是蛋白质的互补作用。例如：面粉与大豆及其制品同吃，大豆蛋白质中丰富的赖氨酸可补充小麦蛋白质中赖氨酸的不足，从而使面、豆同食时蛋白质的生理价值提高。在生活中类似的例子有很多，如"素什锦"将豆制品、蘑菇、木耳、花生、杏仁配在一起；"腊八粥"将大米、小米、红豆、绿豆、栗子、花生、枣等一起煮食，都可以达到蛋白质互补作用，比单吃一种食物时蛋白质的利用率高。为充分发挥食物蛋白质的互补作用，在调配膳食时，一般遵循三个原则：一是选择的食物种属越远越好；二是搭配的种类越多越好；三是食用时间越近越好。

任务三　脂类

【学习要求】

1. 了解脂类的组成。

2. 理解脂类的结构。

3. 理解脂类的分类。

4. 掌握脂肪的营养价值评价。

【学习内容】

脂类由脂肪和类脂组成,约占体重10％~20％,脂肪是储能供能的甘油三酯,类脂含磷脂、固醇类,胆固醇有好坏之分。其主要由碳、氢、氧构成,脂肪由甘油和脂肪酸组成,脂肪酸决定其特性,分饱和、单不饱和、多不饱和三类,动植物脂肪含脂肪酸不同。评价脂肪营养价值,从消化率(熔点低易消化)、脂溶性维生素含量(含量高价值高)、必需脂肪酸含量(植物油含量高)三方面,合理比例为1：1：1,植物油营养价值一般更高。

一、脂类的组成

脂类包括脂肪和类脂,是一类化学结构相似或完全不同的有机化合物。人体脂类总量约占体重的10％~20％。脂肪又称甘油三酯,是体内重要的储能和供能物质,约占体内脂类总量的95％。脂类也是膳食中重要的营养素,烹调时赋予食物特殊的色、香、味,增进食欲,适量摄入对满足机体生理需要,促进维生素A、维生素E等脂溶性维生素的吸收和利用,维持人体健康发挥着重要作用。

类脂是一种在性质上与脂肪相类似的物质,种类很多,主要包括磷脂、固醇类等。磷脂包括卵磷脂、脑磷脂等;固醇类比如我们较熟悉的胆固醇,它是脑、神经、肝、肾、皮肤和血细胞膜的重要构筑成分,是合成固醇激素和胆汁酸的必需物质,对人体健康非常重要。但是人体血液中胆固醇又分为高密度胆固醇和低密度胆固醇两种,前者对心血管有保护作用,通常称为"好胆固醇";后者若偏高,冠心病的危险性就会增加,通常称为"坏胆固醇"。血液中胆固醇含量每单位在140~199 mg,是比较正常的水平。

脂肪俗称油脂,食物中的油脂主要是油和脂肪,一般把常温下是液体的称作油,而把常温下是固体的称作脂肪。

二、脂类的结构和分类

脂类主要是由碳、氢、氧三种元素组成,有些脂类含有少量的磷、氮等元素。1份脂肪分子是由1份甘油和3份脂肪酸组成的。甘油的分子比较简单,脂肪酸的种类和长短各不相同,因此脂肪的性质和特点主要取决于脂肪酸。不同食物中的脂肪所含有的脂肪酸种类和含量不一样。自然界中有40多种脂肪酸,因此可形成多种脂肪酸甘油三酯。

脂肪酸可分为三大类:饱和脂肪酸、单不饱和脂肪酸(如油酸)、多不饱和脂肪酸(如亚油酸、亚麻酸、花生四烯酸等)。一般来说,动物性脂肪中含饱和脂肪酸较多(鸡鸭鱼油除外),室温下呈固态,如牛油、羊油、猪油等;植物油中含单不饱和脂肪酸和多不饱和脂肪酸较多(棕榈油、椰子油除外),在室温下呈液态,大多为植物油,如花生油、玉米油、豆油、菜籽油等;深海鱼油富含多不饱和脂肪酸,如20碳5烯酸(EPA)和22碳6烯酸(DHA),因而在室温下呈液态。

三、脂肪营养价值的评价

脂肪在人体营养中占据重要地位,人体所需总能量的 10％～40％ 是由脂肪提供的。脂肪的主要功能是供给热量,其供热量较相同质量的蛋白质和碳水化合物多一倍,一般正常人每天摄入的脂肪为 50～80 g。此外,脂肪还提供人体的"必需脂肪酸",起着调节人体重要生理功能的作用。因此,生活中正确评价食用油的营养价值,做到科学选油、控油,对于健康尤为重要。食物或食用油的脂肪营养价值的评价多依据以下三大指标。

(一)脂肪的消化率

脂肪的消化率与它的熔点有关,熔点越低,越容易消化,而消化率越高,则其营养价值也越高。一般来说,植物油的熔点接近或低于人体体温,其消化率高;而动物油熔点在 50 ℃ 以上的,则不容易消化吸收。植物油如芝麻油、菜籽油的消化率一般可达到 100％。动物脂肪如牛油、羊油,熔点都在 40 ℃ 以上,消化率较低,为 80％～90％。

(二)脂溶性维生素的含量

有些维生素只溶于脂肪及有机溶剂,称为脂溶性维生素,这些脂溶性维生素是维持人体健康所必需的。故脂溶性维生素含量越高的脂肪,其营养价值越高。

动物贮存的脂肪中几乎不含维生素,一般器官脂肪中含量亦不多。但肝富含维生素 A 和 D,奶和蛋中的脂肪也富含维生素 A 和 D。植物油一般富含维生素 E。动物油如鱼肝油、奶油(奶中脂肪)、蛋黄油中维生素 A、D 含量较多,并且其脂肪呈分散细小微粒状态,很容易被人体消化吸收利用,所以这些食品脂肪的营养价值也较高。

(三)必需脂肪酸的含量

必需脂肪酸如亚油酸、亚麻酸都属于不饱和脂肪酸,人体不能自身合成,只能从食物或食用油中摄入,缺少则对人体健康不利。

通常,饱和脂肪酸可使血清胆固醇量增高,不饱和脂肪酸可降低血胆固醇及甘油三酯,减少血小板的黏附性。所以膳食中饱和脂肪酸、单不饱和脂肪酸、多不饱和脂肪酸的比例以 1∶1∶1 为宜,这样既照顾到必需脂肪酸的供应,又可预防一些与脂肪营养有关的疾病(如冠心病、脂肪肝)的发生。

植物油中必需脂肪酸如亚油酸和亚麻酸的含量比较高,因此,植物油是人体必需脂肪酸的良好来源。一般认为,植物油的营养价值比动物脂肪高。

任务四　维生素

【学习要求】

1. 理解维生素的分类。

2. 理解常用维生素的功能。

3. 掌握维生素与健康的关系。

【学习内容】

维生素是维持人体正常生命活动的微量小分子有机物,按溶解性分脂溶性维生素(维生素 A、维生素 D、维生素 E、维生素 K)和水溶性维生素(维生素 B 族、维生素 C 等)。常见维生素各有重要功能,亦伴随特征性缺乏症:维生素 A 关乎视力等,缺之有皮肤、眼部问题;维生素 D 能调节钙磷,缺则影响骨骼;维生素 E 抗氧化抗衰;维生素 K 助凝血;维生素 B 族参与代谢,缺乏会致脚气病等;叶酸对孕妇胎儿重要;维生素 C 增强免疫,缺之牙龈易出血。它们来源广泛,涵盖各类食物。

一、维生素的分类

维生素是维持人体正常生命活动,促进人体生长发育和调节生理功能所必需的一类微量小分子有机化合物的总称。

根据溶解性一般将维生素分为脂溶性维生素和水溶性维生素两大类。

(一)脂溶性维生素

脂溶性维生素不能够溶解于水,只能够溶解并储存在脂肪当中,过多食用会对人体组织产生危害。脂溶性维生素主要包括维生素 A、维生素 D、维生素 E、维生素 K 四种,多为含油胶囊,在油脂作用下促进吸收。

(二)水溶性维生素

水溶性维生素可溶解在体内的水溶液中,过量摄取可随尿液排泄出体外,所以对人体产生毒害作用的可能性较小,常见为片剂或泡腾片,有利于溶于水后口服吸收。水溶性维生素主要包括维生素 B_1、维生素 B_2、维生素 B_6、维生素 B_{12}、叶酸、泛酸、生物素、维生素 C。

二、常用维生素的功能及与健康的关系

(一)维生素 A

维生素 A 又称为视黄醇,对人体的生长、视觉和生殖功能都很重要,对神经系统和内分泌有调节作用,同时对上皮组织的生长、增生和分化有重要调节作用。

(1)生理功能:促进视紫质合成或再生,维持正常视力,防治夜盲症;维持呼吸道、消化道、泌尿道以及性腺上皮细胞的健康;增加对传染病的抵抗力,促进生长发育。

(2)主要缺乏症:指甲出现明显的白线,头发枯干,皮肤粗糙;记忆力减退、心情烦躁及失眠;眼部干燥、畏光、多泪、视物模糊及夜盲症等。由于饮食中缺乏维生素 A 或因某些消化系统疾病影响维生素 A 的吸收,致使视网膜杆状细胞没有合成视紫红质的原料而造成夜盲。这种夜盲是暂时性的,只要及时补充维生素 A,很快就会痊愈。

(3)食物来源:维生素 A 一般存在于动物性原料如动物肝脏尤其是鱼肝、蛋黄、奶及奶制品中。而有色蔬菜如胡萝卜、西红柿、菠菜、红薯及红黄色水果如杏、柿子含有胡萝卜素,被人体吸收后可转变为维生素 A,故又称维生素 A 原。

（二）维生素 D

维生素 D 和其他维生素不同,它是少数可以由人体自身合成的维生素,因为在受紫外线照射后,人体内的胆固醇能转化为维生素 D,所以又被称为"阳光维生素"。

(1)生理功能:促进肾小管对钙、磷的重吸收,促进小肠黏膜对钙的吸收,促进骨组织的钙化,通过维生素 D 内分泌系统调节血钙平衡,参与机体多种功能的调节。

(2)主要缺乏症:儿童出现佝偻病,"X"或"O"形腿;成人出现骨质软化症或骨质疏松症。

(3)食物来源:维生素 D 既来源于膳食,又可由皮肤合成,因而较难估计膳食维生素 D 的供给量。日光照射,每日 2 小时;维生素 D 主要存在于动物性原料如动物奶油、鱼肝油、蛋黄和肝中。蔬菜和谷物几乎不含有维生素 D。

（三）维生素 E

自由基是人体氧化过程中的产物,它可损害脱氧核糖核酸、胶原蛋白、破坏组织细胞并导致皱纹、老年斑、阿尔茨海默病等,可以说,自由基就是人体衰老的罪魁祸首。而维生素 E 能捕获并中和自由基,不仅能延缓面部皮肤衰老,更能维持心血管"年轻",所以又被称为"青春之素"。

维生素 E 最早因具有抗不育的能力而被发现,故又名生育酚。

(1)主要缺乏症:可能引致细胞损伤,如红细胞损伤的溶血现象及溶血性贫血;令人欠缺活力,容易因氧化作用而提前衰老,易受自由基侵害,引致癌症、心脏病等慢性疾病,还可以造成流产不孕。

(2)食物来源:色拉油、小麦胚芽,坚果类(果仁、杏仁、花生等),全谷类食品,含量丰富;芦笋、黄油、奶酪、海产品、苹果、胡萝卜、牛肉、鸡、肝、豆类及深绿色蔬菜,含量适中;大多数水果、糖、白面包,含量较少。

（四）维生素 K

(1)主要缺乏症:临床症状为凝血时间延长,易出血,严重者会伴有血尿,鼻出血,水肿以及关节瘀血等。

(2)食物来源:绿叶蔬菜(莴苣、甘蓝、菠菜)、大豆、花生、动物内脏(猪肝、鸡肝)等。

（五）维生素 B_1

维生素 B_1 又称硫胺素,是维生素中最早被发现的一种。我们的身体无时无刻不在进行着新陈代谢,而人体热量主要来自碳水化合物的代谢过程,维生素 B_1 最重要的作用就是作为辅酶参加碳水化合物代谢,使这个过程能够顺利地进行。另外,维生素 B_1 还有增进食欲与消化功能,维护神经系统正常功能等作用。

(1)主要缺乏症:当身体缺乏维生素 B_1 时,热能代谢不完全,会产生丙酮酸等酸性物质,进而损伤大脑、神经、心脏等器官,由此出现一系列症状,如呕吐、厌食、便秘或腹泻、烦躁、某些神经反射减退或消失,严重的有心律加快、全身水肿,直至发生心力衰竭,称为维生素 B_1 缺乏病,又称"脚气病"。可能不少人认为"脚气病"就是"脚气",其实,我们常说的"脚气"是一种真菌引起的脚癣,而"脚气病"却是维生素 B_1 缺乏病。

(2)食物来源:维生素 B_1 广泛存在于天然食物中,其含量还受到加工、烹调的影响,生活条件越来越好的我们吃得越来越精细,大部分人吃的是精白米面,豆类在主食中占的比例也越来越小;这些原因都易造成维生素 B_1 的缺乏,而未经精制的谷类内含有大量的维生素 B_1,因此多吃全麦面包、糙米、胚芽米、胚芽面包等便能摄取足够的维生素 B_1。另外,猪瘦肉、动物肝脏、花生、芝麻、海苔片等中的维生素 B_1 含量也极为丰富。

(六)维生素 B_2

维生素 B_2 是维生素 B 族成员之一,又称核黄素。主要参与糖、蛋白质和脂肪的代谢,增强机体抵抗力,维持皮肤及黏膜的健康。

(1)主要缺乏症:摄入不足则会发生皮肤、黏膜的炎症,如口腔溃疡、脂溢性皮炎。

(2)食物来源:富含维生素 B_2 的食物有很多,如动物肝、蛋奶类和水果中的苹果、橘、橙。维生素 B_2 在动物内脏中含量较高,谷物中主要分布在外皮,随着加工碾磨即遭到大量损失,而蔬菜瓜果中除豆类和坚果及食用菌、藻类之外含量较低。

(七)叶酸

叶酸是一种水溶性 B 族维生素,因为最初是从菠菜叶子中分离提取出来的,故名叶酸。

(1)生理功能:叶酸最重要的功能就是制造红细胞和白细胞,增强免疫能力,孕妇对叶酸的需求量比正常人高 4 倍,这是因为孕早期是胎儿器官系统分化、胎盘形成的关键时期,细胞生长、分裂十分旺盛。

(2)主要缺乏症:叶酸缺乏可导致胎儿畸形,主要表现为无脑儿、脊柱裂等神经管畸形,也可能引起早期的自然流产,所以备孕女性和孕妇都需要补充叶酸。

(3)食物来源:天然叶酸广泛存在于动植物类食品中,含叶酸的食物很多,但由于叶酸遇光、遇热就不稳定,容易失去活性,所以人体真正能从食物中获得的叶酸并不多。叶酸含量较高的天然食材有燕麦、蛋黄、肝脏、西蓝花、胡萝卜、猕猴桃等。

(八)维生素 C

维生素 C 又称"抗坏血酸",即预防坏血病的维生素。

(1)生理功能:它是维持微血管组织正常功能不可缺少的物质,可以增强毛细血管壁的致密度,减低其通透性及脆性、防止炎症病变的扩散,促进肉芽组织生长及伤口愈合,对牙齿、骨骼、肌肉的正常功能及机体的抗病能力也有重要意义,所以说它是"免疫高手"。

(2)主要缺乏症:缺乏维生素 C 的初步症状主要为牙龈肿胀出血等,建议每人每天维生素 C 的摄入量不少于 60 mg,半杯(大约 100 mL)新鲜橙汁便可满足需要。

(3)食物来源:维生素 C 主要存在于新鲜蔬菜、水果中,特别是橘子、鲜枣、西红柿等中。

任务五　矿物质

【学习要求】

1. 了解矿物质的组成及分类。

　　2. 了解常见矿物质的功能。

　　3. 掌握钙、铁、锌、碘、硒的缺乏症。

【学习内容】

　　矿物质是人体内除水外的无机物总称,依含量和需求分为常量元素、微量元素。钙是人体含量最高的矿物质,能构成骨骼、牙齿等,缺钙会引发骨骼病变。铁参与氧转运,缺铁易导致贫血。锌影响生长发育、免疫等,缺锌会有多种不良症状。碘调节代谢,缺碘会患"克丁病""大脖子病"。硒具有抗癌等功能,缺硒易生病。常见矿物质对人体健康至关重要,其食物来源多样。

一、矿物质的组成和分类

　　矿物质是人体内除水外的无机物的总称,是地壳中自然存在的化合物或天然元素。人体中的各种元素主要以有机化合物如蛋白质、脂肪和糖类的形式存在外,其余的均以无机化合物形式存在,统称为矿物质或无机盐。

　　人体几乎含有自然界存在的所有元素,但它们的含量差别很大。在从人体中已检出的 81 种元素中,按它们在体内的含量和膳食中的需要不同,可分为常量元素和微量元素两大类。

(一)常量元素

　　人体必需的矿物质有钙、磷、硫、钾、钠、氯、镁等需要量较多的常量元素,又称宏量元素,每种常量元素的标准含量大于人体总重量的 0.01%。

(二)微量元素

　　铁、锌、铜、锰、钴、钼、硒、碘、铬等需要量少的微量元素又称痕量元素,它们在人体内存在的浓度很低,每种微量元素的标准含量小于人体总重量的 0.01%。

　　但无论哪种元素和人体所需蛋白质相比,量都非常少。

二、常见矿物质的功能及与健康的关系

(一)钙(Ca)

　　钙是人体必需的常量元素之一。它是人体含量最高的矿物质元素,占人体重量的 1.5%～2%。它不仅是构成骨骼和牙齿的主要原料,还有维持神经肌肉正常的兴奋性等多种功能,甚至有科学家说:"生命的一切运动都不可能缺少钙。"

　　我国现有的膳食结构营养调查表明,居民钙摄入量普遍较低,因此钙缺乏症是较常见的营养性疾病。主要表现为骨骼的病变,如婴幼儿的佝偻病、成年人的骨质疏松。预防是根本性的解决措施,而补钙的关键是吸收,乳和乳制品中钙含量和吸收率均较高,是人体理想的钙源。虾皮、鱼、海带含钙量较多,豆制品、芝麻酱也是钙的良好来源,绿叶蔬菜如油菜、芹菜叶含钙量也较多。

　　为了加强和促进钙的吸收,要充分利用有利于钙吸收的因素,如维生素 D、乳糖、酸性介质及充足的蛋白质供应和适宜的钙磷比值等。当然,不容忽视的还有要抑制和避免影响钙

吸收的因素,如脂肪摄入过多、植物中大量植酸和草酸、过量的乙醇、尼古丁等均可影响钙的吸收。

(二)铁(Fe)

铁主要贮存在血液的血红蛋白中,是合成人体血红蛋白、肌红蛋白的原料、参与氧的转运和交换过程。同时也与大脑及神经功能、衰老过程等有着密切关系。缺铁是造成缺铁性贫血的重要原因,婴幼儿、孕妇、老年人较多见。铁缺乏被认为是全球三大"隐性饥饿"(微量营养元素缺乏)之首,全球约有 1/5 的人患缺铁性贫血。

缺铁性贫血除了严重的情况,一般没有明显的症状,主要表现为人面色苍白、头发枯黄、体力跟不上、迷迷糊糊睡不醒、抵抗力不强、经常生病等。缺铁性贫血严重影响儿童的体格、智力发育及其成年后从事体力和脑力劳动的能力,对育龄妇女则不仅危害其自身健康,更可能影响下一代健康。

铁广泛存在于动物食品如肝、肾、心、血液中,最好的补铁食物还是动物性食物,如牛肉、羊肉这类红肉,含铁量都在 10% 以上,还有动物血、鱼肉、肝,含铁量都很高。猪肝的含铁量为 25%、猪血的含铁量为 15%。

膳食中铁的生物利用不仅受膳食中多种因素影响,而且与人体的铁营养状态和生理状态有关。动物血、肝、牛肾、大豆、黑木耳和芝麻酱是丰富的铁来源,瘦肉、红糖、蛋黄、干果、猪肾是良好的铁来源,菠菜、豌豆、扁豆、谷物和鱼类是一般的铁来源。奶类特别是牛奶含铁低,长期单纯以牛奶喂养婴儿极易发生缺铁性贫血。豆类、一些蔬菜以及蛋黄含铁较多,但吸收率较低。此外,对于易发生缺铁性贫血的人群必须额外补硫酸亚铁、葡萄糖酸亚铁等补铁剂。

(三)锌(Zn)

正常成人含锌 1.5~2.5 g,其中 60% 存在于肌肉中,30% 存在于骨骼中。身体中锌含量最多的器官是眼、毛发和睾丸。锌可促进生长发育、性成熟,缺锌影响胎儿脑的发育。锌是"智能元素",缺锌不仅厌食、异食,而且发育迟缓、智力低下。缺锌导致免疫功能下降,易感冒、腹泻,甚至患软骨病和龋齿。缺锌还影响儿童视力和记忆力,锌对胰腺、性腺、脑下垂体的正常发育也有重要作用。近年来发现有 90 多种酶与锌有关,体内任何一种蛋白质的合成都需要含锌的酶。缺锌可使味觉减退、食欲缺乏或异食癖,免疫功能下降,伤口不易愈合。青春期男女脸上常长出粉刺,缺锌是可能原因之一。

动物性食物是锌的主要来源,所有食物中锌含量最高的是牡蛎,其次是红色肉类、肝、海鱼和蛋,豆类及谷类也含有锌。豆芽、花生含锌较丰富,但吸收率低。谷类等含锌与当地土壤含锌量有关。

(四)碘(I)

"克丁病"俗称呆小病,是由于缺碘导致的痴呆,患者身材矮小、反应迟钝、怕冷,多伴有聋哑症。先天性甲状腺发育不全或甲状腺功能严重不足,人体会出现一系列的代谢障碍,致使骨骼、肌肉和中枢神经系统发育迟缓或异常。

碘是首批确认的人类必需微量元素之一。碘具有调节人体能量代谢和物质代谢的作用,促进机体生长发育。碘是胎儿神经发育的必需物质。碘的主要来源是碘盐,海产品中的海带和紫菜含量最高。因此沿海地区食物含碘高,边远山区食物含碘低,所以边远地区碘缺乏症(俗称"大脖子")发病率也较高。食用碘盐是防止碘缺乏最方便、最有效的措施。摄入碘过量时也会引起碘中毒,因此补碘应适度。

(五)硒(Se)

硒是人体必需的微量元素之一,具有抗癌、保护心肌等重要功能。缺硒时,机体免疫功能降低,体内自由基产生增多,容易发生癌症和其他疾病。

科学界研究证实:硒是人体微量元素中的"抗癌之王"。血硒水平的高低与癌的发生息息相关,大量的调查资料说明,一个地区食物和土壤中硒含量的高低与癌症的发病率有直接关系。例如:某地区的食物和土壤中的硒含量高,癌症的发病率和死亡率就低;反之,这个地区的癌症发病率和死亡率就高,事实说明硒与癌症的发生有着密切关系。

现已知有 40 余种疾病与缺硒有关,例如在人体中,肝是含硒量多的器官之一,多数肝病患者体内均存在硒缺乏现象,并且病情越重,硒缺乏越严重。

海产品和动物内脏,如鱼子酱、海参、猪肾、牡蛎和蛤蜊硒含量较多。植物中的小麦胚粉、紫花生、干蘑菇、豌豆、扁豆等硒含量也较高。

任务六　水

【学习要求】

1. 了解水的生理功能。
2. 掌握水的代谢与平衡。
3. 掌握人体对水的需要量。

【学习内容】

水是人体最重要的营养素,占成人体重的 $50\%\sim60\%$,具有多种生理功能,如构成人体、作溶剂与运输工具、调节体温、当润滑剂等。人体每日水的摄入量与排出量维持平衡,正常需水量约 2500 mL,需水量因多种因素而异。饮水要因人而异,不能等口渴才补水,倡导定时定量喝,还可从食物中获取"看不见的水"。

一、水的生理功能

(一)水是构成人体的重要成分

水是人体需要量最大、最重要的营养素,也是人体最重要的成分,占成人体重的 $50\%\sim60\%$,其含量与性别、年龄等有关。年龄越小,人体含水率越高,新生儿占体重的 $75\%\sim80\%$。体内失水 10% 就威胁健康,如失水 20%,就有生命危险,足可见水对生命的重要意义。

(二)水是良好的溶剂和运输工具

水是人体除氧气以外赖以生存的最重要的物质,人体新陈代谢的一切生物化学反应都必须以水为介质进行,水参与人体各种营养素的代谢过程,是营养素良好的溶剂,不仅氨基酸、葡萄糖、矿物质和很多其他水溶性的成分通过水路运输,脂类物质的表面一般都由一些水溶性蛋白包裹,因此也可以自由地在血液系统和淋巴组织中穿行。各种营养素的消化、吸收及新陈代谢都离不开水。从另一方面看,水既是溶剂,也是体内的清洁剂。蛋白质代谢产生的含氮废物可以溶解在血液里。肾能够从血液中滤除这些废物,与水一起以尿的形式排出体外。可以说,水是人体内各种生理活动和生化反应必不可少的介质,没有水,一切代谢活动便无法进行,生命也就停止了。

(三)水可以调节体温

要了解水分是如何调节体温的,可以先想象煮一壶开水。当水煮沸后熄火,开水不会马上降温,这就是水的"贮热"功能;然而,当我们打开水壶盖子,让水蒸气向外界逸散,在空气中蒸发,水壶中的水就会慢慢变凉。同样道理,当天气冷时,我们体内的水就拼命发挥"贮热"功能,能少流汗就少流汗;反之天气热时,外界气温升高时,人体可通过蒸发或出汗调节体温,以维持正常的体温,保持在 36~37 ℃,避免体温过高。当感冒发热时,多喝开水能帮助发汗、退热、稀释血液里细菌所产生的毒素;同时,小便增多,有利于加速毒素的排出。

(四)水可作为人体润滑剂

大家都知道,皮肤缺水,就会变得干燥失去弹性,显得面容苍老。更重要的是,水以体液的形式,在机体的关节、肌肉及内脏器官中起润滑剂的作用,对人体的组织器官起一定的保护作用。还可预防泌尿系统结石、保护眼睛、有益呼吸、延缓衰老、缓解便秘、降脂减肥等。

二、水的代谢与平衡

在地球上,水是贮量最多、分布最广的一种物质,不仅集中存在于江河湖海中,也存在于绝大部分的生物体中。人体中水分含量一般为 70%,是维持生命活动、调节代谢过程不可缺少的重要物质。正常情况下,每人每日需要从食物中摄取 2~2.7 L 的水,并以汗、尿等形式排出,维持体内水的平衡。

三、人体对水的需要量

水是生命之源,人体一切的生命活动都离不开水。但是,很多人对喝水的理解仅仅限于解渴。其实喝水也是一门学问,正确地喝水对维护人的健康非常重要。有的人应多喝水,有的则要少喝。

(一)人体正常需水量

在正常情况下,人体排出的水量和摄入的水量是平衡的,体内不储存多余的水分,但也不能缺水。水的来源和排出量每日维持在 2500 mL 左右。水的排出途径有尿液、粪便、皮肤及呼吸等。水的需要量及饮水量因气温、生活习惯、工作性质和活动量而异;正常人每日每千克体重需水量约为 40 mL, 婴儿的需要量是成人的 3～4 倍。

(二)饮水要因人而异

正常人喝太多水对健康不会有太大影响, 只是可能造成排尿量增多, 引起生活上的不便。但是对于某些特殊人群, 喝水量的多少必须特别注意, 比如水肿患者、心力衰竭患者、肾衰竭患者都不宜喝水过多, 因为喝水太多会加重心和肾的负担, 容易导致病情加重, 这些人该喝多少水, 应视病情听取医生的具体建议。而对于中暑、膀胱炎、便秘和皮肤干燥等疾病患者, 多喝水则可对缓解病情起到一定效果。此外, 人在感冒发烧时也应多喝水, 因为体温上升会使水分流失, 多喝水能促使身体散热, 帮助患者恢复健康。而怀孕期的妇女和运动量比较大的人水分消耗得多, 也应多喝水。

饮水方式十分重要。不同的生理需要应该饮用不同性质的水。如运动员喝一些生理盐水, 高血压患者应少盐少水, 老年人和小孩应多喝温开水。同时根据身体健康和年龄情况选择饮水方式, 如老年人消化吸收功能下降, 容易便秘, 应多饮水, 但饮水过多又会加重心、肾负担, 所以老年人饮水要适量, 一般每天不超过 2000 mL。

(三)无须等口渴才补水

因为感到口渴时, 丢失的水分已达体重的 2%。一个健康的人每天至少要喝 8 杯水(约 1.5 L), 运动量大或天气炎热时, 饮水量就要相应增多。喝水要定时定量地喝, 一般倡导的健康喝水时间是这样的: 早晨起床空腹喝 1 杯, 便秘的人可以喝淡蜂蜜水或淡盐水; 三餐前后约 30 分钟各喝 1 杯, 晚上睡觉前 1～2 小时喝 1 杯。

清晨起床时是新的一天身体补充水分的关键时刻, 此时喝 300 mL 的水最佳。清晨喝水必须是空腹喝, 水会迅速进入血液, 使黏稠的血液得以稀释, 促进血液正常循环, 这样就能有效地预防心脑血管疾病的发生, 有利于改善血液循环和供血, 还有利于肾代谢, 可以清洗肠胃, 软化大便, 预防便秘, 促进新陈代谢有序进行。临睡前不要喝太多水, 否则易造成水肿。不要喝饮料。

水还有治疗常见病的效果, 比如: 清晨一杯凉白开可减轻色斑; 餐后半小时喝一些水, 可以用来减肥; 热水的按摩作用是强效的安神剂, 可以缓解失眠; 大口大口地喝水可以缓解便秘; 睡前一杯水对心脏病有好处; 恶心的时候可以用盐水催吐。

(四)多喝看不见的水

有的人看上去一天到晚都不喝水, 那是因为由食物中摄取的水已经足够应付所需。食物也含水, 比如米饭, 其含水量达到 60%, 而粥呢, 就更是含水丰富了。翻开食物成分表不难看出, 蔬菜水果的含水量一般超过 70%, 即便一天只吃 500 g 果蔬, 也能获得 300～400 mL 水。加之日常饮食讲究的就是干稀搭配, 所以从三餐食物中获得 1500～2000 mL 的水并不困难。不如充分利用三餐进食的机会来补水吧, 多选果蔬和不咸的汤粥, 补水效果都不错。

【学习与思考】

一、单选题

1. 以下属于双糖的是(　　)。

A. 葡萄糖　　　　　B. 果糖　　　　　C. 蔗糖　　　　　D. 纤维素

2. 人体所需总能量的(　　)是由脂肪提供的。

A. 10%～40%　　　B. 40%～60%　　　C. 60%～80%　　　D. 80%～90%

3. 下列属于完全蛋白质的是(　　)。

A. 玉米中的玉米胶蛋白　　　　　　　B. 小麦中的麦胶蛋白

C. 大豆中的大豆球蛋白　　　　　　　D. 动物结缔组织中的胶原蛋白

4. 能被人体自身合成的维生素是(　　)。

A. 维生素 A　　　　B. 维生素 D　　　C. 维生素 E　　　D. 维生素 K

5. 下列食物中维生素 A 含量丰富的是(　　)。

A. 大米　　　　　　B. 苹果　　　　　C. 动物肝脏　　　D. 土豆

6. 人体含量最高的矿物质元素是(　　)。

A. 铁　　　　　　　B. 锌　　　　　　C. 钙　　　　　　D. 碘

7. 与贫血密切相关的矿物质是(　　)。

A. 钙　　　　　　　B. 锌　　　　　　C. 铁　　　　　　D. 硒

8. 正常情况下,每人每日需要从食物中摄取(　　)的水。

A. 1～1.5 L　　　　B. 2～2.7 L　　　C. 3～3.5 L　　　D. 4～4.5 L

9. 下列脂肪酸属于多不饱和脂肪酸的是(　　)。

A. 油酸　　　　　　B. 亚油酸　　　　C. 饱和脂肪酸　　D. 以上都不是

10. 缺乏维生素 C 易出现的症状是(　　)。

A. 夜盲症　　　　　B. 佝偻病　　　　C. 牙龈肿胀出血　D. 脚气病

二、多选题

1. 以下属于糖类生理功能的有(　　)。

A. 提供能量　　　　　　　　B. 构成组织结构及生理活性物质

C. 血糖调节作用　　　　　　D. 节约蛋白质作用和抗生酮作用

E. 膳食纤维的促进肠道健康功能

2. 评价食物蛋白质营养价值的方面有(　　)。

A. 蛋白质含量　　　　B. 蛋白质消化率　　　　C. 蛋白质利用率

D. 蛋白质质量　　　　E. 蛋白质互补作用

3. 脂类的分类包括(　　)。

A. 饱和脂肪酸　　　　B. 单不饱和脂肪酸　　　C. 多不饱和脂肪酸

D. 脂肪　　　　　　　E. 类脂

4. 以下属于水溶性维生素的有（　　　）。

A. 维生素 B_1　　　　　　　B. 维生素 B_2　　　　　　C. 维生素 C

D. 维生素 D　　　　　　　E. 维生素 E

5. 下列食物是钙的良好来源的是（　　　）。

A. 乳和乳制品　　　　　　B. 虾皮　　　　　　　　C. 豆制品

D. 绿叶蔬菜　　　　　　　E. 芝麻酱

三、判断题（对的打√，错的打×）

1. 所有维生素都不能在人体内合成，必须从食物中获取。　　　　　　　　　（　　　）

2. 脂肪的营养价值只取决于其消化率。　　　　　　　　　　　　　　　　　（　　　）

3. 必需氨基酸人体可以自身合成，不需要从食物中获取。　　　　　　　　　（　　　）

4. 缺铁性贫血主要是因为饮食中缺乏铁元素。　　　　　　　　　　　　　　（　　　）

5. 水在人体中仅起到溶剂的作用。　　　　　　　　　　　　　　　　　　　（　　　）

项目七 各类食物的营养价值与卫生

 **项目目标**

1. 掌握各类食物的营养成分及其对人体健康的作用。
2. 了解不同食物的营养价值。
3. 学会科学选择、储存和加工食物的方法,确保饮食安全。

思维导图

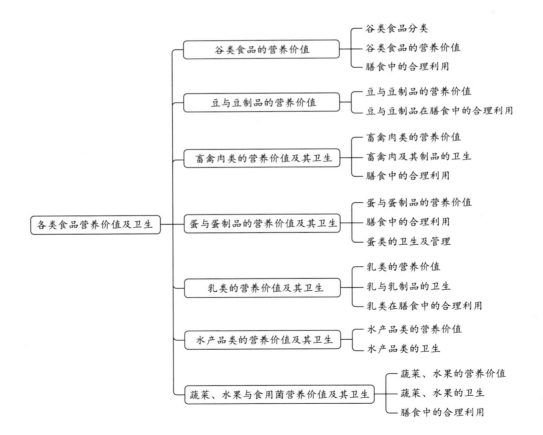

各类食品营养价值及卫生

- 谷类食品的营养价值
  - 谷类食品分类
  - 谷类食品的营养价值
  - 膳食中的合理利用
- 豆与豆制品的营养价值
  - 豆与豆制品的营养价值
  - 豆与豆制品在膳食中的合理利用
- 畜禽肉类的营养价值及其卫生
  - 畜禽肉类的营养价值
  - 畜禽肉及其制品的卫生
  - 膳食中的合理利用
- 蛋与蛋制品的营养价值及其卫生
  - 蛋与蛋制品的营养价值
  - 膳食中的合理利用
  - 蛋类的卫生及管理
- 乳类的营养价值及其卫生
  - 乳类的营养价值
  - 乳与乳制品的卫生
  - 乳类在膳食中的合理利用
- 水产品类的营养价值及其卫生
  - 水产品类的营养价值
  - 水产品类的卫生
- 蔬菜、水果与食用菌营养价值及其卫生
  - 蔬菜、水果的营养价值
  - 蔬菜、水果的卫生
  - 膳食中的合理利用

任务一 谷类食品的营养价值

【学习要求】

1. 理解谷类食品分类。

2. 掌握谷类食品的营养价值。

3. 掌握谷类食品在膳食中的合理利用。

【学习内容】

谷类食品是膳食中重要组成部分,按加工程度分为全谷物食品和精制谷物食品。全谷物保留了谷物的胚芽、胚乳和麸皮,富含膳食纤维、维生素 B 族、矿物质及抗氧化物,营养价值高。精制谷物加工精细,营养成分相对较少。谷类食品在膳食中应用广泛,建议增加全谷物摄入,如燕麦、糙米等,可降低慢性病风险,同时搭配蔬菜、水果等,实现营养均衡,为人体提供能量和必需营养素,是健康饮食的基础。

一、谷类食品分类

谷类食品是指以谷物为主要原料制作的食物,谷物是一类含有丰富碳水化合物、蛋白质、膳食纤维和 B 族维生素的食物,是人们日常饮食中的重要组成部分。谷类食品可以根据不同的标准进行分类。按加工程度分类,谷类食品可分为全谷类食品和精制谷物食品。

全谷物是指未经精细化加工或虽经碾磨、粉碎、压片等处理,但仍保留了完整谷粒所具备的胚乳、胚芽、麸皮及其天然营养成分的谷物。全谷物富含膳食纤维、维生素 B 族、矿物质及抗氧化物,营养价值高。常见的全谷物包括稻米、小麦、燕麦、黑米、玉米、小米、荞麦等。

精制谷物是指经过精细加工的谷物,主要成分是胚乳,营养成分相对较少。

二、谷类食品的营养价值

谷类食品中的营养素种类和含量因谷物的种类、品种、产地、施肥以及加工方法的不同而有差异。

(一)蛋白质

谷类不是含蛋白质丰富的食品。每 100 g 谷类中,含蛋白质 8～12 g,其中燕麦的蛋白质含量较高,可达 16.9%,大黄米(黍)为 13.6%,荞麦为 9.3%,稻米、玉米和全麦为 7.3%～13.2%。但因它们是主食,所以谷类是人体蛋白质的主要来源。谷类蛋白质主要存在于糊粉层和内胚乳中。精面粉比标准粉蛋白质含量低,如精面粉为 10.3%,而标准粉为 11.2%。谷类蛋白质一般为半完全蛋白质,其所含的必需氨基酸中赖氨酸、苯丙氨酸和甲硫氨酸的含量都较低,而各类粮食所缺的氨基酸又各不相同。如玉米中色氨酸和赖氨酸含量很低,而小米中色氨酸含量较高。如果玉米和小米混食就可取长补短,发挥蛋白质的互补作用,提高蛋白质的生理价值。因此应当多种粮食混食,或利用生理价值高的动物蛋白质、大豆蛋白质来补充谷类蛋白质的不足。

(二)糖类

谷类所含的糖类主要为淀粉,含量很高,可达70%以上,多集中在胚乳细胞内。淀粉经烹调后容易消化吸收,利用率超过90%,是人类最理想而经济的能量来源。谷类所含的淀粉按其分子结构有直链淀粉和支链淀粉两种,前者一般占20%～30%,后者一般占70%～80%。不同品种的谷类,两种淀粉的含量不同。直链淀粉的性质是易溶于水、性黏稠,可以被β-淀粉酶完全水解成麦芽糖;而支链淀粉只有54%能被β-淀粉酶水解,故支链淀粉较难消化。谷类中这两种淀粉含量的多少会直接影响食用时的风味。小麦中直链淀粉较多,占27%,所以面粉的黏稠性大,食用时风味较好。而其他谷类直链淀粉较少,黏稠性也差。

(三)脂肪

谷类的脂肪含量不高,在1%～2%,主要存在于糊粉层和谷胚之中。谷类脂肪除中性脂肪外,还有少量植物固醇(麦角固醇)和卵磷脂。小麦、玉米的胚芽油,亚油酸含量高达60%,具有防止血胆固醇过高、防止动脉粥样硬化的作用,是一种营养价值很高的食用油,高血压、冠心病、肥胖病患者和老年人食用,具有保健作用。

(四)无机盐

谷类中无机盐的含量在1.5%～3%,其中主要是磷、钙、镁、铁,大部分集中在谷皮、糊粉层之中,故粗制米面的无机盐含量较高。谷类中所含的磷、钙多以植酸盐的形式存在,绝大部分不能被机体吸收利用,但好在谷类中含植酸酶,可分解植酸盐并释放出游离的钙和磷,提高人体对钙、磷的吸收率。植酸酶在55℃环境中活性最强,当米面经过蒸煮或焙烤时,约有60%的植酸盐可水解而被身体吸收利用。

(五)维生素

谷类是B族维生素的重要来源,含维生素B_1、维生素B_2和烟酸较多,胚芽中还含有维生素E;小米、黄玉米中含胡萝卜素较多。维生素主要集中在糊粉层和胚芽中,但硫胺素却有60%存在于内胚乳与胚芽相连接处的盾片部分(吸收层),其余主要集中在糊粉层。烟酸大部分集中在糊粉层,其中有一部分为结合型,不易被人体吸收利用。玉米中的烟酸主要为结合型,必须经过加工烹调变成游离型烟酸才能被人体吸收利用。由于维生素主要集中在糊粉层和胚芽中,因此精白米面中维生素含量比标准米面低,只有谷类原粮含量的10%～30%。

(六)水分

谷类的水分含量有很重要的安全意义。正常水分含量是11%～14%。水分含量高能增加谷粒中酶的活动,促进谷类的代谢过程,以致其分解产热,使温度升高,利于微生物和仓库害虫的繁殖,不利于谷类的贮藏。谷类在贮藏过程中应将水分含量降到14%以下。

三、谷类食品在膳食中的合理利用

谷类加工过精过细,会大大降低其营养价值,过粗则影响感官性状、消化吸收率和加工性能。1953年国家规定的标准米（"九五米"）和标准粉（"八五粉"）都兼顾了上述两方面的要求，较多地保留了谷类中的营养素。膳食中以"九五米""八五粉"为宜，"九二米"（精米）、"八一粉"（精面）不宜经常食用。玉米、小米、荞麦面、莜麦、薯类等杂粮，除含维生素外，还含有锌、钴、铜、硒等微量元素，与主粮搭配，为保健之必要。近年来，精白米面的消费需求日益增长，应当采取相应的营养强化措施以保证消费者的健康。近年我国研究小麦分层碾磨工艺获得成功，减少了谷皮的混入，且尽量多地保留了营养素，从营养学角度看是有实际意义的。

谷类中的B族维生素及无机盐均易溶于水。因此，淘米次数不宜过多，应避免用力揉搓，煮饭时应采用焖饭或蒸饭，不丢失米汤。制作面食时采用蒸、烤、烙等方式，维生素 B_1、维生素 B_2 及烟酸损失都比较少，这都有利于减少营养素的损失。

谷类混吃好处多。谷类是小麦、稻米、谷子、玉米、高粱、荞麦等的总称，是人类膳食中含糖类最丰富的食物，是膳食能量的主要来源。多种谷物掺和在一起吃要比单吃一种好，而且掺和的谷物种类越多越好，因为这样能发挥营养素的互补作用，尤其是钙、铁、锌、硒和B族维生素及氨基酸之间的互补作用，使营养更全面、更均衡。特别是以玉米或高粱为主食时，更应该搭配一些其他种类的谷物和豆类食物。中等体力活动的成年人，每人每天应食用谷类食物 300～500 g。

任务二　豆与豆制品的营养价值

【学习要求】
1. 理解豆与豆制品的营养价值。
2. 掌握豆与豆制品在膳食中的合理利用。
【学习内容】
豆类及豆制品富含优质蛋白质，含量可达 20%～40%，且氨基酸组成与动物蛋白相似，是谷物的理想互补品。它们还含有丰富的膳食纤维、维生素B族、钙、铁、钾等矿物质，以及大豆异黄酮等生物活性成分。在膳食中，豆类及豆制品可作为蛋白质来源，与谷物搭配提升营养价值。豆制品可多样化食用，如豆浆、豆腐、腐竹等，发酵豆制品如腐乳、豆豉等富含维生素 B_{12}，但盐分较高，需适量食用。

一、豆与豆制品的营养价值

豆的种类很多，有鲜豆和干豆之分。常用的鲜豆有蚕豆、豌豆等；豆荚类有豇豆、扁豆、菜豆、毛豆等；干豆有大豆（黄豆、青豆、黑豆）、蚕豆、绿豆、豌豆、红小豆（赤豆）等。

（一）干豆类的营养价值

1. 蛋白质

豆类的蛋白质含量很高，一般在 20%～40%，其中大豆最高，约为 40%。大豆不仅蛋白质含量高,而且生理价值也高,它除甲硫氨酸含量较低外,其他必需氨基酸的组成与动物蛋白质相似,为完全蛋白质。

2. 脂肪

豆类的脂肪含量因种类的不同,差别很大,大豆、青豆的脂肪含量均为 16.0%,黑豆为 15.9%,故大豆可作为食用油原料。大豆油含不饱和脂肪酸多,高达 85%,并且脂肪里还含有丰富的必需脂肪酸,如亚油酸在 50% 以上,此外豆油里还含有磷脂,所以大豆脂肪为优质脂肪。其他豆类(如绿豆、红小豆、蚕豆、豌豆)的脂肪含量较少,为 1% 左右。

3. 糖类

豆类中的芸豆、豇豆、红小豆、绿豆、豌豆糖类含量最高,可达 50%～60%,且以淀粉为主。大豆的糖类含量较少,为 20%～30%,且多为不能被人体消化吸收的多糖,如棉子糖、水苏糖和纤维素,淀粉含量很少。人体肠道细菌可将豆类的部分多糖分解而产生气体,引起肠胀气。

4. 无机盐

豆类富含钙、磷、铁、镁、钾、硒等无机盐。大豆的钙含量为鸡肉的 21 倍多,为瘦猪肉的 32 倍;大豆的铁含量为瘦猪肉的 2.7 倍,鸡肉的 6 倍,是难得的一类高钾高镁低钠食品,适合于低血钾患者食用。

5. 维生素

豆类一般富含 B 族维生素,大豆每 100 g 中含 0.41 mg 维生素 B_1、0.20 mg 维生素 B_2、18.90 mg 维生素 E,都比谷类中的含量高。此外,青豆、黄豆、绿豆还含有一定量的胡萝卜素。

(二)豆制品的营养价值

用大豆等豆类制成的豆制品种类很多,如豆浆、豆腐、腐竹、豆腐干、豆腐皮、豆腐丝、豆腐脑、豆豉、腐乳(酱豆腐、臭豆腐)、豆酱、酱油、豆芽。豆腐含有丰富的蛋白质,易被人体消化吸收,钙、磷、钾、镁、铁、硒的含量也较高。豆浆中铁、维生素 E 的含量超过鲜乳,但钙、镁、磷、维生素 A、核黄素较鲜乳少。豆芽(包括黄豆芽、绿豆芽)中含有一定量的抗坏血酸,广泛食用豆制品,不仅可以丰富菜肴的内容,也可提高膳食的营养价值。

二、豆与豆制品在膳食中的合理利用

(1)豆类不仅蛋白质的赖氨酸含量高于谷类的 7 倍,而且豆类中维生素 B_1、维生素 B_2 和钙、磷、铁、镁、钾、硒等无机盐的含量也都比谷类高,将二者混合作为主食,既可提高谷类蛋白质的营养价值,又可增加维生素 B_1、维生素 B_2 和无机盐的供给量,对提高膳食营养极为有益。豆类蛋白质中甲硫氨酸含量较少,若与肉类同食还可提高豆类的营养价值。豆类及豆制品适合大多数人群,尤其是素食者和心脑血管疾病患者。但肾功能不全者需限制摄入,痛风患者应避免食用高嘌呤的豆制品。

(2)大豆蛋白质的消化率受不同加工烹调方法的影响。整粒熟大豆(炒豆、煮豆)因蛋白质被细胞壁包裹难与消化液接触,大豆中的抗胰蛋白酶因加热不充分又未被彻底破坏。故其蛋白质的消化率仅为 65.3%,但加工成豆浆后可达 84%,制成豆腐可提高到 92%～96%。

这是因为在加工中,水泡、磨碎、过滤、煮沸等工序使蛋白质变性,抗胰蛋白酶被彻底破坏、纤维素也被去除,于是蛋白质的消化率就大大提高了。

（3）大豆及大豆制品经霉菌发酵可制成豆酱、豆豉、腐乳等发酵食品,使其产生具有特殊香味的有机酸、醇、酯、氨基酸等物质,并提高了维生素 B_{12} 的含量,更易于消化吸收。

（4）近年来,我国除传统的豆制食品外,还以大豆和其他油料种子的油料粕粉为原料,开发出各种植物蛋白。如蛋白质含量达 90% 的分离蛋白（可以用来强化或制成各种食品）、含蛋白质 70% 的浓缩蛋白,具有肉味口感的组织化蛋白。上述产品已经经过食品工业的应用和营养学鉴定,其氨基酸组成和蛋白质功效比值均较好。今后,随着科技的进步,大豆蛋白质将会得到进一步的开发和利用。

任务三　畜禽肉类的营养价值及其卫生

【学习要求】

1. 理解畜禽肉类的营养特点。

2. 理解畜禽肉及其制品的卫生。

3. 掌握畜禽肉类在膳食中的合理利用。

【学习内容】

畜禽肉类富含优质蛋白质、维生素 B 族、铁、锌等,是膳食中重要的营养来源。然而,其脂肪含量较高,尤其是饱和脂肪酸,需合理控制摄入量。在卫生方面,肉类及其制品易受微生物污染,加工过程中可能添加防腐剂、色素等,需注意食品安全。在实际应用中,建议选择瘦肉,减少加工肉类摄入,采用健康的烹饪方式（如蒸、煮、炖）,搭配蔬菜食用,以实现营养均衡和健康饮食。

一、畜禽肉类的营养价值

肉类食品种类很多,膳食中人们常用的畜禽肉类有猪、牛、羊肉和鸡、鸭、鹅等,包括肌肉、脂肪组织、内脏（心、肝、肾、胃、肠）等脏器及其制品、脑、舌等。它能供给人体必需氨基酸、脂肪酸、维生素和无机盐。肉类食物的吸收率高,饱腹作用强,滋味鲜美,含有多种风味物质,可烹调成各式菜肴,色、香、味俱全,具有较高的食用价值。畜禽肉类食品的营养成分随动物种类、年龄、部位及肥瘦程度的不同而有显著差异。

（一）蛋白质

畜肉和禽肉的蛋白质含量相近,均在 10%～20%,家畜、家禽的肌肉组织和内脏（如肝脏）蛋白质含量高,肥肉中蛋白质含量较瘦肉低。猪肉（肥瘦）的蛋白质含量为 13.2%（肥肉 2.4%,瘦肉 20.3%）,猪肝 19.3%;牛肉（肥瘦）18.1%（瘦肉 20.2%）,牛肝 19.8%;羊肉（肥瘦）19.0%（肥肉 12.6%,瘦肉 20.5%）,羊肝 17.9%;鸡肉 19.3%（肥鸡肉 16.7%）,鸡肝

16.6％;鸭肉 15.5％,鸭肝 14.5％;鹅肉 17.9％。肉类蛋白质多为完全蛋白质,其氨基酸组成与人体蛋白质相似,营养价值高。用动物蛋白质可以补充谷类蛋白质的不足。

(二)脂肪

脂肪含量随肉类的不同而异,一般是肥肉的脂肪多于瘦肉。畜肉脂肪的平均含量:猪肉(肥瘦)37.0％,肥肉 90.4％;牛肉(肥瘦)13.4％;羊肉(肥瘦)14.1％。畜肉脂肪的成分主要是各种脂肪酸的甘油三酯,还有少量的磷脂、胆固醇、游离脂肪酸和脂溶性色素等。畜肉的胆固醇含量较高,肥肉多高于瘦肉,猪肉(肥)109 mg/100 g(瘦肉 81 mg/100 g);牛肉(肥)133 mg/100 g(瘦肉 58 mg/100 g);羊肉(肥)148 mg/100 g(瘦肉 60 mg/100 g)。脑和内脏胆固醇含量更高,如猪脑 2571 mg/100 g;猪胆、肝 1017 mg/100 g,牛脑 2447 mg/100 g,羊脑 2004 mg/100 g。鸡肉含脂肪 9.4％,鸭肉 19.7％,鹅肉 19.9％。禽肉脂肪中的饱和脂肪酸的含量低于畜肉,而禽肉中结缔组织较柔软,脂肪分布也较均匀,所以,禽肉比畜肉鲜嫩、味美,且易于消化。

动物脂肪中人体必需脂肪酸含量一般较植物油低,而饱和脂肪酸含量一般较植物油高,所以心血管疾病患者不宜多食用动物脂肪,而以食用植物油为宜。

(三)糖类

畜禽肉的糖类含量很低,为 0.2％～4％,主要以糖原形式储存于肌肉和肝脏中,含量与动物的营养状况及健壮情况有关。动物宰杀后,由于糖酵解作用,糖原含量下降,乳酸相应增高,酸度因此升高。

(四)无机盐

畜禽肉的无机盐总量在 0.8％～1.2％,瘦肉较肥肉含无机盐多,内脏器官(如肝、肾)又较瘦肉多。家畜肉和禽肉食品都是磷、铁的良好来源。肉类中的铁主要以血红蛋白形式的铁存在,不易受食物中其他因素的干扰,因此消化吸收率较高。

(五)维生素

肉类可提供多种维生素,是 B 族维生素最好的来源,尤其是瘦肉中含维生素 B_1 最高,如猪瘦肉为 0.54 mg/100 g,羊瘦肉 0.15 mg/100 g。每 100 g 禽肉中含维生素 E 0.22～0.33 mg。每 100 g 羊肝中含维生素 A 20972 μg。动物内脏,尤其是肝,是动物体内含各种维生素最丰富的器官,是维生素的重要来源。

(六)含氮浸出物

肉味非常鲜美是因为肉中含有"含氮浸出物"(含氮浸出物是一些能溶于水的非蛋白含氮物质的总称),如肌凝蛋白原、肌肽、肌酸、肌酐、嘌呤碱和少量的游离氨基酸,这些浸出物越多,味道越浓,促进胃酸和唾液分泌的作用也就越强,这些都有利于人体对蛋白质和脂肪的消化。

二、畜禽肉及其制品的卫生

(一)畜肉的卫生

畜禽肉类营养丰富,具有微生物生长繁殖的理想条件,因此,在宰杀、运输、保藏、加工制作和销售等过程中容易被微生物污染。据有关资料统计,肉食是引起细菌性食物中毒最多的食物,并且牲畜的某些传染病、寄生虫病也是通过肉食传染给人的,为了保障食肉安全,必须特别重视畜禽肉的卫生问题。

1. 腐败变质

肉类食品,从屠宰后开始,一般要经过僵直、后熟、自溶、腐败这四个阶段的变化。前两个阶段为新鲜肉,后两个阶段从自溶开始则有轻度的腐败变化,各阶段的特点如下。

(1)僵直:宰杀后的牲畜,由于细胞中的酶类继续活动,糖酵解产生的乳酸增加,使肌肉酸度升高,肌凝蛋白开始凝固,肌纤维硬化,于是躯体挺硬,呈现为僵直,畜体较禽体更为显著。此时的肉如烹调食用,肉汤混浊,味道较差,也较难消化。

(2)后熟:肌糖原仍继续缓慢分解,凝固的肌凝蛋白开始酸解,肌肉结缔组织变松,肉体逐渐变软并有一定弹性,表面有一层干膜,可阻止微生物的侵入。此时的肉经烹调,气味芳香,肉味鲜美。

(3)自溶:肉体经过前两阶段,已有大量微生物侵入并生长繁殖,此时肌肉松弛而失去弹性,色泽稍暗,并出现湿润和发黏,开始散发出轻微的臭味,此肉经煮沸可使臭味减轻或消失,但肉汤脂肪不是团聚于表面而是散乱的油滴或者没有油滴。

(4)腐败:腐败变质的肉,即受到微生物污染的肉,其蛋白质和脂肪被细菌迅速分解,不仅使肉表面出现绿色霉斑,而且还产生吲哚、硫化氢、粪臭素、尸胺、醛类等分解产物,使肉产生恶臭,这种腐败变质肉不能食用。

2. 人畜共患传染病

牲畜疾病种类很多,其中的炭疽、口蹄疫、猪丹毒、布鲁氏菌病等,对人有传染性,故称这些疾病为人畜共患传染病。牲畜的有些疾病,如猪瘟和猪出血性败血症,虽不感染于人,但病猪肌肉和内脏有沙门菌继发感染,食用此种病猪肉,易引起食物中毒。

3. 人畜共患寄生虫病

(1)囊虫病:为牛的无钩绦虫和猪的有钩绦虫所致。牛和猪是绦虫的中间宿主,幼虫在其肌肉中发育成囊尾蚴,也称囊尾蚴病。囊尾蚴寄生在畜体的舌肌、咬肌、臀肌、深腰肌、颈肌和膈肌内,形成白色半透明的水泡状包囊,眼见为白色比绿豆略大的颗粒状,包囊中的一端悬有乳白色不透明的头节。含有囊尾蚴的肉称为"米猪肉"或"痘猪肉"。牛囊虫的包囊较小。人摄食了未煮熟的含有囊尾蚴的猪肉、牛肉后,就成为绦虫的终宿主,囊尾蚴用角质钩固着在人体肠壁上,逐渐发育为成虫,人就罹患了绦虫病。人体患绦虫病后,成虫可不断产生卵和节片排出人体外,污染环境。虫卵被家畜误食后即患囊虫病,人若误食被虫卵污染的蔬菜,或患有绦虫病时,由于肠道发生逆蠕动,使肠内脱落的卵或节片逆行入胃,孵化出六钩蚴虫进入血液,进而到达全身肌肉,使人同时又患囊虫病,这种危害较罹患绦虫病者更为严重。含有囊尾蚴的"米猪肉"绝不可食用。

(2)旋毛虫病:为旋毛虫所致,猪、狗、熊、野猪和鼠等均易感染,旋毛虫成虫主要寄生在宿主小肠内,幼虫寄生在宿主骨骼肌内。人摄食了含有旋毛虫幼虫的食品后,幼虫寄生于肠黏膜,一周后就发育为成虫,又产生大量的幼虫穿过肠壁,经血流进入肌肉。患者会出现恶心、呕吐、腹泻、高烧、肌肉疼痛、运动受限等症状。如果幼虫进入脑、脊髓,可引起脑膜炎样症状。临床诊断困难，危害甚大。

为了防止寄生虫对肉类的污染和畜禽疾病的传播，必须做到：①牲畜宰前宰后须经兽医做严格的卫生检验与检疫，做好肉品无害处理；②宰后的畜禽应及时取出内脏，清洗干净进行冷冻保存，在运输和加工制作中也应注意清洁卫生，防止污染；③禁止加工和出售未经兽医或卫生检验部门检验合格的肉类；④禁止加工和出售病死、毒死或死因不明的畜、禽、兽肉类。

(二)畜禽肉制品的卫生

(1)香肠、腌肉、火腿、肉松等在加工生产过程中，如果灭菌不彻底，就容易引起厌氧菌的繁殖，在保存及运输过程中也易被其他细菌污染而造成肉品变质。

(2)熏肉、火腿、烟熏香肠、叉烧肉、烧鸡、烤鸭等制品，在加工过程中，直接受烟熏或直接与炭火接触，有可能受到多环芳香烃类的污染。其中 3,4-苯并芘是公认的致癌物质。

(3)香肠、腌肉在加工制作过程中，一般加入了少量的硝酸盐或亚硝酸盐，目的是使肉品保持鲜红颜色，如果使用量过大，则会造成亚硝酸中毒，或者形成强致癌物亚硝胺。

为了保持肉制品的卫生，肉制品都必须以优质肉为原料，并且在加工制作过程中须特别注意防止细菌污染；熏烤肉制品要设法控制多环芳香烃的污染，改用电热产生的红外线来烧烤肉制品，可减少 3,4-苯并芘的危害；要严格按照国家规定的标准使用添加剂，如亚硝酸盐在肉制品中的残留量：腌肉及中式火腿中均不得超过 30 mg/kg，西式火腿应小于 70 mg/kg，肉罐头类应小于 50 mg/kg；肉制品保存温度应在 10 ℃以下，以较干燥为宜。

三、畜禽肉类在膳食中的合理利用

(一)畜禽肉类食品蛋白质的充分利用

畜禽肉类食品的蛋白质属优良蛋白质，谷类食品中常缺少的赖氨酸、甲硫氨酸、苏氨酸、精氨酸和组氨酸在肉类食品中含量特别丰富，因此，肉类食品最宜与谷类食物搭配食用，以提高蛋白质的生物学价值；营养学家主张，膳食中动物性蛋白质至少要达到摄食总蛋白质量的 10% 以上。

(二)合理保护畜禽肉类食品的营养素

在烹调中，肉类蛋白质、脂肪和无机盐的损失一般较少，而维生素的损失则较多，且又因烹调方法不同而损失各异。红烧和清炖肉，维生素 B 族可损失 60%～65%；蒸和炸损失较少；炒损失最少，仅 13% 左右。维生素 B_2 的损失以蒸为最高，达 87%，清炖和红烧约为 40%，炒为 20%。炒猪肝，维生素 B_1 损失 32%，但维生素 B_2 几乎可全部保存。为了减少维生素的损失，肉类食品宜炒，不宜烧炖和蒸炸。

(三)合理使冻肉解冻，以保存肉的营养成分和滋味

冻猪肉经冷冻后，其外观和颜色不如鲜肉，因此，有人认为冻肉的营养和滋味不如鲜肉，不少人不愿意食用冻肉。从营养成分分析，冻肉和鲜肉没有太大区别，冻肉由于存放失水，不少营养成分的含量比鲜肉还略有增加，只是糖原和核苷酸含量略有下降，但对营养价值影响不大。如果冻肉的滋味不如鲜肉，可能与解冻不当有关。对于冻藏食品，应坚持"急速冻结，缓慢融化"的原则。若将冻肉置于高温环境或热水中浸泡，解冻太快，使肉中已溶解的组

织液不能迅速为细胞所吸收而流失,肉不能恢复原状,味道和加工性能自然就不如鲜肉了。如果将冻肉置于常温下让其缓慢解冻,使溶解的组织液被组织细胞充分吸收,就可以使冻肉恢复到鲜肉的状态和滋味,且冻肉的营养价值并不亚于鲜肉。

任务四　蛋与蛋制品的营养价值及其卫生

【学习要求】

1. 理解蛋与蛋制品的营养价值。

2. 掌握蛋与蛋制品在膳食中的合理利用。

【学习内容】

蛋类是优质蛋白质的重要来源,蛋白质含量为13％～15％,其氨基酸组成与人体需求接近,生物价值高。蛋黄富含脂肪、卵磷脂、维生素A、维生素D、维生素E及矿物质,卵磷脂有助于脑部发育和心血管健康。蛋清则含有白蛋白,具有增强免疫力的作用。在膳食中,鸡蛋可煮、炒、蒸,适合多种烹饪方式,但需避免过度加热,以免蛋白质变性影响消化。蛋制品如皮蛋、咸蛋、蛋粉等,加工后营养成分略有变化,但依然保留了蛋类的优质蛋白和部分脂类。建议适量食用蛋类,每天1～2个鸡蛋即可满足日常营养需求。

一、蛋与蛋制品的营养价值

(一)蛋的营养价值

蛋类是人们普遍食用的营养价值很高的食品,也是广泛应用的烹饪原料。它在我国的膳食中占有极重要的地位。常见的禽蛋有鸡蛋、鸭蛋、鹅蛋、鸽蛋、鹌鹑蛋等,蛋制品有咸蛋、松花蛋(皮蛋)、冰蛋和蛋粉等。各种禽蛋的营养成分大致相同。

1. 蛋白质

蛋白质在蛋类中的含量为13％～15％,蛋黄中(15.2％)比蛋清中(11.6％)含量高,蛋黄主要是卵黄磷蛋白,蛋清主要是蛋清蛋白质。加工后的咸蛋、松花蛋,其蛋白质含量都有所增加,其中松花蛋增加最多,鸡蛋粉(全蛋粉)蛋白质含量高,可达43.4％。蛋类蛋白质是完全蛋白质,含有人体必需的各种氨基酸,并且相互之间的比例适合人体需要,利用率可达到95％以上,是天然食品中最优良的蛋白质。在进行各种食物蛋白质的营养质量评价时,多以完全蛋白质作为参考蛋白。每人每日摄入80～120 g鸡蛋,就可满足人体对必需氨基酸的需要。

2. 脂肪

蛋类中的脂肪含量为9％～15％,主要集中在蛋黄中,其约占30％,蛋清中的脂肪含量甚微。蛋类脂肪呈乳融状,在常温下呈液态,易被人体消化吸收。咸蛋、松花蛋中的脂肪含量均略有减少,鸡蛋粉脂肪含量高,可达36.2％。蛋黄除脂肪外,还含有胆固醇和卵磷脂,每个鸡蛋含胆固醇约 200 mg,蛋黄中的含量可高达 1510 mg/100 g,咸蛋、松花蛋胆固醇稍有增加;鸡蛋卵磷脂含量丰富,可达 15%。近年来,有学者调查了 80 多万人 9 年时间的饮食效应,发现鸡蛋可帮助防治冠心病,这是因为鸡蛋含有大量卵磷脂,过去有人主张心血管病患者"禁食鸡蛋",是短期研究造成的误解。

3. 无机盐

蛋类所含的无机盐,主要存在于蛋壳中,其次在蛋黄中,如磷、镁、钙、铁、锌、硒。蛋黄中铁和硒的含量都比较丰富,每 100 g 含铁量为 6.5 mg,比蛋清(0.3 mg/100 g)高 20 多倍(但是吸收率偏低,为 3%);硒 27.0 mg/100 g,比蛋清(6.9 mg/100 g)高 38 倍多,所以蛋黄是铁和硒的良好来源。鸭蛋被加工成咸蛋、松花蛋后,其铁、钙、磷、硒的含量明显增加。

4. 维生素

蛋类所含的维生素大部分集中在蛋黄中,维生素 A、维生素 D、维生素 B_2 和维生素 E 含量丰富,每 100 g 蛋黄中含维生素 A 1977 μg,维生素 B_2 0.59 mg,维生素 E 95.70 mg。鸡蛋粉(全蛋粉)含维生素 A、维生素 B_2 和维生素 E 非常丰富,咸蛋、松花蛋因在制作过程中加入了碱,除维生素 B_1、维生素 B_2 有所损失外,其他维生素都能保存。

(二)蛋制品的营养价值

新鲜蛋类经特殊加工制成风味特异的蛋制品,宏量营养素与鲜蛋相似,但不同加工方法对一些微量营养素的含量产生影响,如皮蛋在加工过程中加碱和盐,使矿物质含量增加,但造成 B 族维生素较大损失,且会增加铅的含量,对维生素 A、维生素 D 的含量影响不大;咸蛋主要是钠含量的增加;糟蛋在加工过程中蛋壳中的钙盐可以渗入蛋内,钙含量比鲜蛋高 10 倍左右。

二、蛋与蛋制品在膳食中的合理利用

(1)生蛋清中含有抗生物素蛋白和抗胰蛋白酶因子,它们能分别妨碍生物素(维生素 B_7)的吸收和抑制蛋白酶的活性,故称为抗营养因素。将鸡蛋煮熟后,抗营养因素可被破坏,所以鸡蛋不宜生食。

(2)食荷包蛋时以溏心蛋吸收率最高,但油炸鸡蛋、炒蛋、煮得过老的蛋都比较不容易消化。

(3)蛋类蛋白质中的甲硫氨酸(363 mg/100 g)、赖氨酸(850 mg/100 g)含量比谷类都高,两者混合食用,能补充谷类食品中甲硫氨酸和赖氨酸的不足,提高蛋白质的营养价值。

(4)松花蛋的加工,是用纯碱、生石灰、茶叶、食盐、黄丹粉(氧化铅)等成分制成的泥塘,包在蛋壳外面,经这样处理后,固然使蛋制品具有特殊香味,又较耐保存,但因碱的作用使维生素 B_1、维生素 B_2 受到损失,铅的含量增加,极不安全。现在已有推广用碘化物代替氧化铅制成无铅松花蛋,以减少铅的含量。

三、蛋类的卫生及管理

鲜蛋内一般应是无菌的。蛋从禽体内排出时,蛋壳表面包裹一层胶状物质,形成胶质膜;蛋壳是含石灰质的硬壳,厚 300～340 μm,其上布满直径为 15～65 μm 的细孔,蛋的大头壳较薄而气孔多,小头壳较厚而气孔较少;壳下有两层黏在一起的膜,称壳下膜(角质薄膜),空气能从此膜自由通过。在蛋的钝端,角质膜分离成一气室。蛋壳的这种结构能阻碍外界微生物的侵入。蛋清中含有一种蛋白质,称为溶菌酶,具有溶菌、杀菌作用。

蛋在收购、运输、保藏过程中,因摩擦、碰撞或其他原因造成壳结构的细微变化都会使微生物有机可乘。如果环境温度较高,通过气孔进入蛋内的微生物会迅速繁殖。如果环境湿度较高,则有利于蛋壳表面霉菌的繁殖,菌丝向壳内蔓延,在蛋壳内壁和壳下膜上生长繁殖,形成大小不同的斑点,斑点处造成蛋液黏着,称为贴壳蛋。入侵微生物可使蛋白质分解,蛋白带断裂,使蛋黄移位,随后蛋黄膜被分解造成散黄蛋。散黄蛋进一步被微生物分解,产生硫化氢、氨、粪臭素等蛋白分解产物,蛋液变为灰绿色稀薄液并伴有大量恶臭气体,这就是泻黄蛋。有时蛋液变质不产生硫化氢而产生酸臭,颜色呈红色,蛋液变稠呈浆状或有凝块出现,这是微生物分解糖所形成的酸败现象,称为酸败蛋。

蛋壳表面存有大量的细菌,干净蛋壳表面有细菌 400 万～500 万个,而污染的蛋壳表面的细菌数可高达 1.4 亿～9 亿个。这些细菌主要来自泄殖腔和不洁的产卵巢。蛋壳表面的微生物可通过蛋壳的毛细孔进入蛋内,当外界温度突变引发气流出入时,蛋内的污染就更为严重。当然,破壳蛋受到的污染程度就更大了。

新鲜完整而无损的蛋,蛋液和蛋黄里也有一些细菌,这些细菌是精液携带或形成蛋壳前细菌经卵巢和输卵管进入的。但鲜蛋中的蛋清含有占蛋清总量 3.7% 的杀菌素(溶菌酶),有杀菌作用。这种作用在 37 ℃ 的环境中可保持 6 h,温度越低,保持时间越长。蛋的腐败变质,是因杀菌素随着温度升高而失去作用后,蛋内的细菌大量繁殖引起的。禽类因饲养条件和饲养场卫生制度的管理等因素,常带有沙门菌,尤其以禽类的卵巢、输尿管、泄殖腔带菌最多,使蛋的表面和内部均受到沙门菌不同程度的污染,水禽蛋的沙门菌污染则更为严重。因此,水禽蛋不得作为糕点原料,且必须煮沸 10min 以上方可食用,以防止发生沙门菌引起的食物中毒。

为了防止鲜蛋腐败变质,提高食品卫生质量,各有关运输、储存、加工等部门,应做好运输和储存工作。

(1)运输:一切运输工具事前都应进行严格检查和消毒,确保符合食品安全要求。蛋和蛋制品不能与农药、化肥、化工原料及有挥发性气味的物品混装或同运,要消除一切可能污染的因素;装卸时轻拿轻放,严防破损;在运输过程中要防晒、防热、防淋、防潮和防猛烈震动,到达目的地后,不得露天存放,以防受到周围不良因素的影响而引起质量变化。

(2)储存:主要是抑制微生物的繁殖和防止微生物侵入蛋内。目前使用的方法主要有冷藏法、水玻璃液(泡花碱液)和石灰水储存法气体保藏法和液体石蜡涂膜法等。

液体石蜡涂膜法的保藏方法是:将经光照检验符合要求的鲜蛋,用液体石蜡涂膜后,将蛋直立于塑料蛋箱中,堆放于 10 ℃ 的地下室,平均相对湿度为 80%,经 8 个月储存,干耗率仅 1%,好蛋率达 90%,如存放于气温低于 25 ℃ 的地面 6 个月,干耗率也仅为 5.2%,好蛋率达 85% 以上。其保存原理是,涂膜后使蛋壳内部基本与外界隔绝,阻止了微生物的侵入,蛋内 CO_2 蓄积,有力地抑制了微生物的代谢、呼吸,延缓了分解过程而达到了保存目的。

但目前采用较多的还是冷藏法,将鲜蛋储存在 $1\sim5$ ℃,相对湿度在 $87\%\sim97\%$ 的条件下,可保存 $4\sim5$ 个月。贮藏室空气不宜干燥,否则水分蒸发,气室扩大,会增加微生物侵入的机会。鲜蛋自冷库中取出时,应先在预暖室放置一段时间,以免蛋壳上凝结水滴,造成微生物污染。此种蛋要从速销售。

(3)加工:蛋制品在加工制作中,所有打蛋的器具都须经蒸汽消毒处理,对所用之蛋,都要认真进行质量检查,采用一蛋一盆地打,以避免变质蛋对正常蛋造成污染。

任务五　乳类的营养价值及其卫生

【学习要求】
1. 理解乳类的营养价值。
2. 理解乳与乳制品的卫生。
3. 掌握乳类在膳食中的合理利用。

【学习内容】
乳类富含优质蛋白质、钙、维生素等营养成分,是人体重要的营养来源。在乳制品卫生方面,强调了生产、加工、储存等环节的严格把控,以确保产品安全无污染。同时,探讨了乳类在膳食中的合理搭配,提倡根据个人需求适量摄入,避免过量或不足,以充分发挥其营养价值,促进健康。

一、乳类的营养价值

乳类是含营养素比较齐全、营养价值很高且又易于消化吸收的食品。乳类主要包括母乳、牛乳、羊乳、马乳等,其中食用最为普遍的是牛乳。牛乳是老、幼、病、弱者的营养滋补品,在母乳缺乏或供应不足时,更是婴儿最好的食物,因其成分较接近于母乳。牛乳与人乳相比,蛋白质含量高,而乳糖含量低。

乳类及乳制品的营养价值如下。

(一)蛋白质

牛乳中蛋白质含量约为 3.0%,以酪蛋白为主,占 86%;其次为乳清蛋白,约 9%;乳球蛋白较少,约 3%;人乳蛋白质含量较低,为 1.3%。但是人乳中的酪蛋白与乳清蛋白所占的比例却相反,酪蛋白少(占 33%),而乳清蛋白高(占 50%)。乳类蛋白质均是含有全部必需氨基酸的完全蛋白质,其营养价值(生物学价值约为 85%)和利用率(消化吸收率为 $87\%\sim89\%$)都很高。

(二)脂肪

牛乳脂肪含量为 3.2%,人乳稍高,为 3.4%。牛乳中,低熔点的油酸占 33%,故乳脂的熔点较低,如牛乳脂肪熔点为 34.5 ℃。牛乳中的脂肪呈乳糜化的极小颗粒状态,均匀地分布在乳汁中,易被消化吸收,乳脂中含有必需脂肪酸、卵磷脂和脂溶性维生素(以维生素 A 较多,为 24 μg/100 g),并具有良好的色、香、味。此外乳中还含有少量的胆固醇,如鲜牛乳为 15 mg/100 g,人乳为 11 mg/100 g,鲜羊乳为 31 mg/100 g。

(三)糖类

乳类中的糖类 99.8% 为乳糖,牛乳中的乳糖含量为 3.4%,较人乳(7.0% 左右)少,因此对婴儿来说,人乳比牛乳好。牛乳的甜度仅为蔗糖的 1/6,所以用牛乳代替人乳喂养婴儿时,应加入 5% 的蔗糖以增加甜度和提供足够的能量。乳糖有调节胃酸、促进胃肠蠕动和消化腺分泌等作用。乳糖的消化吸收率很高,可达到 100%。有些成人因缺少乳糖酶,不能分解乳糖,使其不能被消化吸收而滞留在肠腔中,在肠道细菌作用下发酵成乳酸、甲酸等小分子有机酸,使肠腔内容物渗透压增加,促使肠壁水分反流入肠腔,结果出现水样腹泻,大便酸性升高。而发酵产生的气体可引起腹胀等。表现为喝牛乳后有胃部不适、腹泻等症状,称为乳糖不耐受症。

(四)无机盐

牛乳中的无机盐以钙、磷、钾含量最丰富,钙含量高达 104 mg/100 g,是人乳(30 mg/100 g)的 3 倍多,且易于消化吸收,能满足婴幼儿生长发育的需要。但铁含量低,仅为 0.3 mg/100 g,故用牛乳喂养的婴儿,一般会缺铁。第 4 个月后应开始补充青菜泥、蛋黄、肝泥等富铁食品,随着月龄的增长还可以补充肉糜。牛乳中成碱元素(如钙、钾、钠)多于成酸元素(如氧、硫、磷),有助于维持体内酸碱平衡。此外,乳类还含有多种微量元素,如铜、锌、碘、锰、硒。

(五)维生素

牛乳中含有维生素 A、维生素 D、抗坏血酸、维生素 B_1、维生素 B_2、烟酸和维生素 E 等多种维生素,其中维生素 B_2(0.14 mg/100 g)和维生素 E(0.21 mg/100 g)含量较高,故牛乳是维生素 B_2 的良好来源。脂溶性维生素(即维生素 A、维生素 D、维生素 E)存在于乳脂中。牛乳中的维生素含量受饲料和季节等因素的影响。奶牛夏秋季食青草,日照又多,乳中胡萝卜素、抗坏血酸和维生素 D 含量比冬季高。

二、乳与乳制品的卫生

微生物污染是乳的主要安全问题。乳及乳制品一方面受乳酸杆菌中的革兰阴性菌、大肠杆菌、酵母菌和霉菌等腐败微生物的污染而发生腐败变质,另一方面是被结核菌、布氏杆菌,或口蹄疫、乳腺炎、炭疽等病原菌通过乳腺进入乳中,再通过乳使人感染。所以乳类是人畜共患传染病的重要传播途径之一,必须加强其各个环节的安全管理,严防污染。

乳的运输和储存均应在低温隔热条件下进行,并应尽量缩短运输和储存的时间。初挤出的乳中含有溶菌酶,能抑制微生物的生长。这种抑制作用的时间与乳中细菌总数和温度有关。细菌少,温度低,抑菌维持时间就长,乳的新鲜度保持时间也较长,如在 0 ℃时可保持 48 h,10 ℃时保持 24 h,30 ℃时仅保持 3 h。因此,刚挤出的乳应立即冷却,否则微生物就会大量繁殖,从而加速乳的腐败变质。乳储存的最佳温度是 4.4 ℃,10 ℃下保存稍差,超过

15 ℃时乳的质量就会发生变化。

现将几种乳制品保藏的温度、湿度的一般要求及保藏期限(自生产之日起)列述于下。

(1)奶粉:冷库温度应在 25 ℃以下,相对湿度在 75%以下。其保藏期限为聚乙烯塑料袋装 3 个月,瓶装 9 个月,马口铁罐装为 1 年。

(2)炼乳类:炼乳类多以罐头形式保藏。淡炼乳应在凉爽、干燥、恒温(不高于 20 ℃,相对湿度不高于 85%)的仓库内保藏,保藏期限不超过 1 年;甜炼乳在上述同样条件下保藏,但每月还需进行 1~2 次翻罐,以防乳糖沉淀,保藏期限不超过 6 个月。

(3)奶油:一般在 -10 ℃以下保藏。在 -15 ℃时可保藏 6 个月,在 4~6 ℃保藏不得超过 7d。

(4)酸牛乳:酸牛乳成品应存放于 10 ℃冷库中保存,为了保证质量,罐装酸牛乳用的奶瓶,事前应经严格清洗消毒(蒸汽消毒 5~10 min)方可使用。

三、乳类在膳食中的合理利用

(1)对乳的食用必须合理,在喝乳前,先吃一些馒头、饼干、糕点、粥等一类的食物,这样可以使乳不被当作糖类变成能量消耗掉,使乳中的蛋白质得到充分利用。

(2)牛乳加热至 60 ℃时,胶体状的蛋白微粒会由溶胶变成凝胶状态,磷酸钙由酸性变成中性而发生沉淀,加热到 100 ℃时,乳糖开始焦化,逐渐分解成乳酸并产生少量甲酸,影响乳的色、香、味,故牛乳不宜久煮,一沸即可。

(3)喝酸牛乳有益于人体健康,酸牛乳由于酸度增加,有利于一些维生素的保存,并能刺激胃酸分泌,增强消化功能,促进新陈代谢,有延年益寿之功效。酸牛乳中,蛋白质、钙、脂肪等营养成分均能保存,而乳糖含量却减少了 1/5,所以那些乳糖酶活性低的成年人或老年人饮用更为适宜。

(4)据有关资料报道,牛乳还有催眠作用,在睡前喝一杯鲜牛乳,可促使人舒适入睡,特别能使后半夜睡得更为香甜。

(5)现已发现,光波可破坏乳中的 B 族维生素和维生素 C,故牛乳暂时不饮用时,应避光保存。

任务六　水产品类的营养价值及其卫生

【学习要求】
1. 掌握水产品类的营养价值。
2. 掌握水产品类的卫生。
【学习内容】
水产品富含优质蛋白质、不饱和脂肪酸(如 ω-3 脂肪酸)、维生素和矿物质,营养价值高,对心血管健康、大脑发育等有积极作用。然而,水产品在养殖、加工和储存过程中可能存在卫生问题,如细菌污染引起的腐败变质、寄生虫的污染和工业"三废"的污染等,影响食品安全。了解水产品的营养优势,同时掌握其卫生隐患及防控措施,以确保安全食用。

一、水产品类的营养价值

水产品类包括鱼类、软体类(如牡蛎、蛤蜊、蛏子、鱿鱼、海参、海蜇)、虾类、甲壳类(如龟、甲鱼、蟹)、海藻类(如海带、紫菜、石花菜)等,种类繁多,其为膳食的多样化、为机体获得全面营养素提供了物质基础。

(一)鱼类的营养价值

鱼类分为淡水鱼和海产鱼,其营养价值与畜肉类相近,所以鱼类食品也是营养价值较高的食品之一。

1. 蛋白质

鱼类蛋白质含量一般为 $15\%\sim20\%$,其蛋白质的氨基酸组成与肉类很接近,只缺少甘氨酸,属于完全蛋白质。蛋白质中的必需氨基酸以赖氨酸、甲硫氨酸、苏氨酸最为丰富,生物学价值(在 85% 以上)较畜肉蛋白质高。鱼肉的肌纤维细而短,肌球蛋白和肌浆蛋白相互联系疏松,因此,比畜肉蛋白质易于消化,其消化率为 $87\%\sim98\%$。鱼的结缔组织和软骨组织中的含氮物质主要为胶原蛋白和黏蛋白,因此,经水煮沸,冷却后的汤汁呈凝胶状态。鱼罐头如果出现澄清液或混浊汤汁,则可视为腐败变质的开始。

2. 脂肪

鱼类脂肪含量为 $1\%\sim10\%$,多数为 $1\%\sim3\%$,是一类低脂肪食品,但海鲫鱼(九九鱼)的脂肪含量可达 13.7%,鲥鱼脂肪含量高达 17%。鱼类脂肪多为不饱和脂肪酸,通常呈液态,易被人体消化,其消化率在 95% 左右,但也容易被氧化,不易保存。

海洋鱼类中的多不饱和脂肪酸[20 碳 5 烯酸(EPA)和 22 碳 6 烯酸(DHA)]可将人体内动脉粥样硬化斑上的胆固醇运走,在血管中还有抑制血小板凝集和扩张血管的作用,可防止血栓形成和动脉粥样硬化。它们具有人体必需脂肪酸的生物活性,也是大脑所需要的营养物质,故被誉为"脑黄金"。

3. 无机盐

鱼肉含无机盐及微量元素丰富,钙、磷、钾、钠、锌、铜、铁、锰、镁、硒等均有,但鱼肉的钙、磷、钾、镁、硒含量比畜肉高,如鱼肉的钙含量为 $30\sim80$ mg/100 g,畜肉中仅为 6 mg/100 g;鱼肉的磷含量为 $180\sim204$ mg/100 g,畜肉中为 162 mg/100 g;鱼肉含硒 $14.31\sim19.47$ mg/100 g,畜肉中为 9.5 mg/100 g。海水鱼的钙、碘含量比淡水鱼高。牡蛎中含锌特别丰富,而且人体对其吸收率比植物性食物高。

4. 维生素

鱼肉的维生素 B_2、维生素 E 含量都比肉类高,此外还含有较丰富的烟酸、维生素 B_{12} 和一定量的维生素 B_1。因此,鱼类也是维生素 B_2、烟酸和维生素 E 的良好来源。鱼油里有维生素 A、维生素 D,特别是鱼肝的脂肪中,含维生素 A 和维生素 D 极为丰富,是其他肉类不可相比的。鱼肉中含有硫胺酶,能分解维生素 B_1,所以鱼死后要尽快加工烹调。

(二)几种水产品和干制水产品的营养价值

1. 甲鱼

甲鱼又称团鱼、鳖等,是一种水产爬行动物,营养价值非常丰富,肉味鲜美可口,尤其是背盘、周缘柔软的"裙边"别有滋味。甲鱼含有蛋白质、脂肪、糖类、无机盐、维生素 B_1、维生素 B_2、烟酸、维生素 A 等多种营养成分,其中,蛋白质含量高达 17.8%,比鲜牛乳多将近 6 倍,铁相当于牛乳的 9 倍。因此,甲鱼是餐馆、酒店筵席的佳肴,是大病初愈者的良好补品。它具有养筋、滋阴、活血等功效。常食甲鱼可降低胆固醇。其肉、甲、头、血、胆、脂肪均可入药。

2. 虾米

虾米即海米或干虾仁,营养丰富,味道鲜美,除蛋白质含量非常丰富(高达 43.7 g/100 g)外,还含有脂肪(0.5 g/100 g)和很高的钙(555 mg/100 g)、磷(666 mg/100 g)、铁(11.10 mg/100 g)、硒(75.40 μg/100 g)及较多的维生素 B_1(0.01 mg/100 g)、维生素 B_2(0.12 mg/100 g)和烟酸(50 mg/100 g)等。

3. 海参

海参属棘皮动物,我国有 20 余种可供食用,如刺参、乌参、梅花参、乌元参,都属名贵海产。海参是一种高蛋白、低脂肪、低胆固醇食品,干海参每 100 g 含蛋白质 76.5 g、脂肪 1.1 g、糖类 13.2 g、无机盐 4.2 g。此外还含有氨基酸和维生素等多种营养成分。它不仅是味道鲜美、营养丰富的名菜,并且对老年人是良好的滋补品,对高血压、冠心病、肝炎等患者也具有一定的保健作用。

4. 海带

海带为一种褐色海藻,含有多种营养成分。海带碘含量丰富,为 24 mg/100 g;钙和铁的含量也很丰富,分别为 1177 mg/100 g 和 150 mg/100 g;还含有相当数量的维生素 A、维生素 B_1、维生素 B_2、维生素 B_3,以及一定量的维生素 B_6、维生素 B_{12}、维生素 C、维生素 E、泛酸、叶酸等;含有大量的纤维素和海藻酸,几乎不含脂肪。

二、水产品类的卫生

影响水产品安全的因素很多,主要有细菌污染引起的腐败变质、寄生虫的污染和工业"三废"的污染等。鱼类营养丰富,含水量高,被微生物污染的也多。鱼类离水后很快就会死亡。鱼死后,同样也经过僵直、后熟、自溶、腐败四个阶段。"僵直"是鱼鲜度的良好标志,鱼体的自溶是在体内蛋白酶的作用下将蛋白质分解的结果,于是使肌肉组织渐渐变软,失去弹性,同时细菌也大量生长繁殖,鱼体表面黏液蛋白被细菌分解,由透明变为混浊状态,鱼体由硬变软,鱼鳞容易脱落,腹胀气,肛门突出,眼球下陷,混浊无光,鱼鳃由鲜红变成暗褐色或暗灰色。同时鱼体内细菌也迅速繁殖,对含氮物质进行分解,造成体内各组织的溃烂和严重的破坏,产生粪臭素、氨、硫醇、硫化氢等腐败产物,这时有明显臭味。鱼肉在微生物继续分解下导致肌肉碎裂与鱼骨分离,此时,已达到严重腐败阶段,因而不能食用。

对水产品新鲜程度的鉴定,目前仍无理想的理化检验方法,主要以感官检查为主。

寄生在鱼、蟹体内的寄生虫,我国主要有中华分支睾吸虫(肝吸虫)和卫氏并殖吸虫(肺吸虫）两种。肝吸虫寄生在淡水鱼体内,食用生鱼粥(将热粥浇到生鱼片上,加佐料食用)、生鱼片(生鱼片加上姜、醋、酒等生食)等生鱼或未熟的鱼,有可能患肝吸虫病,多见于广东、广西等地,因为当地人有吃"鱼生"的饮食习惯。肺吸虫主要是寄生在蟹体内,因食入未被杀死的肺吸虫囊蚴而致病。浙江和台湾等地区对此病的感染率较高。病因多为喜食醉蟹,为了防止感染这类寄生虫病,鱼、蟹必须彻底烹熟后再食用。

工业废物对水体的污染通过食物链的作用,富集于水生动物体内,导致水产品污染。受污染严重的鱼,体形出现变异,如头大尾小,脊柱弯曲畸形、体表颜色异常,眼睛混浊无光或向外鼓出,鳃较粗糙,有时还可闻到大蒜味、氨味、石油味等不正常气味,此类鱼绝不可食用。

除上述污染因素之外,水产品中还有青皮红肉的鱼类分解时会产生大量组胺而形成污染;鳝鱼、甲鱼、螃蟹死后组氨酸在脱羧酶作用下也产生组胺,从而引起组胺中毒。此外还有河豚毒素中毒、贝类中毒,以及咸鱼所含的二甲基亚硝酸盐,进入人体后转化为致癌性很强的二甲基亚硝酸胺等,都会对人体产生危害。

任务七 蔬菜、水果与食用菌营养价值及其卫生

【学习要求】
1. 掌握常用蔬菜、水果、菌类的营养价值。
2. 理解蔬菜、水果的卫生问题。
3. 掌握常用蔬菜、水果、菌类在膳食中的合理利用。

【学习内容】
蔬菜富含维生素、矿物质和大量的酶,水果则以维生素 C、有机酸等为主,野菜、野果不仅味道鲜美而且营养价值也很高。但它们可能存在农药残留、微生物污染等卫生问题,需注意清洗和处理。在膳食中,应多样化搭配,保证摄入足够的营养素,同时控制摄入量,避免过量摄入糖分或草酸等成分。合理利用这些食物能有效提升膳食的营养价值和健康效益。

一、蔬菜、水果与食用菌的营养价值

蔬菜和水果主要供给人们维生素和无机盐,是膳食中胡萝卜素、维生素 C、维生素 B_2、钙和铁的主要来源。

蔬菜和水果的蛋白质含量较低,除豆荚的蛋白质含量稍高外,其他蔬菜、水果所含蛋白质均极少。蔬菜和水果含脂肪量也极少,因此它们不是能量的主要来源。薯类是介于粮食和蔬菜之间的食物,含有一定量的糖和蛋白质,可以给人们提供一定的能量。蔬菜和水果中含有丰富的纤维素和果胶。纤维素和果胶虽不能为人体消化吸收,但也是膳食中的重要成分,它们可以促进胃肠蠕动和消化腺分泌,尤其是果胶在水中膨胀后形成柔软的物质,它既

不过分刺激胃肠,又能促进胃肠正常蠕动,而纤维素近年来也被科学界认为在预防肠癌上有一定作用。

(一)蔬菜的营养价值

我国膳食中常见的蔬菜主要是叶菜类,例如白菜、甘蓝、菠菜;其次是根茎类,例如各种萝卜、莴笋、薯类;豆荚类,例如毛豆、四季豆、扁豆、豌豆;瓜茄类,例如冬瓜、南瓜、茄子、番茄、辣椒。

蔬菜是维生素 C 的主要来源,长期不摄入蔬菜就会引起维生素 C 缺乏病。叶菜、花菜类含维生素 C 丰富,根菜类次之,辣椒中维生素 C 的含量最高,其他如苋菜、油菜、菠菜、小白菜、番茄中的维生素 C 含量也很丰富。绿叶蔬菜和橙色蔬菜所含胡萝卜素较多,绿叶蔬菜中维生素 B_2 的含量也很丰富,如蕹菜(空心菜)、菠菜、油菜、萝卜缨所含维生素 B 较高。

绿色蔬菜含铁量很高。虽然蔬菜及谷类、豆类(大豆除外)中的铁吸收率均较低,仅为10%,但蔬菜在我国的膳食中铁的供给量仍占一定地位。

蔬菜中含有大量的酶,如白萝卜中含有丰富的淀粉酶,可以促进食物消化。某些蔬菜中,如大蒜中含有植物杀菌素,对抵抗疾病和防止肠道传染病有一定作用。此外,由于蔬菜种类繁多,所以在烹调上可以增加蔬菜品种。

(二)水果的营养价值

新鲜水果也是维生素 C 的主要来源。酸枣含维生素 C 和维生素 P(芦丁)最多,柠檬、蜜柑、广柑、橘子、柚子等次之,山楂也含有丰富的维生素 C。胡萝卜素含量丰富的水果有橘子、海棠、杏、红果、枇杷和杧果,其中以杧果含量最丰富。富含铁的水果有桃、李、杏等。

水果中的一些有机酸,如柠檬酸、酒石酸、苹果酸,可以促进消化液分泌。再加之水果色、香、味俱佳,有助于消化吸收。水果中含有大量单糖类物质,很容易被人体吸收。

水果干是由鲜果经过加工制成的,如葡萄干、杏干、梨脯。水果干的维生素损失较多,已经失去了新鲜水果的营养特点,不过它们容易保存,而且加工后别有风味。有一些水果由于本身含有维生素 C 较多,加工处理后仍能保存一定量的维生素 C,故仍然具有一定营养价值。

硬果是硬壳果,它们的表面包了一层硬壳,水分也较少,常见的硬果有栗子、花生、核桃、瓜子、松子、榛子、杏仁等,其营养特点是蛋白质和脂肪含量都很高,唯栗子例外,栗子的蛋白质和脂肪含量极少而糖含量很高。硬果还含有一定的维生素 B_1、维生素 B_2 和铁。

(三)野菜、野果的营养价值

野菜、野果不仅味道鲜美而且营养价值也很高。常见的野菜有苜蓿、马齿苋、野苋菜等。这些野菜中的胡萝卜素、维生素 C、维生素 B 及钙的含量高于普通菜数倍至数十倍。常见的野果有刺梨、猕猴桃、酸枣等。它们所含维生素 C 和维生素 P 极为丰富,如刺梨所含维生素 C 较蜜柑高出 50 倍,是维生素 C 的良好来源。但它们可能存在农药残留、微生物污染等卫生问题,野菜食用前一般需经过处理,如在沸水中煮沸片刻后弃去菜汁、再加盐、油烹调后食用。

(四)食用菌的营养价值

食用菌属于一类不含叶绿素的真菌,是以无毒真菌的子实体为食用部分的蔬菜,常用的有香菇、蘑菇、口蘑、木耳、银耳、猴头菇等。

食用菌除含丰富的纤维素外,还以独特的香气和鲜味赢得人们的喜爱。食用菌还含有大量的必需氨基酸及钙、磷、铁等无机盐;含有维生素 B_2 和酶类;特别是它们还含有能够预防疾病的特殊成分。如香菇中的核酸类物质对胆固醇有溶解作用,有助于预防高血压病,麦角固醇作为维生素 D 原可预防佝偻病。此外食用菌含有的糖苷具有抗癌作用。

二、蔬菜、水果的卫生

蔬菜、水果以生食或急火炒熟的烹调方法为主,因此它们的安全标准成为衡量其质量的重要方面。

(一)肠道致病菌和寄生虫卵对蔬菜和水果的污染

当前我国蔬菜栽培还有相当一部分利用人畜粪便作肥料,所以蔬菜存在被肠道致病菌和寄生虫卵污染的可能。例如,无论是新鲜蔬菜还是咸菜中都可以检出蛔虫卵,即使高浓度盐水也不能杀死蛔虫卵。水生植物如红菱(菱角)和荸荠(马蹄)可能有姜片虫囊蚴,生食可能引起姜片虫病。在运输过程中蔬菜和水果混运,可引起水果被肠道致病菌污染,表皮破损的水果更容易被污染。

为了防止肠道致病菌和寄生虫卵对人体造成危害,食用蔬菜、水果要做到以下三点:

(1)生食瓜果、蔬菜前要彻底洗净、消毒;不生食水生植物。

(2)消毒方法有两种:一是以沸水充分浸烫 30 s,既要杀死虫卵,又要保证不过多损失维生素;二是药物消毒,有些蔬菜和水果可用漂白粉或高锰酸钾溶液浸泡,其缺点是有效成分非常不稳定,消毒效果不易掌握,浸泡后还要用冷开水漂洗,用 5% 乳酸溶液或 0.3% 氯胺-T溶液浸泡 5 min,效果也很好。

(3)制作水果拼盘、冷盘等直接入口的食品,要防止与苍蝇、蟑螂等害虫接触,避免肠道致病菌和寄生虫卵的污染。

(二)生活污水和工业废水中的有毒物质对蔬菜和水果的污染

用经净化处理达标的生活污水和工业废水灌溉菜地,不仅可以解决水源和增加肥源问题,而且可以使污水在土壤中进行自然净化,减少河道污染。但未经处理的生活污水中常含有大量致病细菌和寄生虫卵,会污染蔬菜;未经处理的工业废水可能含有各种有毒物质,不利于蔬菜生长,而且对食用者的健康产生一定危害。为此,在使用污水灌溉菜地前,应先经储存、微生物发酵、沉淀以去除有害物质,再进行灌溉;对要生食的蔬菜、瓜果要采用高架栽培和地下灌水技术。以避免与污水直接接触;在蔬菜收获前3～4周应停止用污水灌溉。餐饮业需要彻底清洗蔬菜、水果,生食的蔬果要经过消毒。

(三)农药残留对蔬菜和水果的污染

为了使农药残留对蔬菜、水果的污染降至最低,在农业生产中要尽量选用高效、低毒、低残留的农药,注意采摘与施药之间隔有足够长的时间;对餐饮业来说加工前要彻底浸泡清洗蔬菜、水果,能削皮的一定要削去表皮。

三、蔬菜、水果、菌类在膳食中的合理利用

在膳食中合理利用常用蔬菜、水果、食用菌,可以遵循以下几个原则:

(1)多样化选择。食用菌、蔬菜和水果各具独特的营养价值,应多样化选择以保证营养均衡。食用菌富含蛋白质、氨基酸、多糖类、矿物质元素,而蔬菜和水果则富含维生素和纤维素。

(2)新鲜度。选择新鲜的食用菌,避免泛黄、发黑或有异味的产品。触摸食用菌,确保质地坚实、没有变软或发黏的迹象。

(3)清洗和处理。使用清水轻柔地冲洗食用菌,避免用力搓揉,以免损伤其质地。修剪干净蘑菇根蒂部分,以去除泥土和不易消化的部分。

(4)烹饪方式。采用多样化的烹饪方式,如蒸、煮、炒、炖等,有助于保留食用菌中的营养成分。蒸是一种保留最多营养成分的烹饪方式,同时也能保持食物的原始风味。

(5)合理搭配。食用菌味道鲜美、营养丰富,将菌类食品在日常的膳食中进行合理搭配,不仅能够提升饮食的丰富性,而且对于慢性疾病的预防和治疗也具有重要的意义。

(6)注意禁忌。食用菌虽然优点众多,但也存在一些禁忌条件。例如,草菇和金针菇性质比较凉寒,对于脾胃虚弱、经常腹泻的人不太适合。有顽固性皮肤瘙痒的人不宜食用香菇。

(7)加工产品选择。食用菌加工产品如食用菌酱料和休闲食品也可以作为日常膳食的补充,但应注意选择加工程度较低、添加剂较少的产品。

(8)适量摄入。食用菌、蔬菜和水果都应适量摄入,过量可能会影响营养均衡,甚至带来健康问题。

【学习与思考】

一、单项选择题

1. 下列属于全谷物的是(　　　)。

A. 精白米 　　　　　　　　　　　　B. 燕麦

C. 玉米淀粉 　　　　　　　　　　　D. 富强粉

2. 谷类中蛋白质含量最高的是(　　　)。

A. 稻米 　　　　B. 玉米 　　　　C. 燕麦 　　　　D. 小米

3. 大豆脂肪中含量较高的是(　　　)。

A. 饱和脂肪酸 　　　　　　　　　　B. 单不饱和脂肪酸

C. 多不饱和脂肪酸 　　　　　　　　D. 反式脂肪酸

4. 畜禽肉中,胆固醇含量最高的是(　　　)。

A. 猪瘦肉 　　　B. 牛瘦肉 　　　C. 猪脑 　　　D. 鸡肝

5. 蛋类中,维生素大部分集中在(　　)。

A. 蛋清　　　　　　　　　　　　B. 蛋黄

C. 蛋壳　　　　　　　　　　　　D. 蛋白和蛋黄分布均匀

6. 牛乳中含量最丰富的无机盐是(　　)。

A. 钙、磷、钾　　　　　　　　　　B. 铁、锌、硒

C. 镁、铜、锰　　　　　　　　　　D. 钠、氯、碘

7. 鱼类脂肪的消化率约为(　　)。

A. 60%　　　　　　B. 75%　　　　　　C. 95%　　　　　　D. 80%

8. 下列蔬菜中,维生素 C 含量相对较高的是(　　)。

A. 黄瓜　　　　　　B. 辣椒　　　　　　C. 冬瓜　　　　　　D. 南瓜

9. 水果干与新鲜水果相比,营养特点是(　　)。

A. 维生素含量更高　　　　　　　　B. 蛋白质含量更高

C. 维生素损失较多　　　　　　　　D. 脂肪含量更高

10. 食用菌中对预防高血压病有作用的成分是(　　)。

A. 核酸类物质　　　B. 糖苷　　　　　　C. 麦角固醇　　　　D. 纤维素

二、多项选择题

1. 谷类食品的营养价值包括(　　)。

A. 蛋白质是人体蛋白质的主要来源,多为半完全蛋白质

B. 糖类主要为淀粉,是理想的能量来源

C. 脂肪含量不高,含少量植物固醇和卵磷脂

D. 是 B 族维生素的重要来源

E. 无机盐多集中在谷皮、糊粉层,粗制米面含量较高

2. 豆与豆制品在膳食中的合理利用方式有(　　)。

A. 与谷类混合食用提高蛋白质营养价值

B. 加工成豆浆、豆腐等可提高蛋白质消化率

C. 大豆及制品经霉菌发酵可提高维生素 B_{12} 含量

D. 肾功能不全者应多食用豆制品

E. 痛风患者应避免食用高嘌呤的豆制品

3. 畜禽肉及其制品的卫生问题有(　　)。

A. 腐败变质

B. 人畜共患传染病

C. 人畜共患寄生虫病

D. 加工过程中可能受多环芳香烃类污染

E. 加工中硝酸盐或亚硝酸盐使用不当可造成中毒

4. 蛋与蛋制品的营养价值特点包括(　　)。

A. 蛋类蛋白质是完全蛋白质,利用率高

B. 脂肪主要集中在蛋黄,呈乳融状易被消化

C. 无机盐主要存在于蛋壳和蛋黄

D. 维生素大部分集中在蛋黄

E. 皮蛋在加工中 B 族维生素损失较大且铅含量增加

5. 乳类在膳食中的合理利用方法有(　　　　)。

A. 喝乳前先吃些食物,利于蛋白质利用

B. 牛乳不宜久煮,一沸即可

C. 喝酸牛乳有益健康,适合乳糖不耐受者

D. 睡前喝鲜牛乳可助眠

E. 牛乳应避光保存

三、判断题(对的打√,错的打×)

1. 精制谷物保留了完整谷粒的胚乳、胚芽和麸皮。　　　　　　　　　　　(　　　)

2. 豆类蛋白质的赖氨酸含量低于谷类。　　　　　　　　　　　　　　　　(　　　)

3. 禽肉比畜肉鲜嫩、味美且易于消化是因为其脂肪中饱和脂肪酸含量低,结缔组织柔软。　　　　　　　　　　　　　　　　　　　　　　　　　　　　　　　　(　　　)

4. 蛋类生食可更好地保留营养,应提倡。　　　　　　　　　　　　　　　　(　　　)

5. 蔬菜是维生素 C 和膳食纤维的重要来源。　　　　　　　　　　　　　　(　　　)

项目八	合理营养与平衡膳食

 项目目标

1. 学习热能，掌握能量控制。
2. 掌握《中国居民膳食指南（2022）》的内容及八大准则。
3. 掌握各类特殊人群的膳食营养特点。
4. 培养公众良好的饮食习惯。

 思维导图

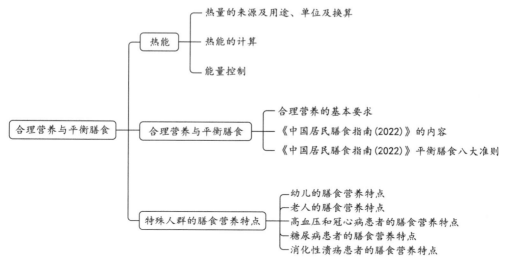

任务一　热能

【学习要求】

1. 理解热量的来源及用途、单位及换算。

2. 掌握食物所含热量的计算方法。

3. 掌握人体所需热量的计算方法。

4. 掌握能量控制。

【学习内容】

热量来源于食物中的碳水化合物、脂肪和蛋白质。它们为人体提供能量,用于维持基础代谢、支持身体活动和生长发育。热量的单位有千卡(kcal)和千焦(kJ),1千卡约等于4.182千焦。计算食物所含热量时,可根据食物中三大营养素的含量及其热量系数(碳水化合物为4千卡/克、脂肪为9千卡/克、蛋白质为4千卡/克)进行估算。能量控制是保持健康的关键,需根据个人的年龄、性别、体重、活动量等因素确定每日所需热量,通过合理搭配饮食和控制摄入量来维持能量平衡,同时结合运动消耗多余热量,以达到健康目标。

一、热量的来源及用途、单位及换算

人体通过摄取食物中的产能营养素(包括碳水化合物、脂肪和蛋白质)来获取能量,以维持机体的各种生理功能和生命活动。人体每日能量消耗主要包括基础代谢、体力活动和食物热效应三方面。机体能量需要量与年龄、性别、生理状态、体重以及身体活动有关;人体能量摄入量与能量消耗量构成的能量平衡既受到外环境因素如摄食行为、温度变化、体力活动以及精神压力等因素的影响,也受到内环境因素如细胞因子、受体、激素以及神经-体液系统等的影响。任何原因导致的能量失衡均会引起一系列的健康问题。

自然界中的能量多以化学能、机械能、热能、电能以及太阳能等形式存在,但人体只能利用来自食物中的碳水化合物、脂肪和蛋白质经生物氧化过程释放的能量(化学能),其中,约一半的能量是以高能磷酸键的形式储存在体内,用以维持机体代谢、呼吸、循环、神经传导以及肌肉收缩等;同时,产能过程中释放的能量用于维持体温。当能量长期摄入不足时,机体将动员组织和细胞中储存的能量以维持生理活动中的能量消耗。当能量摄入量高于需求量时,多余的能量将以脂肪的形式储存在体内。能量过剩与缺乏均会影响人体健康。

大多数时候,人们常用千卡(又称"大卡",1千卡=1000卡)来计算食物中的能量,因为它比较方便。

而国际标准的能量单位是焦耳(Joule),按国际单位换算:1卡=4.182焦耳,则1千卡=4.182千焦耳。

二、热能的计算

(一)食物所含热量的计算

饮食中可以提供热量的营养素是糖类(碳水化合物)、脂肪、蛋白质、酒精、有机酸等。每克供能分别为:糖类(碳水化合物)4千卡、脂肪9千卡、蛋白质4千卡、酒精7千卡、有机酸2.4千卡。

计算食物或饮食所含的热量,食物所含热能的方法为:将食物中营养素的克数乘以各自的

产热系数。首先要查出食物成分中产热营养素的量,然后利用以下公式计算:

热量(千卡)＝糖类克数×4＋蛋白质克数×4＋脂肪克数×9＋乙醇克数×7

例:一杯牛奶(200 g)的热量是多少?

解:(1)查食物成分表知:牛奶100 g 含蛋白质3.3 g,脂肪4.0 g,糖5.0 g;则,200 g 牛奶含蛋白质6.6 g,脂肪8.0 g,糖10.0 g;

(2)糖类产热量:10.0×4 kcal＝40.0 kcal　蛋白质产热量:6.6×4 kcal＝26.4 kcal

脂肪产热量:8.0×9 kcal＝72.0 kcal　热量共计:138.4 kcal≈579 kJ

答:一杯牛奶(200 g)的热量为138.4 kcal,约579 kJ。

(二)人体所需热量的计算

一个正常人每日所需的热量和他的体重有关。每日摄取热量和体重比的关系约为1千卡/(小时·千克),即4.182千焦/(小时·千克)。所以一个重50kg的成年人每日所需的热量如下:

所需热量＝4.182×24×50＝5018.4(千焦)

要注意利用上述公式算出的每天摄取热量,是每人的基本所需热量,指维持生命的最基本需要如呼吸、心跳等需要的热量。一般行动、工作或运动所消耗热量并不计算在内。所以普遍来讲,一个成年男子每日需9200～11000千焦热量;一个成年女子每日需8000～9000千焦热量。一般小学生每日约需的热量和一个成年男子的最低所需热量相当,约9200千焦。中学生正在发育,所以需要消耗的热量较多,男生平均每日需要10500千焦以上热量,而女生则需要9000～10000千焦热量。

三、能量控制

人体主要是通过调节能量摄入和能量消耗来维持能量平衡。当人体长期处于能量摄入大于能量消耗时,过剩的碳水化合物以糖原的形式储存在肝脏和肌肉或转化为脂肪,并与过剩的脂肪一样以甘油三酯的形式储存于脂肪组织中。当摄入能量低于消耗能量时,机体将动员储存的糖原或脂肪。目前认为,食欲行为与能量平衡的调节是生理因素(感官刺激、胃肠信号、内分泌、神经与体液等)和非生理因素(环境、摄食行为等)相互作用的复杂过程。

(一)热量摄入与消耗的关系

热量(能量)是我们从食物中获取并用于维持身体各种功能和活动的必要资源。当摄入的热量超过身体实际消耗的热量时,多余的热量就会以脂肪的形式储存起来,从而导致体重增加;相反,如果我们能合理控制热量的摄入,使其低于身体消耗的热量,就能够实现减重的目标。

(二)食物的热量含量

不同的食物含有不同的热量,高脂肪、高糖的食物通常热量较高,而蔬菜、水果等富含纤维的食物热量相对较低。通过学习食物热量表,我们可以更加明智地选择食物,避免摄入过多的高热量食物。

(三)合理安排饮食结构

一份均衡的饮食应包括适量的碳水化合物、蛋白质和脂肪。碳水化合物是身体的主要能量来源,但应选择复杂碳水化合物,如全麦面包、糙米等,而非简单碳水化合物,如糖果、饮料等。蛋白质对于身体的修复和维持肌肉质量非常重要,可以选择瘦肉、鱼类、豆类等优质蛋白来源。适量的健康脂肪,如橄榄油、坚果等,对于身体正常运转也是必需的。

(四)控制食物的分量

即使是健康食物,如果摄入过多,也会导致热量过剩。我们可以使用较小的餐盘、合理分配每餐的食物比例,以及避免过度进食。同时,要养成细嚼慢咽的习惯,给身体足够的时间来感受饱腹感,从而避免暴饮暴食。

(五)注意饮食的时间和频率

规律的饮食可以帮助身体建立稳定的能量代谢模式。避免长时间不吃导致过度饥饿,然后一次性摄入大量食物。可以适当增加餐次,但控制每餐的分量。

(六)结合运动与饮食

运动可以帮助我们消耗热量,提高身体的代谢率,进一步增强减重效果。选择适合自己的运动方式,并将其纳入日常生活中。

(七)食物热效应

食物热效应只能增加体热的外散,而不能增加可利用的能。为了保存体内的营养贮备,进食时必须考虑食物热效应额外消耗的能量,使摄入的能量与消耗的能量保持平衡。

(八)能量控制模型

在营养流行病学研究中使用能量控制模型能够从膳食组分摄入量中排除总能量摄入的混杂作用,探究膳食组分摄入与研究结局之间的真实关联。这些模型包括标准多元模型、营养素残差模型、能量分解模型和多元营养素密度模型。

(九)能量摄入与消耗的平衡及其估算方法

能量平衡是营养学中一个最基本的问题,也是评价营养状况的重要指标。当能量的摄入量与消耗量相当时,人体的体重保持恒定;能量摄入量大于消耗量时,体重和体脂就会增加;能量摄入量小于消耗量时,体重则会减轻。

任务二　合理营养与平衡膳食

【学习要求】

1. 理解合理营养的基本要求。

2. 掌握《中国居民膳食指南(2022)》的内容。

3. 掌握《中国居民膳食指南(2022)》的八大准则。

【学习内容】

合理营养强调平衡膳食，满足人体对各类营养素的需求，同时避免过量或不足。《中国居民膳食指南(2022)》提出了八大准则，包括食物多样、合理搭配、吃动平衡、健康体重，多吃蔬果、奶类、全谷物和大豆，适量摄入鱼、禽、蛋、瘦肉，少盐少油、控糖限酒，规律进餐、足量饮水，会烹会选、会看标签，公筷分餐、杜绝浪费。这些准则旨在指导人们建立健康的饮食习惯，促进营养均衡，预防慢性疾病，提升整体健康水平。

一、合理营养的基本要求

(一)各种营养素充足且热能适当

一日膳食中食物构成要多样化，各种营养素应品种齐全，包括供能食物，即蛋白质、脂肪及碳水化合物；非供能食物，即维生素、矿物质及纤维素。粗细混食，荤素混食，合理搭配，从而供给用膳食者必需的热能和各种营养素。

各种营养素数量充足，必须满足人体生长发育需要，不能过多，也不能过少。这些食物的营养素之间能相互配合，相互制约。如维生素C能促进铁的吸收；脂肪能促进脂溶性维生素A、D、E、K的吸收；微量元素铜能促进铁在体内的运输和储存；碳水化合物和脂肪能保护蛋白质，减少其消耗；而磷酸、草酸和植酸能影响钙、铁吸收。所以只有摄入膳食结构合理的混合膳食才能满足人体对食物营养的需求。

另外，营养素之间应比例适当。如蛋白质、脂肪、碳水化合物供热比例为$1：2.5：4$；优质蛋白质应占蛋白质总量的$1/2 \sim 2/3$，动物性蛋白质占$1/3$。

(二)食物卫生、无毒害且易于消化吸收

食物经科学的加工与烹调后应尽量减少营养素的损失，并提高消化吸收率。油炸、烧烤、焙烤等高温加工方法能让食物产生特殊的香气和口感，如炸鸡腿和炸薯条的香酥感，油炸土豆片和脆饼干的松脆感，烤羊肉串和熏肉的独特香味等。然而，这些高温烹调方式给饮食带来了极大的安全隐患，除了会造成维生素的损失外，碳水化合物、脂肪和蛋白质在高温下都会产生有毒有害物质。所以，选择$100 \sim 120 ℃$之间的蒸、煮、炖、烧，控制油温不要过高，高压锅蒸煮等烹调方法不会产生这些有害物质。建议低温烹调食物，安全性较好。

适当摄入肉类对老年人的健康十分重要。研究发现，用文火炖煮较长时间可使饱和脂肪酸减少$30\% \sim 50\%$，胆固醇含量明显下降；选择适当的蔬菜与肥肉搭配可以降低肉食中的胆固醇，比如海带煮肉、黄豆扒肘子、辣椒炒肉。黄豆中的植物固醇及磷脂可降胆固醇，辣椒中的辣椒素和海带中的多种成分可以减肥。这种科学搭配不但味道鲜美，还使肥肉或五花肉肥而不腻；加大蒜烹调可使肉食肥而不腻，还可使胆固醇下降$10\% \sim 15\%$；炒、炖肉食时加生姜烹调，不但可以去除肉食腥味，还可大大降低胆固醇。

(三)合理的膳食制度和良好的进食环境

合理的膳食制度，要求一日三餐定时定量，且热能分配比例适宜，养成良好的饮食习惯，同时还需要营造良好的进食环境。我国多数地区居民习惯于一天吃三餐，三餐食物量的分配及间隔时间应与作息时间和劳动状况相匹配。一般早餐要吃好、午餐要吃饱、晚餐要吃

少。特殊情况可调整,三餐供热比例为早餐占30%左右、中餐占40%左右、晚餐占25%左右、午后点心占5%～10%。通常上午的工作学习都比较紧张,营养不足会影响学习工作效率,不吃早餐,首先就会导致没有精神、头晕等症状,而且大脑和肌肉还是处在非健康状态,这样的状态完全不能满足整个上午的工作、学习强度,长期不吃早餐会给身体带来很大的伤害。

合理营养要求实现人体的生理需求与膳食摄入的营养素及热能值建立平衡关系,而这种平衡关系是通过平衡膳食来具体实现的。平衡膳食是指选择多种食物,经过适当搭配做出的膳食,这种膳食能满足人们对能量及各种营养素的需求,因而叫平衡膳食。为预防疾病,必须保证适当饮食,尽可能多地摄入富含天然营养物质的植物,给身体最佳保护。人的身体本身对预防疾病、自我保护有着自行的免疫机制。因此,在日常饮食和生活中遵循营养科学膳食,人类的平均寿命可能增加15～25年。

二、《中国居民膳食指南(2022)》的内容

中国居民平衡膳食宝塔(以下简称"宝塔")是根据《中国居民膳食指南(2022)》(以下简称《膳食指南》)的准则和核心推荐,把平衡膳食原则转化为各类食物的数量和所占比例的图形化表示(图8-2-1)。

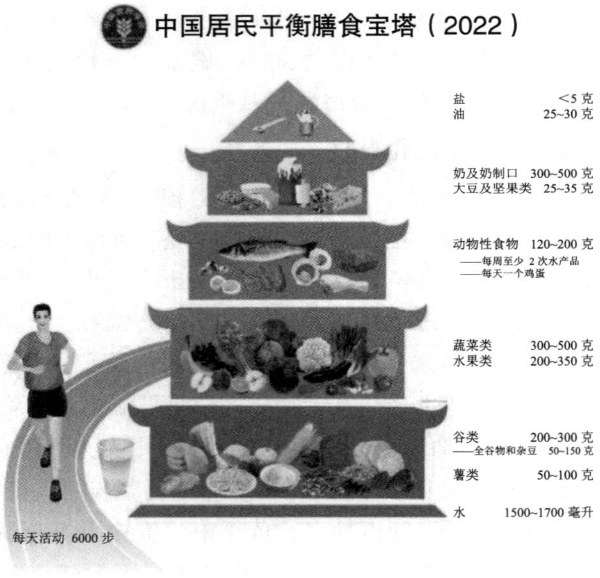

图 8-2-1 中国居民平衡膳食宝塔

(一)第一层:谷类和薯类

《膳食指南》中建议成年人每人每天摄入谷类200～300 g,其中包含全谷物和杂豆类50～150 g;另外,薯类50～100 g。

谷类、薯类和杂豆类是碳水化合物的主要来源。谷类包括小麦、稻米、玉米、高粱等及其制品,如米饭、馒头、烙饼、面包、饼干、麦片等。全谷物保留了天然谷物的全部成分,是理想

膳食模式的重要组成,也是膳食纤维和其他营养素的来源。杂豆包括大豆以外的其他干豆类,如红小豆、绿豆、芸豆等。我国传统膳食中整粒的食物常见的有小米、玉米、绿豆、红豆、荞麦等,现代加工产品有燕麦片等,因此把杂豆与全谷物归为一类。2岁以上人群都应保证全谷物的摄入量,以此获得更多营养素、膳食纤维和健康益处。薯类包括马铃薯、红薯等,可替代部分主食。

(二)第二层:蔬菜类和水果类

蔬菜、水果是《膳食指南》中鼓励多摄入的两类食物。《膳食指南》推荐成年人每天摄入蔬菜300～500 g,水果200～350 g。蔬菜水果是膳食纤维、微量营养素和植物化学物的良好来源。蔬菜包括嫩茎、叶、花菜类、根菜类、鲜豆类、茄果瓜菜类、葱蒜类、菌藻类及水生蔬菜类等。深色蔬菜是指深绿色、深黄色、紫色、红色等有颜色的蔬菜,每类蔬菜提供的营养素略有不同,深色蔬菜一般富含维生素、植物化学物和膳食纤维,推荐每天占总体蔬菜摄入量的1/2以上。

水果多种多样,包括仁果、浆果、核果、柑橘类、瓜果及热带水果等。推荐吃新鲜水果,在鲜果供应不足时可选择一些含糖量低的干果制品和纯果汁。

(三)第三层:动物性食物

鱼、禽、肉、蛋等动物性食物是《膳食指南》推荐适量食用的食物。《膳食指南》推荐每天鱼、禽、肉、蛋摄入量共计120～200 g。

新鲜的动物性食物是优质蛋白质、脂肪和脂溶性维生素的良好来源,建议少吃加工类肉制品。目前我国汉族居民的肉类摄入以猪肉为主,且增长趋势明显。猪肉含脂肪较高,应尽量选择瘦肉或禽肉。常见的水产品包括鱼、虾、蟹和贝类,此类食物富含优质蛋白质、脂类、维生素和矿物质,建议每周至少食用2次水产品。蛋类包括鸡蛋、鸭蛋、鹅蛋、鹌鹑蛋、鸽子蛋及其加工制品,蛋类的营养价值较高,推荐每天食用1个鸡蛋,吃鸡蛋不能丢弃蛋黄,蛋黄含有丰富的营养成分,如胆碱、卵磷脂、胆固醇、维生素A、叶黄素、锌、B族维生素等,无论对多大年龄的人群都具有健康益处。

(四)第四层:奶类、大豆和坚果

奶类和豆类是《膳食指南》中鼓励多摄入的食物。奶类、大豆和坚果是蛋白质和钙的良好来源,营养素密度高。推荐每天摄入相当于鲜奶300～500 g的奶类及奶制品。大豆和坚果推荐摄入量共为25～35 g。在全球奶制品消费中,我国居民摄入量一直很低,多吃各种各样的乳制品,有利于提高乳类摄入量。

大豆包括黄豆、黑豆、青豆,其常见的制品如豆腐、豆浆、豆腐干等。坚果包括花生、葵花子、核桃、杏仁、榛子等,部分坚果的营养价值与大豆相似,富含必需脂肪酸和必需氨基酸。坚果无论作为菜肴还是零食,都是食物多样化的良好选择。

(五)第五层:盐和油

油盐作为烹饪调料必不可少,但建议尽量少用。《膳食指南》推荐成年人平均每天烹调油不超过25～30 g,食盐摄入量不超过5 g。按照DRI(膳食营养素参考摄入量)的建议,1～3岁人群膳食脂肪供能比应占膳食总能量的35%,4岁以上人群占20%～30%。在1600～2400 kcal能量需要量水平下,脂肪的摄入量为36～80 g。其他食物中也含有脂肪,在满足平衡膳食模式中其他食物建议量的前提下,烹调油需要限量。按照 25～30 g 计算,烹调油提供 10% 左右的膳食能量。烹调油包括各种动植物油,植物油如花生油、大豆油、菜籽油、葵花籽油等,动物油如猪油、牛油、黄油等。烹调油也要多样化,应经常更换种类,以满足人体对各种脂肪酸的需要。

我国居民食盐用量普遍较高,盐与高血压关系密切,限制食盐摄入量是我国长期行动目标。除了少用食盐外,也需要控制隐形高盐食品的摄入量。酒和添加糖不是膳食组成的基本食物,烹饪使用和单独食用时都应尽量避免。

(六)身体运动和水

身体活动和水的图示仍包含在可视化图形中,强调增加身体活动和足量饮水的重要性。水是膳食的重要组成部分,是一切生命活动必需的物质,其需要量主要受年龄、身体活动、环境温度等因素的影响。身体活动水平较低的成年人每天应饮水 1500～1700 mL(7～8 杯)。在高温或身体活动水平较高的条件下,应适当增加饮水量。饮水过少或过多都会给人体健康带来危害。来自食物中的水分和膳食汤水大约占 1/2,推荐一天中饮水和整体膳食(包括食物中的水,汤、粥、奶等)水摄入共计 2700～3000 mL。

身体活动是能量平衡和保持身体健康的重要手段。运动或身体活动能有效地消耗能量,保持精神和机体代谢的活跃性。鼓励养成天天运动的习惯,坚持每天多做一些消耗能量的活动。推荐成年人每天进行至少相当于快步走 6000 步的身体活动,每周最好进行 150 分钟中等强度的运动,如骑车、跑步、庭院或农田的劳动等。一般而言,低身体活动水平的能量消耗通常占总能量消耗的 1/3 左右,而高身体活动水平者可高达 1/2。加强和保持能量平衡,需要通过不断摸索,关注体重变化,找到食物摄入量和运动消耗量之间的平衡点。

三、《中国居民膳食指南(2022)》平衡膳食八大准则

(一)食物多样,合理搭配

《膳食指南》强调膳食模式的整体性作用,突出合理搭配的重要性,即食物种类和重量都需合理化。通过荤素搭配、粗细搭配、颜色和口味搭配等方式,使蛋白质、脂肪和碳水化合物提供的能量比例适宜,并摄入足够的维生素、矿物质等,满足营养需求,以达到促进健康的目的。具体来说,需要做到平均每天摄入 12 种以上食物,每周 25 种以上。每天的膳食应坚持以谷类为主,还应包括薯类、蔬果、禽畜鱼蛋奶等食物。

(二)吃动平衡,健康体重

《膳食指南》强调食不过量,控制总能量的摄入。各年龄段人群都应天天进行身体活动,保持健康体重;食不过量,保持能量平衡;坚持日常身体活动,每周至少进行 5 天中等强度身体活动,累计 150 分钟以上,主动身体活动每天 6000 步以上;鼓励适当进行高强度有氧运动,加强抗阻运动,每周 23 天;减少久坐时间,每小时起来动一动。

(三)多吃蔬果、奶类、全谷、大豆

《膳食指南》强调"多吃全谷",强调了全谷物摄入的必要性。

与精制米面相比,全谷物可提供更多的 B 族维生素、矿物质、膳食纤维等营养成分,对降

低肥胖、2型糖尿病、心血管疾病、肿瘤等膳食相关疾病的发生风险具有重要作用。所以日常应该将麦片、藜麦、糙米、荞麦、燕麦、大麦等加入膳食中。

奶类、大豆和坚果等营养素密度高。牛奶含有丰富的优质蛋白质和钙元素，又易于人体消化吸收，既能促进青少年生长发育，又能帮助中老年人预防骨质疏松，除了牛奶，还有酸奶、奶酪、舒化奶、奶粉可以选择。

(四)适量吃鱼、禽、蛋、瘦肉

随着生活水平的不断提高，中国居民的膳食结构中，蛋白质的"量"已经得到了较大改善，而蛋白质的"质"，还需要从畜类蛋白向增加摄入鱼虾蛋白、优质深海蛋白的结构不断调整优化。强调每周至少食用2次水产品，每天食用1个蛋。中国人吃畜肉较多，特别是猪肉，而水产品相对畜肉来说，脂肪含量较低，且脂肪酸比例也更优质，更有利于心血管系统的保护。优先推荐富含DHA的三文鱼、鳕鱼、鲈鱼、带鱼、青花鱼，富含锌和铁的蛏子、蛤蜊、牡蛎、河蚌。

鸡蛋号称"全营养食品"，其营养价值也近乎完美，含有维生素、叶酸、胆碱、卵磷脂，以及钙、铁、硒等矿物质，所以每天吃1个鸡蛋是必要的。一些人群担心其胆固醇含量，研究表明，每天吃1个鸡蛋的营养效益远高于其胆固醇对身体的影响。

(五)少盐少油，控糖限酒

培养清淡饮食习惯，少吃高盐和油炸食品。摄盐量为每日5 g，高盐饮食增加了高血压、心血管疾病、骨质疏松、肥胖等疾病风险。所以控盐一直是关键。

强调酒和添加糖不是膳食组成的基本食物，烹饪使用和单独食用时都应尽量避免，尤其强调对于添加糖的控制。

(六)规律进餐，足量饮水

《膳食指南》提倡规律进餐和足量饮水。近20年来的数据显示，我国居民每日三餐规律的人群比例有所下降，零食消费率呈大幅增加趋势。经常饮食不规律不仅会增加暴饮暴食风险，进而增加肥胖、超重风险；还会影响肠胃功能，损伤胃肠黏膜，诱发肠胃炎、胃溃疡等消化系统疾病；甚至影响到机体代谢以及胰岛素抵抗水平，增加2型糖尿病的发生概率……因此，建议大家最好固定三餐时间，定时定量。

水是膳食的重要组成部分。调查显示，我国约2/3的居民饮水不足。当身体缺水时，将会带给身体诸多危害，如：血液流量下降，易产生疲劳感；皮肤提早出现皱纹、干燥、老化等；增加血液黏稠度，影响血液循环，增加血栓风险；摄入水分不足时，排尿次数减少，增加了结石风险……因此，膳食宝塔提倡足量饮水、主动喝水、少量多次，低身体活动水平下的成年男性每天应喝水1700 mL，成年女性每天应喝水1500 mL。同时推荐喝白开水或茶水，少喝或者不喝含糖饮料。

(七)会烹会选，会看标签

烹调建议以白灼、清蒸、水煮、凉拌等清淡方式为主，少煎、炸、熏、烤。挑选食材最重要的是讲究新鲜卫生，要尽量选择营养密度高的食物，如鸡蛋、三文鱼、贝类、芥蓝等。

会看标签，主要指会看配料表和营养成分表，食材在配料里的位置越靠前，说明含量越高;营养成分表主要选蛋白含量高、脂肪和钠含量低的食品。

（八）公筷分餐，杜绝浪费

针对疫情，《膳食指南》提出了新的准则，具体强调"公筷分餐"，避免食源性疾病的发生和传播。另外，选择新鲜食材和适宜烹调方法，生熟分开，熟食二次加热要热透等都是为了保证食品卫生，阻断疫情，有益于健康。

当然，提倡分餐也杜绝浪费，合理选择食品，按需备餐，多回家吃饭，享受食物和亲情，兴饮食文明新风。

任务三　特殊人群的膳食营养特点

【学习要求】
1. 了解特殊人群。
2. 掌握各类特殊人群的膳食营养特点。

【学习内容】

幼儿需营养均衡、清淡饮食，保证奶类摄入；老人饮食应多样化、少盐低脂，增加粗粮和大豆制品；高血压和冠心病患者需低盐、低脂、高钾、高钙，避免高胆固醇食物；糖尿病患者需控制总热量，低糖高纤维，合理分配营养比例；消化性溃疡患者应选择易消化食物，避免刺激性食物和过冷过热食物，急性期以流质为主。这些特殊人群的膳食营养特点各有侧重，需根据个体情况合理安排饮食，以满足营养需求并促进健康。

一、幼儿的膳食营养特点

幼儿在此特指学龄前儿童，他们活泼好动，处于生长发育、新陈代谢的旺盛阶段，但消化能力有限，抵抗力较弱，所以对于膳食营养素的需求有一些特殊要求。

（1）动物性蛋白质摄入量应为蛋白质总摄入量的 $50\%\sim60\%$，年龄越小，需要的蛋白质的量越大。

（2）注意膳食热量分配及适当的比例：早晚餐各占 $20\%\sim25\%$、上午点心占 $10\%\sim15\%$、午餐占 $40\%\sim45\%$、下午点心占 $10\%\sim15\%$。

（3）膳食中应尽量多选优质动物性脂肪，如黄油、蛋黄、鱼肝油。

（4）多样化饮食，保证充足的维生素和无机盐供给，应多选用肝肾、瘦肉、豆制品、蛋乳、鱼类和新鲜蔬果等，一般宜用蒸、炖、滑炒等烹饪方法，在保证营养的基础上，变换花色品种，提高幼儿食欲。

二、老人的膳食营养特点

随着年龄的增长，人体功能的衰退，消化能力的减弱，对于如何做好老年人的膳食安排和调整,提出了不同的要求。

(1)保证充足、优质易消化蛋白质来源的食物如鱼虾、禽肉、奶蛋及豆制品的摄入。

(2)多选用含不饱和脂肪酸较多的植物油,如花生油、豆油、芝麻油、菜籽油。

(3)老年人食量减少,但是对于维生素及矿物质的需求并不比年轻人少,所以,少食多餐、多样化饮食,多采用炖、煨、蒸、烩等烹饪方法,使食物细软熟烂,易于消化吸收,并且保证充足的无机盐、维生素供给。

(4)老年人应少吃过咸的食品,因为钠盐的过量摄入会提高老年人高血压及心血管疾病的发病率。

三、高血压和冠心病患者的膳食营养特点

高血压、冠心病都是与不良饮食习惯密切相关的现代多发病,在国内外的老年旅游者特别是肥胖人群中屡见不鲜,因此,在膳食安排上要特别注意此类宾客的膳食特点和要求。

(1)心血管慢性患者群的膳食原则简而言之为"四低",即:低脂肪、低胆固醇、低糖、低盐。具体而言,膳食中应特别少用动物性脂肪,少用油炸、油煎或者烧烤等方式;少用动物的肝、肾、脑、蛋黄、鱼子等高胆固醇食物,少吃甜食和含糖饮料,菜肴口味要清淡,高盐的调味品要控制使用。

(2)与"四低"相对应的还有"一高",即膳食中应该多配新鲜蔬菜、瓜果。芹菜、洋葱、大蒜及香蕉都被证明有较好的降血压功效。

四、糖尿病患者的膳食营养特点

糖尿病主要是由于人的胰岛功能受损,导致胰岛素分泌绝对或相对不足,从而引起糖、蛋白质、脂肪的代谢紊乱,主要症状是"三多一少",即多尿、多饮、多食和消瘦,持续高血糖与长期代谢紊乱等可导致全身组织器官,特别是眼、肾、心血管及神经系统的损害及其功能障碍和衰竭。

糖尿病的治疗包括糖尿病教育、饮食治疗、运动治疗、药物治疗等多方面相结合,其中饮食治疗是各种类型糖尿病基础治疗的首要措施。

糖尿病患者饮食治疗的原则是:

(1)低热量饮食(低脂肪、低糖、高纤维膳食为主),控制总热量和体重。减少食物中脂肪,尤其是饱和脂肪酸含量,增加食物纤维含量,使食物中碳水化合物、脂肪和蛋白质所占比例合理。控制膳食总能量的摄入,合理均衡分配各种营养物质。维持合理体重,超重/肥胖患者减轻体重的目标是在 3~6 个月内体重减轻 5%~10%。消瘦患者应通过均衡的营养计划恢复并长期维持理想体重。

(2)少食多餐。可适当多配一些柔嫩的、粗纤维多而糖分(包含淀粉)少的新鲜蔬菜及水果,以增加饱腹感,减少低热能可能导致的饥饿感,甚至低血糖的发生。

五、消化性溃疡患者的膳食营养特点

消化性溃疡主要指发生于胃和十二指肠的慢性溃疡,故又称胃溃疡、十二指肠溃疡,也

是现代人的多发病、常见病,常因精神刺激、过度疲劳、饮食不慎、药物影响、气候变化等因素诱发或加重。因此常常有"三分治、七分养"之说,合理的膳食对该类患者具有重要意义。

(1)患者的膳食安排要定时定量,少食多餐,避免过饥过饱。

(2)多选易消化的食物。如含粗纤维较少、软烂的易消化食物(如主食中的粥、面糊、面条等)。

(3)避免刺激性强的食物,如辣椒、浓茶、浓咖啡、烈酒等,最好也要戒烟。

【学习与思考】

一、单项选择题

1. 人体能量的主要来源不包括(　　　)。

A. 碳水化合物　　　B. 维生素　　　C. 脂肪　　　D. 蛋白质

2. 1千卡等于(　　　)千焦耳。

A. 4.182　　　B. 0.239　　　C. 1000　　　D. 4182

3. 一杯250 g的牛奶,已知每100 g含蛋白质3 g、脂肪3.5 g、糖5 g,这杯牛奶的热量约为(　　　)。

A. 137千卡　　　B. 150千卡　　　C. 175千卡　　　D. 200千卡

4. 一个体重60 kg的成年人,每日基本所需热量约为(　　　)。

A. 6000千焦　　　B. 6050千焦　　　C. 6270千焦　　　D. 7000千焦

5. 《中国居民膳食指南(2022)》中,建议成年人每天谷类的摄入量为(　　　)。

A. 100～200 g　　　B. 200～300 g　　　C. 300～400 g　　　D. 400～500 g

6. 以下食物属于全谷物的是(　　　)

A. 精白米　　　B. 玉米淀粉　　　C. 燕麦片　　　D. 富强粉

7. 幼儿膳食中,动物性蛋白质占蛋白质总量的比例应为(　　　)。

A. 30%～40%　　　B. 40%～50%　　　C. 50%～60%　　　D. 60%～70%

8. 高血压和冠心病患者的膳食原则"四低"不包括(　　　)。

A. 低脂肪　　　B. 低维生素　　　C. 低胆固醇　　　D. 低盐

9. 糖尿病患者饮食治疗原则中,控制总热量和体重,超重/肥胖患者减轻体重的目标是在3～6个月内体重减轻(　　　)。

A. 2%～5%　　　B. 5%～10%　　　C. 10%～15%　　　D. 15%～20%

10. 消化性溃疡患者的膳食安排错误的是(　　　)。

A. 定时定量　　　B. 多吃粗粮　　　C. 少食多餐　　　D. 避免刺激性食物

二、多项选择题

1. 人体每日能量消耗主要包括(　　　)。

A. 基础代谢

B. 体力活动

  C. 食物热效应

  D. 生长发育

  E. 情绪波动

  2. 合理营养的基本要求包括(　　　)。

  A. 各种营养素充足且热能适当

  B. 食物卫生、无毒害且易于消化吸收

  C. 合理的膳食制度

  D. 良好的进食环境

  E. 食物价格合理

  3.《中国居民膳食指南(2022)》中,关于平衡膳食宝塔各层的说法正确的有(　　　)。

  A. 第一层谷类和薯类是碳水化合物的主要来源

  B. 第二层蔬菜类和水果类是膳食纤维、微量营养素和植物化学物的良好来源

  C. 第三层动物性食物建议少吃加工类肉制品

  D. 第四层奶类、大豆和坚果是蛋白质和钙的良好来源

  E. 第五层盐和油建议尽量少用

  4. 幼儿膳食营养特点包括(　　　)。

  A. 年龄越小,需要的蛋白质的量越大

  B. 注意膳食热量分配

  C. 多选优质动物性脂肪

  D. 多样化饮食

  E. 多采用油炸烹饪方法

  5. 以下符合老人膳食营养特点的有(　　　)。

  A. 保证充足、优质易消化蛋白质来源

  B. 多选用含饱和脂肪酸较多的植物油

  C. 少吃多餐、多样化饮食

  D. 多采用炖、煨、蒸、烩等烹饪方法

  E. 多吃过咸的食品

三、判断题(对的打√,错的打×)

  1. 当能量摄入量高于需求量时,多余的能量将以蛋白质的形式储存在体内。　　　(　　　)

  2. 食物热效应可以增加可利用的能,有助于保存体内营养贮备。　　　　　　　(　　　)

  3. 平衡膳食是指选择多种食物,经过适当搭配做出的膳食,能满足人们对能量及各种营养素的需求。　　　　　　　　　　　　　　　　　　　　　　　　　　　　　(　　　)

  4.《中国居民膳食指南(2022)》推荐成年人每天应摄入相当于鲜奶 $500\sim700$ g 的奶类及奶制品。　　　　　　　　　　　　　　　　　　　　　　　　　　　　　　　(　　　)

  5. 糖尿病患者应多吃高糖、高脂肪食物以补充能量。　　　　　　　　　　　　(　　　)

项目九　食品安全

 项目目标

1. 了解食品污染的概念和分类。
2. 认识到食品污染的多种危害。
3. 理解食品安全法及相关管理制度,明确食品生产经营者的责任和义务。
4. 增强法律意识,增强食品安全意识。

 思维导图

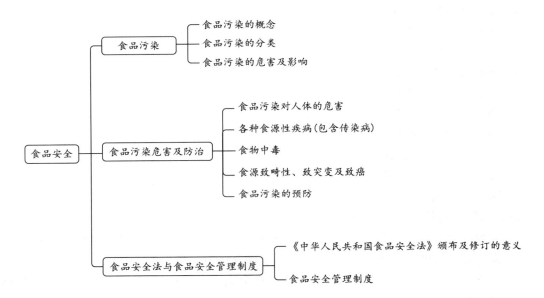

任务一　食品污染

【学习要求】

1. 了解食品污染的概念。

2. 理解食品污染的分类。

3. 掌握食品污染的危害及影响。

【学习内容】

食品污染是指食品从生产到食用前的各个环节被有毒有害物质侵袭,导致安全性、营养价值和感官品质降低或发生变化,甚至危害人体健康。食品污染分为三类:生物性污染(如细菌、真菌、病毒、寄生虫等)、化学性污染(如农药残留、工业"三废"、食品添加剂滥用等)和物理性污染(如杂质、放射性核素等)。食品污染的危害包括影响食品感官性状、引发急性中毒、造成慢性危害(如慢性中毒、致畸、致癌、致突变等)。这些污染不仅降低食品质量,还可能通过食物链累积,对人类健康构成严重威胁。

一、食品污染的概念

食品污染是指人们吃的各种食品,如粮食、水果等在生产、运输、包装、贮存、销售、烹调过程中,混进了有毒有害物质或者病菌,导致食品的安全性、营养价值和感官品质降低或发生变化的现象。

二、食品污染的分类

污染食品的物质称为食品污染物。根据食品污染物的性质不同,可以将食品污染分为三大类,分别为生物性污染、化学性污染及物理性污染。

(一)生物性污染

生物性污染是指有害的微生物如细菌、真菌、病毒、寄生虫、虫卵及有害昆虫等对食品的污染。

1. 微生物污染

微生物是自然界中各种微小生物的总称,是生物界的一部分。根据微生物的形体、大小、特性的不同,一般将微生物分为细菌、真菌、病毒等。大多数微生物对人及动植物是有益的,但也有一部分微生物是有害健康的,如使食物腐烂变质、霉变,并引发传染病。

(1)细菌:常见的易污染食品的细菌有葡萄球菌、大肠杆菌、肉毒杆菌、芽孢杆菌、嗜盐杆菌,以及霍乱弧菌、副溶血性弧菌等。这些细菌可以直接污染食品,也能通过工具、容器、洗涤水等途径污染食品,使食品腐败变质,如鸡蛋变臭、蔬菜腐烂。

(2)真菌:真菌污染可以引起食品变质,另外真菌产生的毒素还会引起人类中毒。真菌及其产生的毒素对食品的污染多见于南方多雨地区,其中百余种菌株会产生毒素,毒性最强的是黄曲霉毒素。食品被这种毒素污染以后,会引起动物原发性肝癌。真菌主要污染花生、玉米及大米等粮食类食品。

(3)病毒:病毒是微生物中体积最小的一类,要在电子显微镜下才能观察到,与食品污染有关的病毒有肝炎病毒、轮状病毒、肠病毒等。

2. 寄生虫及虫卵污染

污染食品的寄生虫主要有蛔虫、绦虫、旋毛虫等,这些寄生虫一般都是通过患者、病畜的粪便污染水源、土壤,然后再使畜禽、鱼类、水果、蔬菜受到污染,人吃了以后会引起寄生虫病。

3. 昆虫污染

粮食中的甲虫类、螨类、蛾类,以及动物食品和发酵食品中的蝇、蛆等。这些昆虫可能通过其卵污染食品,在适宜的温度和湿度条件下迅速繁殖。昆虫污染主要使食品的色、香、味及营养遭到破坏,但尚未发现受昆虫污染的食品对人体健康造成显著危害的事例。

(二)化学性污染

化学性污染是由有害有毒的化学物质污染食品引起的。各种农药是造成食品化学性污染的一大来源,还有含铅、镉、铬、汞、硝基化合物等有害物质的工业"三废"(即废水、废气及废渣),非正常使用的食品添加剂、食品包装材料等。

1. 农药残留污染

在农田、果园中大量使用化学农药,是造成粮食、蔬菜、果品化学性污染的主要原因。这些农药污染物还可以随着雨水进入水体,然后进入鱼虾体内,进而通过食物链进入人体,从而对人体健康产生不利影响。农药除了可造成人体的急性中毒外,绝大多数会对人体产生慢性危害。农药污染食品的主要途径有五种:为防治农作物病虫害使用农药喷洒作物而直接污染食用作物,植物根部吸收,空中随雨水降落,食物链富集,运输和贮存过程中混放。

2. 工业"三废"污染

工业三废指的是工业生产过程中排放的废水、废气和废渣。这些废弃物中含有多种有毒、有害物质,如果未经妥善处理而直接排放到环境中,会超过环境的自净能力,从而对环境造成污染,破坏生态平衡和自然资源,影响工农业生产和人民健康。工业有害物质污染食品的途径主要有环境污染,食品容器、包装材料和生产设备、工具的污染,食品运输过程的污染等。

3. 食品添加剂污染

食品添加剂是为改善食品品质的色、香、味以及满足防腐和加工工艺的需要而加入食品的化学合成物质或天然物质,如防腐剂、杀菌剂、漂白剂、抗氧化剂、甜味剂、调味剂、着色剂。食用各种食品添加剂一般是无害的。但是由于这类物质多为化学合成物,其中不少添加剂具有一定的毒性,人类若是长期大量摄入亦可能产生一定毒害作用。例如,过量服用防腐剂水杨酸,会使人呕吐、腹泻、中枢神经麻痹,甚至导致死亡。为了保证人体健康,必须正确合理使用食品添加剂。

（三）物理性污染

物理性污染是指食品在生产、加工、储存、运输、销售等过程中，由非生物和非化学性因素导致的污染。这类污染主要来源于外来的物理性物质，它们可能由于各种原因意外地进入食品中，从而影响食品的安全性和品质。主要介绍以下两种。

（1）杂质污染。包括玻璃、金属碎片、塑料、石头、沙子等异物，这些杂质可能在种植、收获、加工或包装过程中混入食品。

（2）放射性污染。由于核事故、核武器试验或工业排放等原因，放射性物质可能通过空气、水和土壤进入食品链，造成食品的放射性污染。包括天然放射性污染、人为放射性污染。

物理性污染的控制和预防需要严格的食品生产和加工标准，包括对原料的筛选、加工环境的清洁、设备的维护和消毒、包装材料的选择和使用，以及对从业人员的卫生培训等。通过这些措施，可以最大限度地减少物理性污染对食品安全的影响。

三、食品污染的危害及影响

食品污染的危害及影响主要体现在以下几个方面：

（1）急性中毒。食品污染中的急性毒性污染物，如细菌及其毒素、霉菌及其毒素和化学毒物，随食物进入人体后，短时间内可能造成机体损害，出现临床症状，称为急性中毒。

（2）慢性中毒。长期摄入含有低剂量有害物质的食品，这些物质在体内蓄积，可能在几年、十几年甚至几十年后引起机体损害，表现为慢性中毒症状，如慢性铅中毒、慢性汞中毒、慢性镉中毒等。

（3）食源性疾病。食品污染可导致食源性疾病，最常见的症状包括腹痛、呕吐和腹泻。此外，被重金属或天然毒素污染的食品还可能引起长期健康问题，包括癌症和神经系统疾患。

（4）致畸、致突变和致癌作用。某些食品污染物具有致畸、致突变和致癌作用。例如，摄入残留有机汞农药的粮食数月后，会出现周身乏力、尿汞含量增高等症状；长期摄入微量黄曲霉毒素污染的粮食，能引起肝细胞变性、坏死、脂肪浸润和胆管上皮细胞增生，甚至发生癌变。

（5）对弱势群体的影响。污染食品造成的感染极大地影响健康状况不良或脆弱的人群，对婴儿、孕妇、患者和老人而言，食源性疾病的后果往往更加严重，很可能是致命的。

（6）影响食品感官性状。食品污染会影响食品的色、香、味等感官性状，降低食品的食用价值。

（7）环境影响。食品工业产生的废水、废气和固体废弃物若处理不当，会对环境造成污染，影响水源安全和大气环境，进而影响食品安全。

综上所述，食品污染对人体健康和环境都构成了严重威胁，需要采取有效的预防和控制措施来降低食品污染的风险。

任务二　食品污染危害及防治

【学习要求】

1. 理解食品污染对人体的危害。

2. 掌握各种食源性疾病的原因及影响。

3. 理解食物中毒的概念。

4. 掌握食物中毒特点、常见食物中毒预防及处理。

5. 理解食源致畸性、致突变及致癌。

6. 掌握食物腐败的预防，农药残留污染的预防。

7. 掌握食源预防癌症方法。

【学习内容】

食品污染可导致急性中毒、慢性中毒、致畸、致突变和致癌等危害。食物中毒具有发病急、症状相似、无传染性等特点。食源性疾病多由细菌、病毒、寄生虫或化学物质引起。预防食物腐败和农药残留可通过合理储存、清洗和加工实现。处理食物中毒需及时就医并采取相应措施。预防癌症可减少高盐、高脂肪食物摄入，避免食用霉变、油炸食品。

一、食品污染对人体的危害

食品污染对人体健康的危害有多方面的表现，除导致人畜共患的传染病和寄生虫病外，一次大量摄入受污染的食品，可引起急性中毒，即食物中毒，如细菌性食物中毒、农药食物中毒和真菌毒素中毒等；长期（一般指半年到一年以上）少量摄入含污染物的食品，可引起慢性中毒。造成慢性中毒的原因较难追查，而影响又更广泛，所以应格外重视；某些食品污染物还具有致突变、致畸甚至是致癌作用，如可使妊娠障碍、不孕、胎儿畸形或夭折，长期摄入微量黄曲霉毒素污染的粮食甚至会诱发肝癌等。

二、各种食源性疾病（包含传染病）

由食品污染而引起的疾病是当今世界上最广泛的卫生问题之一。据报告，食源性疾患的发病率居各类疾病总发病率的第二位。

（一）肠道传染病

据世界卫生组织（WHO）和联合国粮农组织（FAO）报告，仅 1980 年一年，亚洲、非洲和拉丁美洲 5 岁以下的儿童，急性腹泻病例约有 10 亿例，其中有 500 万名儿童死亡。痢疾杆菌、霍乱弧菌、甲肝病毒、脊髓灰质炎病毒等是一些常见的肠道传染病病原体，食用被这些菌类、病毒污染后的食品，容易引起痢疾、霍乱、肝炎、小儿麻痹等传染病。食用被化脓性链球菌、白喉杆菌污染的食品，可引起猩红热、白喉等呼吸道疾病。

1. 痢疾

痢疾为急性肠道传染病之一。痢疾一年四季均可发生,但以夏、秋季发病率高。痢疾患者和带菌者是传染源,痢疾临床表现为腹痛、腹泻、里急后重、排脓血便,伴全身中毒等症状。婴儿对感染反应不强,起病较缓,大便最初多呈消化不良样稀便,病程易迁延。3 岁以上患儿起病急,以发热、腹泻、腹痛为主要症状,可发生惊厥、呕吐。传播途径以粪、口感染为主,卫生习惯不良的小儿易患本病。

为了预防痢疾,应做到以下几点:①保持环境卫生,加强厕所及粪便管理,清除苍蝇滋生地,发动群众消灭苍蝇。②加强饮食卫生及水源管理,尤其对个体饮食摊贩做好卫生监督检查工作。③对集体单位及托幼机构的炊事员、保育员应定期检查大便,做细菌培养。④加强卫生教育,人人做到饭前便后洗手,不饮生水,不吃变质和腐烂食物,不吃被苍蝇叮过的食物。⑤不要暴饮暴食,以免胃肠道抵抗力降低。

2. 甲型病毒性肝炎

甲型病毒性肝炎简称甲型肝炎、甲肝,是由甲型肝炎病毒(HAV)引起的,以肝脏炎症病变为主的传染病,主要通过粪/口途径传播。粪/口传播的方式是多样的。一般情况下,日常生活接触传播是散发性疾病的主要传播方式,因此在集体单位如托幼机构、学校和部队中甲型肝炎发病率高。水和食物的传播,特别是水生贝类如毛蚶等是甲型肝炎暴发流行的主要传播方式。

甲肝临床上以疲乏、食欲减退、肝大、肝功能异常为主要表现,部分病例出现黄疸,主要表现为急性肝炎,无症状感染者常见。任何年龄均可患本病,但主要为儿童和青少年。成人甲肝的临床症状一般较儿童为重。冬春季节常是甲肝发病的高峰期。

(二)人畜(禽)共患传染病

人畜(禽)共患传染病是指人类与人类饲养的畜禽之间自然传播和感染疾病,如高致病性禽流感、疯牛病(牛海绵状脑病)、狂犬病、炭疽等。更可怕的是,新出现的各种感染性疾病越来越呈现出"人畜共患"或"人禽共患"的关系。特别是对于人畜(禽)共患疾病,从某种意义上说,人类对于来自动物尤其是家畜病患的威胁,抵御更为不易,历史上,如鼠疫、狂犬病、疯牛病、炭疽、口蹄疫等许多人畜共患疾病,已经给人类造成了灾难性危害。因此,我们只有初步了解主要人畜(禽)共患疾病的预防知识,才能有效控制和消灭它。

1. 高致病性禽流感病毒

禽流感病毒可分为高致病性、低致病性和非致病性三大类。其中高致病性禽流感是由H5N1 和 H7N7 等病毒引起的疾病。高致病性禽流感因其在禽类中传播快、危害大、病死率高,被世界动物卫生组织(OIE)列为必须报告的动物传染病,我国将其列为一类动物疫病。

高致病性禽流感病毒可以直接感染人类,并造成死亡。1997 年,在我国的香港地区,高致病性禽流感病毒 H5N1 型导致了 18 人感染,6 人死亡,首次证实高致病性禽流感可以危及人的生命。与普通流感病毒相似,高致病性禽流感病毒四季均可流行,但在冬季和春季发病率较高,因禽流感病毒在低温条件下抵抗力较强,各种品种和不同日龄的禽类均可感染高致病性禽流感,发病急、传播快,其致死率可达 100%。人类感染禽流感病毒的途径主要是接触感染。买活鸡回家时,如果是健康活鸡基本是安全的,但如果是病鸡就有危险。所以,应注意饮食卫生,不喝生水,不吃未熟的肉类及蛋类等食品;勤洗手,养成良好的个人卫生习惯。

2. 疯牛病

疯牛病又称牛海绵状脑病(BSE),香港译作"疯牛症"。它是一种对牛致命的神经退化疾病,首次在英国报纸上报道。这种病波及世界很多国家,如法国、爱尔兰、加拿大、丹麦、葡萄牙、瑞士、阿曼和德国。据考察发现,这些国家有的是因为进口英国牛引起的。

食用病牛的牛肉、牛脊髓的人,有可能染上致命的克罗伊茨费尔特-雅各布氏病(简称克-雅氏病),其典型临床症状为出现痴呆或神经错乱,视觉模糊,平衡障碍,肌肉收缩等。患者最终因精神错乱而死亡。医学界对克-雅氏病的发病机理还没有定论,也未找到有效的治疗方法。

(三)寄生虫病

寄生虫病是指寄生虫侵入人体而引起的疾病。由于食品污染而引发的寄生虫病主要有肝吸虫病、猪肉绦虫病、旋毛虫病、弓形虫病、日本血吸虫病、线虫病等。发病的原因很多,饮食不洁、体质偏弱是主要原因,所以,饮食(特别是夏季)一定要注意食品卫生,并尽量把食物煮熟透。

1. 肝吸虫病

肝吸虫病即华支睾吸虫病,是由华支睾吸虫寄生于人体肝内、胆管所引起的寄生虫病。人类常因食用未经煮熟含有华支睾吸虫囊蚴的淡水鱼或虾而被感染,所以民间"生吃螃蟹活吃虾"的说法其实并不科学。若生吃海鲜,会使人容易患上肝吸虫病,其症状表现如同肝炎,轻感染者可无症状,重感染者可出现消化不良、上腹隐痛、腹泻、精神不振、肝大等临床表现,严重者可发生胆管炎、胆结石以及肝硬化等并发症,所以淡水鱼虾一定要煮熟了吃。目前,肝吸虫病主要流行于我国广东、广西,此外,香港、台湾以及东北三省也较为严重。长江流域、黄淮流域及部分丘陵地带则呈轻、中度流行。在流行区,人们生食或半生食鱼虾是主要的感染方式。如吃生鱼片和生鱼粥,把鱼加工至半熟而食,或用同一块砧板处理生熟食物,饮用生水也有可能感染此病。

2. 猪肉绦虫病

猪肉绦虫病是人畜共患的一种寄生虫病,人因食用含猪囊尾蚴(绦虫的幼虫)的猪肉(俗称"米猪肉")而被感染。它是通过成虫寄生在人体小肠所引起的一种肠绦虫病,有腹痛、恶心、消化不良、腹泻、体重减轻等症状,虫数多时偶可发生肠梗阻。

3. 旋毛虫病

生食或食用未煮熟的含有活的旋毛虫幼虫的食物可能感染旋毛虫病,主要有胃肠道不适、发热、眼睑水肿和肌肉疼痛等症状。

三、食物中毒

(一)概念

食物中毒是指摄入含有生物性、化学性有毒有害物质的食品或把有毒有害物质当作食品摄入后所出现的非传染性的急性、亚急性疾病。食物中毒是食源性疾病中最为常见的疾病。食物中毒既不包括因暴饮暴食而引起的急性胃肠炎、食源性肠道传染病(如伤寒)和寄生虫病(如旋毛虫),也不包括因一次大量或长期少量多次摄入某些有毒、有害物质而引起的以慢性损害为主要特征(如致癌、致畸、致突变)的疾病。一般按发病原因,将食物中毒分为细菌性食物中毒、真菌及其毒素食物中毒、有毒动物中毒、有毒植物中毒和化学性食物中毒。

(二)特点

食物中毒发生的原因各不相同,但发病具有如下共同特点:①发病潜伏期短,来势急剧,呈暴发性,短时间内可能有多数人发病。②发病与食物有关,患者有食用同一有毒食物史,流行波及范围与有毒食物供应范围相一致,停止该食物供应后,流行即终止。③中毒患者临床表现基本相似,以恶心、呕吐、腹痛、腹泻等胃肠道症状为主。④一般情况下,人与人之间无直接传染。发病曲线呈突然上升之后又迅速下降的趋势,无传染病流行时的余波。

(三)食物中毒的一般急救处理

餐饮企业应对食物中毒的方针应该是以预防为主,严防食物中毒事故的发生。但是一旦发生食物中毒,管理人员也不能惊慌失措,致使事态扩大,造成更加严重的后果。管理人员要头脑冷静,立即通报医院和卫生防疫部门,尽快抢救中毒者,并配合卫生防疫部门采样检验,为追查事故发生原因提供各种方便。这样做既可以控制污染源,防止食物中毒事故再次发生,又可以分清法律责任,尽量减少企业的损失。

在食物中毒事故发生后,及时抢救中毒者是非常重要的。首先应抢救中毒者的生命,安抚其他顾客,在社会上尽量缩小事态,以减轻餐饮企业在声誉方面的负面影响。企业管理人员有必要了解急救处理的知识,以便配合抢救人员的工作。

对食物中毒者的一般性急救处理分以下四个步骤进行。

1. 尽快排除胃肠道内未被吸收的有毒物质

食物中毒的潜伏期短,一般在进食后十多分钟到数小时内就会出现中毒症状,此时中毒者的胃肠内尚有大量含有毒素的食物未被消化吸收,及时排除有毒物质是抢救中毒者生命、减轻中毒症状的有力措施。排除的过程可分为催吐、洗胃、灌肠及导泻,此过程对非细菌性食物中毒的抢救尤为重要,进行得越早、越彻底,效果越好。但对于肝硬化、心脏病和胃溃疡患者,催吐和洗胃原则上禁忌。催吐的方式是先让患者饮大量温开水或服用催吐剂,然后刺激患者的咽部令其呕吐,如此反复进行直到呕吐物中没有食物为止。如果急救时距摄入毒物的时间较长,胃黏膜皱襞内可能存有残毒,这时彻底洗胃很有必要。若中毒时间较长,估计毒物已进入肠内,则要服泻药(已经腹泻者则不必再服泻药)。中毒已久的患者,则可用1%盐水,40 ℃温肥皂水或清水,进行高位连续灌肠。

2. 防止毒物的吸收和保护胃肠道黏膜

中毒后,应尽快使用拮抗剂,其作用是吸附毒素或暂时与毒物结合,从而使胃肠道未被吸收的有毒物质毒性降低或变为无毒,或是使有毒物质与胃肠道黏膜隔开而延缓吸收。在餐厅里,牛乳、豆浆、蛋清是容易找到的拮抗剂,它能沉淀砷、汞等重金属,也有中和酸碱的能力,并能保护胃黏膜,阻止吸收毒物。中药解毒常用甘草绿豆汤:甘草 50 g,绿豆若干(最好打碎),煎汤服用。

3. 促进排泄已吸收的有毒物质

一般有毒物质(或毒素)进入人体后多由肝脏解毒,或由肾脏随尿排出,或经胆管排至肠道随粪便排出。根据病情应大量饮水或静脉输液以稀释体内有毒物质,这对保护肝、肾,促进毒素排泄十分重要。输入 5% 葡萄糖盐或 10% 葡萄糖溶液均可。

4. 对症治疗

在排毒、解毒进行抢救的同时,还应针对中毒者所出现的临床症状,对症治疗。

四、食源致畸性、致突变及致癌

致癌物会导致细胞不受控制地生长,可分为确认致癌物、可疑致癌物和潜在致癌物。目前已经确定为动物致癌的化学物质达数千种,其中确认对人类有致癌作用的化学物质有几十种。致突变和致癌作用是紧密相连的,实际上所有致癌物质都能产生致突变作用。

动物试验表明,黄曲霉毒素对鱼、鸟及哺乳动物有很强的致癌作用。凡是粮食被黄曲霉菌污染严重的地区,其肝癌的发病率也较高。除此之外,黄曲霉毒素还可能诱发胃癌、胃肉瘤、直肠癌、肺癌等,其致癌性远远高于其他致癌物质。某些食品添加剂有致癌的危险,如发色剂亚硝胺,经过动物试验表明,亚硝基化合物对鼠、兔、猴、狗等动物都能引起严重的肝损害。亚硝胺除了能诱发肝癌外,还能引起食管、胃、小肠、肺、膀胱等器官的肿瘤,也能使末梢神经发生恶性肿瘤。

五、食品污染的预防

(一)食物腐败的预防

当外界环境适宜微生物活动(如温度适宜、含水量较高、空气充足)时,食物容易腐败。夏季一直到秋末天气变凉,食物都特别容易发生腐败变质,再加上有苍蝇蚊虫的叮咬,食物变质的概率更大,此时,如果吃了被病菌或者毒素污染过的食物,就极可能导致食用者出现食物中毒。

1. 高温杀菌及低温抑菌

一般的细菌只能存活于正常的室温,在过高或过低的温度下,细菌不易繁殖,因此将食物充分地煮熟,是保障饮食卫生最好的方式。

2. 生熟食物分开处理和贮存

将熟食物与生食物分开处理和贮存,以免相互污染。熟食处理时所使用到的器皿、刀具、抹布、砧板也是细菌容易滋生的地方,所以需保持相关处理用具的清洁干净,但是一般市民却常忽略生食与熟食的食品器具分开使用。应该使用两套不同的刀具、砧板,分别处理生食和熟食,以避免交互污染。

3. 采用食品保鲜方法

采用一些食品保鲜方法,抑制微生物在食品中的生长、繁殖。传统保存食物方法如干燥法(风干、晒干、晾干)、盐渍、糖渍、烟熏、酒泡。现代食物保鲜法则有罐藏、脱水、冷冻、真空包装、添加防腐剂、酶保鲜(溶菌酶能有效对鱼、虾保鲜,对人体无害)。

(二)农药残留污染的预防

尽管大多数蔬果是符合国家标准的,其所含农药量也不足以对健康造成损伤,但这些物质最终还是要通过肝、肾代谢，摄入越多，肝、肾负担就越重，因此我们要尽量减少农药的摄入。

1. 先浸泡后搓洗

浸泡时最好保持蔬果的完整（将蔬菜切成小块浸泡会导致农药渗入），先用自来水将蔬菜浸泡 10～60 分钟后再稍加搓洗，然后用流水冲洗，可除去 1％～60％ 的农药残留。不过，也可以用淡盐水或头一两次的淘米水浸泡，前者能让农药快速溶解，后者可中和农药毒性，但不要浸泡太长时间。

2. 高温加热

高温加热如用开水烫或油炒也可以使农药分解。实验证明，一些耐热的蔬菜，如菜花、豆角、芹菜等，洗干净后再用开水烫几分钟，可以使农药残留下降 30％，再经高温烹炒，就可以清除 90％ 的农药。

3. 去皮

蔬菜去皮虽然会造成一定的营养损失，但可以减少农药残留。尤其是黄瓜、茄子等农药用得多的蔬菜和大部分水果，最好去皮吃。吃苹果的时候，最好少吃果核周围部分，因为果核处农药容易蓄积。

4. 使用果蔬洗涤剂、果蔬解毒机

近年来流行的农药降解剂、果蔬解毒机等，专家们认为，它们并不能对所有农药都起到作用，其作用也不够稳定。果蔬解毒机称能用臭氧水消除蔬果表面的农药，但它更多的是起到杀菌作用，对有些农药的化学结构很难破坏。

(三)常见食物中毒的预防

1. 微生物引起的食物中毒

禁止食用病死禽畜。肉类、乳类应注意冷藏。肉类和蔬菜应分开存放，食用前应煮熟、煮透。

2. 亚硝酸盐引起的食物中毒

尽量少吃或不吃隔夜的剩饭菜、没有腌透的菜等。多食用抑制亚硝胺形成的食物，如大蒜、茶叶和富含维生素 C 的食物。

3. 食物天然毒素引发的食物中毒

食物的天然毒素包括未煮熟的四季豆、鲜黄花菜中毒、生豆浆、发芽或变绿的马铃薯引起的中毒、野生有毒蘑菇及河豚等引起的食物中毒等。豆浆刚出现沸腾泡沫时，不能将其有毒物质完全破坏，应再继续煮沸 5～10 分钟；不随意采集野生蘑菇食用，避免食用色泽鲜艳、形态可疑的蘑菇；用马铃薯做菜时，应削皮、煮透。

(四)预防癌症，从"吃"抓起

1. 不吃发霉的粮食及其制品

花生、大豆、米、面粉、植物油等发霉后，可产生黄曲霉素，是一种强烈的致癌（特别是致肝癌和胃癌）物质。

2. 控制烹调油温，少吃熏制或腌制的食物

熏肉、咸肉、咸鱼、腌酸菜、腌咸菜等，食物中含有一种可能导致胃癌和食管癌的化学物质。

世界卫生组织的专家认为,中国人爱吃熏制、腌制、烤制、油炸和过热的食品,这是导致中国胃癌、食管癌发病率高的主要原因。这类食品主要包括熏鱼、烤肉、腊肉、咸菜和火锅等。

炒菜或油炸食品时,因油锅太热产生许多对人体有害的油烟,所以炒菜油温不能太高,不能让油锅冒油烟,尽量少用煎、炒、油炸、熏烤的烹调方法。提倡多用蒸、煮、凉拌、水氽等烹调方法。

3. 保护生态环境,治理环境污染

调查发现,中国是世界上农药使用量较大的国家。如果不仔细清洗新鲜的果蔬就直接食用,很容易导致果蔬上的农药进入体内,从而诱发肠癌、肝癌和脑部肿瘤等癌症。

人们长期使用有毒的塑料袋(尤其是用有毒的塑料袋盛装食品),容易患肝癌、肠癌、乳腺癌、卵巢癌等癌症。鉴别塑料袋有无毒性的方法之一:用火将塑料袋点燃,易燃烧的为无毒塑料袋,不易燃烧的为有毒塑料袋。

所以,保护生态环境,治理环境污染,不吃被农药、有毒塑料包装、重金属及其他化学毒物污染的食物,饮用新鲜、清洁的水,不喝过烫的水,不吃过热、过硬、烧焦或太咸食物等,才能防微杜渐,杜绝因环境污染导致的食品污染,从而预防癌症发生。

4. 不吸烟、不酗酒

当前,吸烟已成为世界性的社会公害,严重地威胁着人类的健康。香烟中的焦油等物质是肺癌和胰腺癌的致癌因素。最近研究证明,吸烟和妇女宫颈癌也有关系。而烈酒容易刺激口腔、食管壁和胃壁的上皮细胞并引发癌变;同时吸烟与喝酒则会大大增加致癌的机会。

任务三　食品安全法与食品安全管理制度

【学习要求】

1. 了解《中华人民共和国食品安全法》颁布及修订的意义。
2. 掌握食品安全管理制度。

【学习内容】

《中华人民共和国食品安全法》的颁布和修订旨在规范食品生产经营活动,防范食品安全事故,强化监管,落实责任,保障公众健康和生命安全。其修订进一步完善了食品安全风险监测和评估制度,明确了食品安全标准和生产经营行为规范。同时,该法通过严格监管和法律责任,促进食品行业健康发展,维护市场秩序。食品安全管理制度则包括风险监测、标准制定、生产经营规范、检验检测、事故处置等环节,形成了从源头到消费者的全程监管体系。

一、《中华人民共和国食品安全法》颁布及修订的意义

在我国,党和政府历来高度重视食品安全工作,通过采取各种措施,不断提升我国的食品安全总体水平,下决心让老百姓吃得放心、吃得安心。1995 年颁布了《中华人民共和国食品卫生法》。《中华人民共和国食品安全法》(简称《食品安全法》)由中华人民共和国第十一届全国人民代表大会常务委员会第七次会议于 2009 年 2 月 28 日通过,并于 2009 年 6 月 1 日起施行,同时废止《中华人民共和国食品卫生法》。

2013 年,国务院机构改革后,食品安全监管机制有了重大调整,从多部门分段监督,到生产、流通、餐饮环节的监管权责整合。修订《食品安全法》变得非常紧迫。2013 年 6 月,已实施 4 年的我国首部《食品安全法》开始修订。从染色花椒、毒生姜到镉大米、毒皮蛋,层出不穷的恶性食品安全事件,不断地摧毁着政府的食品安全监管公信力。如何"重典治乱"是《食品安全法》修订讨论的焦点。

2013 年 1 月 23 日,国务院食品安全委员会第五次全体会议,建立最严格的食品药品安全监管制度,完善食品药品质量标准和安全准入制度。

2014 年 5 月 14 日,国务院常务会议原则通过《食品安全法(修订草案)》。

2014 年 12 月 25 日,《食品安全法(修订草案)》二审稿提请全国人大常委会审议,增加了关于食品贮存和运输、食用农产品市场流通、转基因食品标识等内容,规定生产经营转基因食品应当按照规定进行标识。

2015 年 4 月 24 日,《中华人民共和国食品安全法》由中华人民共和国第十二届全国人民代表大会常务委员会第十四次会议修订通过,修订后的《中华人民共和国食品安全法》公布,修订后的《食品安全法》共十章,154 条,自 2015 年 10 月 1 日起正式施行。

现行的《中华人民共和国食品安全法》于 2021 年 4 月 29 日第二次修正。

相较修订前,新的《食品安全法》在食品安全管理方面要求更严,从生产源头到消费者手中各个环节权责要求更为明确。食品安全向着系统化、全流程化的方向推进。食品安全是关乎人人的重大基本民生问题,依法重典治乱绝不手软,确保人民群众"舌尖上的安全"。《食品安全法》的修订和颁布实施,是保证食品安全的重要举措,也是贯彻落实科学发展观和坚持执政为民的具体体现。

二、食品安全管理制度

(一)食品进货索证索票制度

(1)严格审验供货商(包括销售商或者直接供货的生产者)的许可证和食品合格的证明文件。

(2)对购入的食品,索取并仔细查验供货商的营业执照、生产许可证或者流通许可证、标注通过有关质量认证食品的相关质量认证证书、进口食品的有效商检证明、国家规定应当经过检验检疫食品的检验检疫合格证明。上述相关证明文件应当在有效期内首次购入该种食品时索验。

(3)购入食品时,索取供货商出具的正式销售发票;或者按照国家相关规定索取有供货

商盖章或者签名的销售凭证,并留具真实地址和联系方式;销售凭证应当记明食品名称、规格、数量、单价、金额、销货日期等内容。

(4)索取和查验的营业执照(身份证明)、生产许可证、流通许可证、质量认证证书、商检证明、检验检疫合格证明、质量检验合格报告和销售发票(凭证)应当按供货商名称或者食品种类整理建档备查,相关档案应当妥善保管,保管期限自该种食品购入之日起不少于2年。

(二)食品进货查验记录制度

(1)每次购入食品时,如实记录食品的名称、规格、数量、生产批号、保质期、供货者名称及联系方式、进货日期等内容。

(2)采取账簿登记、单据粘贴建档等多种方式建立进货台账。食品进货台账应当妥善保存,保存期限自该种食品购入之日起不少于2年。

(3)食品安全管理人员定期查阅进货台账和检查食品的保存与质量状况,对即将到保质期的食品,应当在进货台账中作出醒目标注,并将食品集中陈列或者向消费者作出醒目提示;对超过保质期或者腐败、变质、质量不合格的食品,应当立即停止销售,撤下柜台销毁或者报告工商行政管理机关依法处理,食品的处理情况应当在进货台账中如实记录。

(三)库房食品安全管理制度

(1)食品与非食品应分库存放,不得与洗化用品、日杂用品等混放。

(2)食品仓库应专用,并配备防鼠、防蝇、防潮、防霉、通风设施及落实相关措施,确保设施运转正常。

(3)食品应分类、分架、隔墙隔地存放。各类食品有明显标志,有异味或易吸潮的食品应密封保存或分库存放,易腐食品要及时冷藏、冷冻保存。

(4)贮存散装食品的,应在散装食品的容器、外包装上标明食品的名称、生产日期、保质期、生产经营者名称及联系方式等内容。

(5)建立仓库进出库专人验收登记制度,做到勤进勤出,先进先出,定期清仓检查,防止食品过期、变质、霉变、生虫,及时清理不符合食品安全要求的食品。

(6)食品仓库应经常开窗通风,定期清扫,保持干燥和整洁。

(7)工作人员应穿戴整洁的工作衣帽,保持个人卫生。

(四)食品销售卫生及食品展示卫生制度

(1)食品销售工作人员必须穿戴整洁的工作衣帽,洗手消毒后上岗,销售过程中禁止挠头、咳嗽,打喷嚏时用纸巾捂口。

(2)销售直接入口的食品必须有完整的包装或用防尘容器盛放,使用无毒、清洁的售货工具。

(3)食品销售应有专柜,要有防尘、防蝇、防污染设施。

(4)销售的预包装及散装食品应标明厂名、厂址、品名、生产日期和保存期限(或保质期)等。

(5)展示食品的货架必须在展示食品前进行清洁消毒。

(6)展示食品必须生、熟分离,避免食品交叉感染。

（7）展示直接入口食品必须使用无毒、清洁的容器，保持食品新鲜卫生，不得超出保质期。

（8）展示柜的玻璃、销售用具、架子、灯罩、价格牌不得直接接触食品，展示的食品不得直接散放在货架上。

（9）展示食品的工作人员必须穿戴整洁的工作衣帽，持有效健康证明上岗。

（五）从业人员健康检查制度及食品安全知识培训制度

（1）食品经营人员必须每年进行健康检查，取得健康证明后方可参加工作，不得超期使用健康证明。

（2）食品安全管理人员负责组织本单位从业人员的健康检查工作，建立从业人员卫生档案。

（3）患有痢疾、伤寒、病毒性肝炎等消化道传染病的人员，以及患有活动性肺结核、化脓性或者渗出性皮肤病等有碍食品安全疾病的人员，不得从事接触直接入口食品的工作。

（4）认真制订培训计划，定期组织管理人员、从业人员参加食品安全知识、职业道德和法律、法规的培训以及操作技能培训。

（5）新参加工作的人员（包括实习工、实习生）必须经过培训，考试合格后方可上岗。

（6）建立从业人员食品安全知识培训档案，将培训时间、培训内容、考核结果记录归档，以备查验。

（六）食品用具清洗消毒及卫生检查制度

（1）食品用具、容器、包装材料应当安全、无害，保持清洁，防止食品污染，并符合保证食品安全所需的温度等特殊要求。

（2）食品用具要定期清洗、消毒。

（3）食品用具要有专人保管，不混用、不乱用。

（4）食品冷藏、冷冻工具应定期保洁、洗刷、消毒，由专人负责、专人管理。

（5）食品用具清洗、消毒应定期检查、不定期抽查，对不符合食品安全标准要求的用具及时更换。

（6）制订定期或不定期卫生检查计划，将全面检查与抽查、问查相结合，主要检查各项制度的贯彻落实情况。

卫生管理人员负责各项卫生管理制度的落实，每天在营业后检查一次卫生，检查各岗是否有违反制度的情况，发现问题，及时指导改进，并做好卫生检查记录备查。每周1～2次全面现场检查，对发现的问题及时反馈，并提出限期改进意见，做好检查记录。

【学习与思考】

一、单项选择题

1. 下列属于食品生物性污染的是（　　　）。

A. 食品包装材料中的有害化学物质迁移到食品中

B. 粮食中混入石子

C. 食品被寄生虫及其虫卵污染

D. 工业废水污染农田导致农作物中重金属超标

2. 下列不是常见的易污染食品的细菌的是（　　　）。

A. 乳酸菌　　　　　B. 葡萄球菌　　　　C. 大肠杆菌　　　　D. 肉毒杆菌

3. 农药污染食品的主要途径不包括（　　　）。

A. 为防治农作物病虫害喷洒农药直接污染食用作物

B. 植物根部吸收

C. 食品加工过程中添加农药

D. 食物链富集

4. 食物中毒的特点不包括（　　　）。

A. 人与人之间有直接传染　　　　　B. 发病与食物有关

C. 中毒患者临床表现基本相似　　　D. 发病潜伏期短,呈暴发性

5. 为预防痢疾,下列做法错误的是（　　　）。

A. 不饮生水,不吃变质和腐烂食物

B. 保持环境卫生,加强厕所及粪便管理

C. 对集体单位的炊事员不定期检查大便

D. 饭前便后洗手

6. 下列食物天然毒素中毒是由于食用未煮熟的四季豆引起的是（　　　）。

A. 龙葵素中毒　　　　　　　　B. 皂素和植物血凝素中毒

C. 秋水仙碱中毒　　　　　　　D. 氰苷类中毒

7. 鉴别塑料袋有无毒性的方法之一是用火点燃,易燃烧的为（　　　）。

A. 有毒塑料袋　　　　　　　　B. 无毒塑料袋

C. 无法确定　　　　　　　　　D. 有些有毒有些无毒

8.《中华人民共和国食品安全法》于（　　　）修订通过,自 2015 年 10 月 1 日起正式施行。

A. 2014 年 4 月 24 日　　　　　　B. 2015 年 4 月 24 日

C. 2014 年 12 月 25 日　　　　　 D. 2015 年 12 月 25 日

9. 食品进货索证索票制度中,相关证明文件保管期限自该种食品购入之日起不少于（　　　）。

A. 1 年　　　　　B. 2 年　　　　　C. 3 年　　　　　D. 4 年

10. 食品仓库应专用,并配备防鼠、防蝇、防潮、防霉、（　　　）设施及落实相关措施,确保设施运转正常。

A. 防虫　　　　　B. 防火　　　　　C. 通风　　　　　D. 防盗

二、多项选择题

1. 食品污染按污染物性质可分为（　　　）。

A. 生物性污染　　　　B. 化学性污染　　　　C. 物理性污染

D. 放射性污染　　　　E. 人为污染

2. 下列属于食品化学性污染来源的有(　　　)。

A. 农药残留　　　　　　　B. 工业"三废"　　　　　　C. 食品添加剂

D. 食品包装材料　　　　　E. 昆虫污染

3. 食物中毒一般按发病原因可分为(　　　)。

A. 细菌性食物中毒　　　　B. 真菌及其毒素食物中毒　　C. 有毒动物中毒

D. 有毒植物中毒　　　　　E. 化学性食物中毒

4. 预防农药残留污染的方法有(　　　)。

A. 先浸泡后搓洗　　　　　B. 高温加热　　　　　　　　C. 去皮

D. 使用果蔬洗涤剂　　　　E. 用臭氧水长时间浸泡

5. 食品安全管理制度包括(　　　)。

A. 食品进货索证索票制度

B. 食品进货查验记录制度

C. 库房食品安全管理制度

D. 食品销售卫生及食品展示卫生制度

E. 从业人员健康检查制度及食品安全知识培训制度

三、判断题(对的√,错的打×)

1. 食品污染只会对人体健康造成危害,不会对环境产生影响。　　　　　　(　　)

2. 所有微生物对人体都是有害的,会污染食品并导致疾病。　　　　　　　(　　)

3. 食源性疾病的发病率在各类疾病总发病率中居首位。　　　　　　　　　(　　)

4. 食物中毒包括因暴饮暴食而引起的急性胃肠炎。　　　　　　　　　　　(　　)

5. 食品销售工作人员在销售直接入口食品时,可以不使用售货工具直接用手接触食品。　　　　　　　　　　　　　　　　　　　　　　　　　　　　　　　(　　)

模块三　礼貌礼仪

项目十 ‖ 服务礼仪与服务意识

 项目目标

1. 理解礼仪的起源。
2. 理解服务礼仪的作用,掌握服务礼仪的原则。
3. 培养服务礼仪意识。
4. 理解规范服务、细节服务和卓越服务的关系。
5. 了解服务意识的发展及各阶段的内容。

思维导图

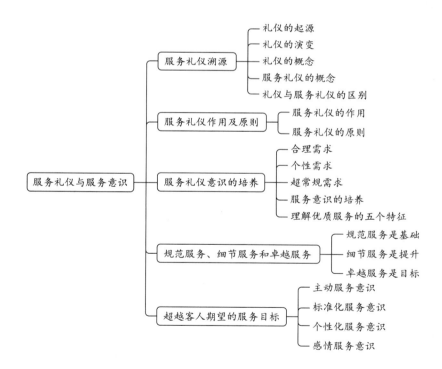

任务一　服务礼仪溯源

【学习要求】

1. 理解礼仪的起源及演变,中国礼仪的发展。

2. 掌握礼仪的概念、服务礼仪的概念,比较异同。

【学习内容】

"中国有礼仪之大,故称夏;有服章之美,谓之华。"中华民族有着数千年的文明史,灿烂的礼仪文化源远流长,中国素有"礼仪之邦"的美称。

一、礼仪的起源

礼仪的起源可以追溯到原始社会,主要源于三大方面:祭祀源说、秩序源说和习俗源说。祭祀源说认为,礼仪起源于人类对天地和祖先的信仰,通过祭祀活动来敬奉神明,祈求福佑。秩序源说则指出,礼仪的产生是为了维护自然的人伦秩序,如男女有别、老少有异等,这种秩序是群体生活中必须被共同认定和维护的。习俗源说认为,礼仪是约定俗成的习惯,是人与人交往中形成的固定规范。

二、礼仪的演变

(一)萌芽时期

夏朝以前(公元前 21 世纪前),礼仪较为简单和虔诚,还不具有阶级性,主要内容包括对大自然的崇拜、图腾崇拜和祭天敬神等。

(二)形成时期

夏、商、西周三代(公元前 21 世纪—前 771 年),人类进入奴隶社会,统治阶级为了巩固统治地位,将原始宗教礼仪发展成符合奴隶社会政治需要的礼制,如"五礼"等,礼仪开始具有阶级性。

(三)变革时期

春秋战国时期(公元前 771—前 221 年),学术界百家争鸣,孔子、孟子、荀子等诸子百家对礼教进行了研究和发展,第一次在理论上全面而深刻地论述了社会等级秩序划分及其意义,礼仪思想得到丰富和发展。

(四)后续发展

秦汉到清末,礼仪进一步强化和规范化,成为维护封建统治和社会秩序的重要手段。进入现代社会后,礼仪在继承传统的基础上,不断融入新的元素,更加注重平等、尊重和个性,以适应现代社会的需求。

三、礼仪的概念

礼仪是指人们在社会交往活动中,为了相互尊重,在仪容、仪表、仪态、仪式、言谈举止等方面约定俗成、共同认可的行为规范。它具体体现在一定的社会道德观念和风俗习惯中,是规范人们礼节、动作、容貌、举止的行为准则,涵盖礼貌、仪表和仪式等维度。

四、服务礼仪的概念

服务礼仪是各服务行业人员必备的素质和基本条件,出于对客人的尊重与友好,在服务中要注重仪表、仪容、仪态、语言和操作的规范;热情服务则要求服务员发自内心地、热忱地向客人提供主动、周到的服务,从而表现出服务员的良好风度与素养。

五、礼仪与服务礼仪的区别

礼仪是一个更广泛的概念,它涵盖了人们在各种社交场合中应遵守的行为规范,不仅限于服务行业。而服务礼仪则是礼仪在服务行业中的具体应用,更强调对客人的尊重、友好和周到服务。

礼仪包含的内容更为丰富,包括礼貌、礼节、仪表、仪式等多个方面。而服务礼仪则更侧重于服务过程中的仪表、仪容、仪态、语言和操作规范。

六、礼仪与服务礼仪的联系

服务礼仪是礼仪的一种具体表现形式,它遵循礼仪的基本原则和规范,并在服务行业中得到具体应用。礼仪的精神和原则贯穿于服务礼仪之中,服务礼仪是礼仪在服务领域的具体体现和延伸。无论是礼仪还是服务礼仪,其核心目的都是表达尊重、友好和善意,促进人与人之间的和谐交往。

综上所述,礼仪与服务礼仪既有区别又有联系。礼仪是一个更广泛、更基础的概念,而服务礼仪则是礼仪在服务行业中的具体应用和体现。两者相互关联、相辅相成,共同构成了人们在社交和服务领域中应遵守的行为规范。

任务二　服务礼仪的作用及原则

【学习要求】

1. 理解服务礼仪的作用。
2. 掌握服务礼仪的原则。

【学习内容】

服务礼仪,是礼仪在服务行业中的具体运用,是礼仪的一种特殊形式,是服务过程中礼仪的具体体现和服务标准化的手段,可以使无形的服务有形化、规范化、具体化。

一、服务礼仪的作用

服务礼义主要体现在提升个人素质、展示尊重、提高服务质量、塑造组织形象以及创造积极效益等方面。

(一)服务礼仪有助于提高服务人员的个人素质

通过学习服务礼仪,服务人员可以规范自己的仪表、仪容、仪态以及语言表达,从而展现出良好的风度与素养。这种个人素质的提升,不仅有助于服务人员更好地完成工作,还能为其职业发展打下坚实基础。

(二)服务礼仪能够向服务对象表示尊重

在服务过程中,注重礼仪规范可以让客户感受到被尊重和重视,从而增强客户对服务的好感度和满意度。这种尊重的传递,是建立良好客户关系的关键。

(三)服务礼仪有助于提高服务水平和服务质量

服务人员遵循礼仪规范,可以更加专业、周到地为客户提供服务,减少服务过程中的失误和纠纷,从而提升整体服务水平。这种服务质量的提升,对于增强企业竞争力具有重要意义。

(四)服务礼仪能塑造并维护服务单位的整体形象

服务人员的礼仪表现直接影响着客户对服务单位的印象和评价。良好的礼仪形象可以为企业树立积极、专业的形象,从而吸引更多客户。同时,这种形象也是企业文化的重要组成部分,有助于提升员工的归属感和自豪感。

(五)服务礼仪能使服务单位创造更好的积极效益和社会效益

通过提升服务水平、塑造良好形象,服务单位可以吸引更多客户,增加业务量,从而实现经济效益的提升。同时,良好的礼仪文化也有助于营造和谐的社会氛围,促进社会的文明进步。

综上所述,服务礼仪在服务行业中具有不可替代的作用,它不仅是服务人员必备的基本素质,更是提升服务水平、塑造组织形象、创造积极效益的重要手段。

二、服务礼仪的原则

(一)尊重原则

尊重是服务礼仪的基本原则之一。无论与客户、同事还是上级进行交流,都应尊重对方的权利、意见和感受。这包括尊重对方的个人隐私和尊严,以及不做任何侮辱、歧视或冒犯他人的行为。在服务过程中,要将对客人的重视、恭敬、友好放在第一位,这是礼仪的重点与核心。

(二)真诚原则

服务礼仪所讲的真诚原则,就是要求在服务过程中,必须以诚待人,只有如此,才能表达对客人的尊敬与友好,才会更好地被对方所理解、所接受。与此相反,倘若仅把利益作为一种道具和伪装,在具体操作礼仪规范时口是心非、言行不一,则是有悖礼仪基本宗旨的行为。

（三）宽容原则

在服务过程中，既要严于律己，又要宽以待人。要多体谅他人、多理解他人，学会与服务对象进行心理换位，千万不要求全责备、咄咄逼人。

（四）适度原则

适度原则要求运用礼仪时，为确保取得成效，必须注意技巧、合乎规范，特别要注意做到把握分寸。这是因为凡事过犹不及，假如做得过了头，或者做得不到位，都不能正确地表达自己的自律、敬人之意。

（五）自信自律原则

自信的原则是社交场合中一个心理健康的原则，唯有对自己充满信心，才能如鱼得水、得心应手。自信是社交场合中一种很可贵的心理素质。自律乃自我约束的原则，它强调交往个体要自我要求、自我约束、自我控制、自我反省。

任务三　服务礼仪意识的培养

【学习要求】

1. 了解合理需求、个性需求与超常规需求并培养服务意识。
2. 理解优质服务的五个特征。

【学习内容】

服务礼仪，是礼仪在服务行业中的具体运用，是礼仪的一种特殊形式，是服务过程中礼仪的具体体现和服务标准化的手段，可以使无形的服务有形化、规范化、具体化。

一、合理需求

合理需求是客户在正常情况下期望得到的基本服务。例如，在餐厅用餐时，客户期望食物新鲜、口味好，环境整洁舒适，服务人员态度友好等。

二、个性需求

个性需求是客户基于个人喜好、习惯或特殊需求而提出的服务要求。例如，有的客户可能对食物有特殊的口味偏好，或者对服务环境有特别的要求。

三、超常规需求

超常规需求是客户在特殊情况下提出的服务要求，这些要求可能超出了正常服务的范围。例如，客户可能在紧急情况下需要特别的服务支持或帮助。

四、服务意识的培养

(一)要充分认识服务在经济社会发展中的重要作用

每个员工都应该意识到自己是服务的提供者,无论职位或角色如何,都需要为客户提供优质的服务。

(二)要深入了解客户的需求和期望

这可以通过积极倾听客户反馈、进行问卷调查或定期与客户交流来实现。对客户的需求有更深入的了解后,才能更好地提供满足他们需求的服务,从而提升服务意识。

(三)建立积极的态度是提升服务意识的关键

服务人员应该保持乐观、友善、耐心以及对客户的尊重和重视。时刻记得微笑,这是一种很简单但很有效的传递积极态度的方式,有助于建立良好的第一印象。

(四)主动提供帮助是提升服务意识的重要表现

服务人员应该积极主动地询问客户是否需要任何帮助,并尽最大努力满足客户的需求。主动解决问题和提供解决方案,能够让客户感受到服务人员的专业性和责任心。

(五)持续学习与发展是提升服务意识的重要途径

服务人员需要不断学习和提升自己的专业知识和技能,跟上行业的最新发展动态。通过持续学习,提高自己的服务水平,为客户提供更优质的服务。

(六)团队合作是提升服务意识不可或缺的一环

服务人员应该与团队成员携手合作,共同为客户提供优质的服务。分享经验和知识,互相支持和协作,能够形成强大的团队合力,提升整体服务意识。

(七)反思与改进是提升服务意识的重要步骤

服务人员需要对自己的服务进行反思和评估,寻找改进的机会。接受客户的反馈和建议,并主动寻求提升的方法,不断优化自己的服务意识和行为。

综上所述,提升服务意识需要从多个方面入手,包括认识服务的重要性、了解客户需求、建立积极态度、主动提供帮助、持续学习与发展、团队合作以及反思与改进等。只有不断提升服务意识,才能为客户提供更优质的服务,推动企业持续发展。

五、理解优质服务的五个特征

(一)可靠性

(1)定义:可靠并正确地执行已承诺服务的能力。

(2)体现:服务能够准时、一致、无失误地完成。无论是满足客户的合理需求、个性需求还是超常规需求,服务提供者都能始终如一地提供高质量的服务。

(3)意义:可靠性是优质服务的基础,它建立了客户对服务提供者的信任,有助于提高整体的服务质量。

(二)回应性

(1)定义:协助顾客并提供立即服务的意愿。

(2)体现:服务提供者能够迅速响应客户的需求,无论是通过快速解决问题,还是主动提供额外的帮助。

(3)意义:回应性体现了服务提供者的主动性和灵活性,它有助于增强客户的满意度和忠诚度。

(三)确实性

(1)定义:员工的知识、礼貌,以及传达信任与信心的能力。

(2)体现:服务人员具备专业的知识和技能,能够自信地为客户提供服务,并通过礼貌和尊重的态度赢得客户的信任。

(3)意义:确实性确保了服务提供者能够为客户提供准确、有效的建议和帮助,从而满足客户的合理需求、个性需求甚至超常规需求。

(四)关怀性

(1)定义:以同理心提供给顾客个性化关怀的能力。

(2)体现:服务提供者能够设身处地地为客户着想,理解并关注客户的情感需求,从而提供更加贴心、个性化的服务。

(3)意义:关怀性体现了服务提供者的人文关怀和情感智慧,它有助于建立更加紧密和持久的客户关系。

(五)有形性

(1)定义:实际看得到的设施、设备、员工等外在有形元素。

(2)体现:服务提供者通过整洁的环境、专业的着装、高效的设备等有形元素来展现其服务质量。

(3)意义:有形性为客户提供了直观的服务体验,它有助于增强客户对服务提供者的信任感和满意度。

综上所述,优质服务在满足了客户的合理需求、个性需求与超常规需求后,通常会展现出可靠性、回应性、确实性、关怀性和有形性这五个特征。这些特征共同构成了优质服务的核心要素,并为客户提供了卓越的服务体验。

任务四　规范服务、细节服务和卓越服务

【学习要求】

理解规范服务、细节服务和卓越服务的关系。

【学习内容】

规范服务、细节服务和卓越服务在酒店行业中相辅相成,共同构成了高质量服务体系的基石。

一、规范服务是基础

规范服务确保了酒店服务的一致性和标准性,让顾客在任何时候、任何情况下都能享受到符合期望的服务。规范服务包括明确的服务流程、统一的服务标准以及专业的员工行为准则。这些规范不仅提升了服务效率,还增强了顾客对酒店的信任感。例如,酒店前台办理入住和退房的手续流程、客房的清洁标准以及员工的着装和仪态等,都是规范服务的重要组成部分。

二、细节服务是提升

在规范服务的基础上,细节服务关注每一个细微之处,力求为顾客带来超出期望的惊喜。细节服务体现了酒店对顾客需求的深入理解和关怀,它可能是一句温馨的问候、一杯免费的茶水、一个贴心的提示,或是根据顾客喜好定制的特别服务。这些细节虽小,却能让顾客感受到酒店的用心和关怀,从而大大提升顾客的满意度和忠诚度。

三、卓越服务是目标

卓越服务不仅要求酒店做到规范和细节服务,还要不断创新和超越,为顾客提供无与伦比的体验。卓越服务需要酒店不断追求服务的极致,从顾客的角度出发,不断优化服务流程、提升服务质量,并关注顾客的反馈,以便及时调整和改进。卓越服务不仅能让顾客留下深刻的印象,还能为酒店赢得良好的口碑和树立优质的品牌形象,从而促进业务的持续增长。

综上所述,规范服务、细节服务和卓越服务在酒店行业中相互关联、相互促进。规范服务为细节服务和卓越服务提供了坚实的基础,细节服务在规范服务的基础上进一步提升了服务质量,而卓越服务则是酒店服务的最终目标,它要求酒店不断创新和超越,为顾客提供无与伦比的体验。

任务五　超越客人期望的服务目标

【学习要求】
了解服务意识的发展及各阶段的内容。

【学习内容】
服务意识的发展是一个逐步深化和提升的过程,其各阶段的内容主要包括主动服务意识、标准化服务意识、个性化服务意识和感情服务意识。

一、主动服务意识

主动服务是根据客人的需求心理，提供有针对性的、积极的、超前的、有预见性的服务。员工应具有强烈的换位意识，站在宾客的位置上，想宾客所想，牢记"客人永远是对的"，并自觉为宾客提供尽善尽美的服务。

这一阶段，需要培养员工主动发现客人需求、主动提供服务的意识和能力，这是酒店一切服务的基础，也是满足客人消费心理的首要条件。

二、标准化服务意识

标准化服务意识强调服务的规范性和一致性。酒店会制定一系列的服务标准和流程，员工需要严格遵守这些标准和流程，确保服务的质量和效率。

通过标准化服务，酒店能够确保客人在任何时间、任何情况下都能享受到符合期望的服务，从而提升客人的满意度和忠诚度。

三、个性化服务意识

个性化服务意识是在标准化服务的基础上，进一步关注客人的个性化需求，提供定制化的服务。

员工需要通过分析客户需求，了解客人的喜好、习惯等特殊需求，并根据这些信息设计服务项目，如为有特殊饮食要求的客人提供定制菜单，或为家庭游客提供儿童友好的房间布置等。个性化服务能够让客人感受到酒店的用心和关怀，从而大大提升客人的满意度和忠诚度。

四、感情服务意识

感情服务意识强调在服务过程中与客人建立情感连接，注重服务过程中的情感交流。

员工需要掌握情感沟通技巧，如记住回头客的名字和偏好，使用礼貌用语，展示真诚的微笑和关心等。通过感情服务，酒店能够与客人建立更紧密的关系，增强客人的归属感和忠诚度。

综上所述，服务意识的发展是一个从主动服务到标准化服务，再到个性化服务和感情服务的逐步深化和提升的过程。每个阶段都有其特定的内容和要求，但都是围绕提升服务质量、满足客人需求这一核心目标而展开的。

【学习与思考】

一、单项选择题

1. 当人与人之间约定俗成的交往习惯以文字的形式被记录并同时被人们自觉遵守后，

就逐渐成了人们交往的固定礼仪。这是礼仪起源的(　　)。

    A. 祭祀源说　　　　　　　　　　B. 禁忌源说

    C. 秩序源说　　　　　　　　　　D. 习俗源说

    2. 对于服务行业,高素质的服务人员提供高质量的服务,有助于企业创造更好的经济效益和社会效益,同时有利于企业提升的文化内涵和增强品牌效应。这反映出服务礼仪能够(　　)。

    A. 提升个人素质　　　　　　　　B. 调解人际关系

    C. 塑造企业形象　　　　　　　　D. 提高竞争附加值

    3. 在客人所有的需求和愿望中,追求(　　)的需要是最强烈和最敏感的,同时也是最合理和最起码的要求。

    A. 尊重　　　　　B. 理解　　　　　C. 自律　　　　　D. 宽容

    4. 合理需求指(　　)上必不可少的需求,范围很广,既有物质和精神需求,也有消费和创造的需求。

    A. 生理　　　　　B. 心理　　　　　C. 物质　　　　　D. 生活

    5. 把_____给予客人,把_____留给自己,以细节取胜的规范,其服务方式大大提高了客人的满意度。填入空白处的内容,最恰当的是(　　)。

    A. 规范,细节　　B. 细节,规范　　C. 方便,麻烦　　D. 麻烦,方便

二、多项选择题

    1. 现代人类学、考古学的研究成果表明,礼仪起源于人类最原始的两大信仰,即(　　)。

    A. 祭祀信仰　　　　　B. 禁忌信仰　　　　　C. 秩序信仰

    D. 天地信仰　　　　　E. 祖先信仰

    2. 服务礼仪要求服务人员能够经常进行(　　)。

    A. 自我批评　　　　　B. 自我约束　　　　　C. 自我对照

    D. 自我反省　　　　　E. 自我检查

    3. 客人的需求一般而言分为(　　)。

    A. 合理需求　　　　　B. 隐性需求　　　　　C. 超常规需求

    D. 特殊需求　　　　　E. 显性需求

    4. 定制化的服务意识在服务礼仪上提出的要求包括(　　)。

    A. 经常热情地用姓氏称呼　B. 带着创意去服务　　C. 避免用姓氏称呼客人

    D. 坚持快乐服务　　　　　E. 坚持无差别服务

    5. 总的来说,旅游服务礼仪应该遵循(　　)原则。

    A. 尊重　　　　　　　　　B. 真诚　　　　　　　　C. 自律

    D. 宽容　　　　　　　　　E. 适度

三、判断题(对的√,错的打×)

    1. 礼仪以尊重为第一原则。　　　　　　　　　　　　　　　　(　　)

    2. 每个人不仅要从自己做起,还应要求别人遵守服务礼仪,这样才能在与他人的交往中创造出自然和谐的关系。　　　　　　　　　　　　　　　　　　　(　　)

3. 所有的客人需求都可以通过善意或服务来解决。　　　　　　　　（　　）

4. 卓越服务要求所提供的服务不仅达到客人的心理预期值,而且要超越预期值,让客人对服务产生愉悦记忆。　　　　　　　　　　　　　　　　　（　　）

5. 旅游企业的竞争,从根本上说,是服务的竞争。　　　　　　　　（　　）

四、简答题

1. 请列举服务礼仪的作用。

2. 在实际服务中,我们可以通过哪些方面来关注客人需求,提升服务意识?

项目十一	社交能力培养和言谈技巧提升

 项目目标

1. 了解人际交往的重要性,掌握人际交往的能力。
2. 掌握人际交往的艺术及服务言谈的技巧。
3. 了解、识别身体语言。

 思维导图

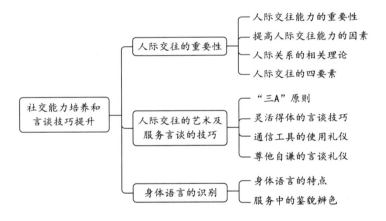

任务一　人际交往的重要性

【学习要求】

1. 掌握提高人际交往能力的因素、人际交往中的黄金法则与白金法则。
2. 掌握自我介绍、介绍他人及集体介绍的方法。
3. 掌握如何握手和递接名片。

【学习内容】

人际交往也称人际关系,是个体通过口头语言、文字、肢体动作及表情等方式将信息传递给其他个体的过程。很多服务是在复杂的人际交往过程中完成的。人际交往不仅是个体认识自我、完善自我的重要手段,也是企业提升形象的重要途径。

一、人际交往能力的重要性

人际交往能力指妥善处理组织内外关系的能力,包括与周围环境建立广泛联系和对外界信息的吸收、转化能力,以及正确处理上下左右关系的能力。个体人际关系的好坏往往是由个人的人际交往能力决定的,人际交往能力在人们的生活和工作中扮演着重要角色。

(一)良好的人际交往能力促进心理健康发展

人际交往是人与人之间交流的渠道,能让一个人适应环境,融入集体,能维持心理健康水平,愉快、广泛的交往有助于心理健康发展。很多心理问题是由人际关系失调所致。每个人都有快乐和忧愁,快乐时与朋友分享会更加快乐,忧愁时向朋友倾诉会减轻困扰。如果长期缺乏与他人积极、友善的交往,缺乏稳定良好的人际关系,往往会导致心理负荷过重,从而导致心理问题。

(二)良好的人际交往能力是事业发展的重要基础

一个人的职业生涯能否有良好的发展,约15%依靠专业技术,这是由智商决定的;约85%依靠为人处世的能力,这是由情商和社交商决定的。因此有人说在职场中,智商决定是否被录用,情商决定工作得好坏,而社交商决定团队协作的效率。

二、提高人际交往能力的因素

人际交往的核心部分是合作和沟通。在服务工作中,与客人合作和沟通的技能,是服务人员必须掌握的核心技能。提高有效沟通的能力,是维系良好人际关系的首要条件。

(一)双向沟通

双向沟通是沟通的种类之一,指信息的发送者和接收者的位置不断变换,信息可以在发送者和接收者之间互相传播的沟通类型。首先,双向沟通要求信息发送者以协商和讨论的姿态面对接收者,信息发出后还需及时听取反馈意见,必要时双方可以进行多次重复商谈,直到双方共同明确和满意为止;其次,双向沟通要求沟通双方以友善的姿态与对方沟通,这是促进双向沟通的基本保证。

双向沟通的优点是沟通信息准确性较高,接收者有反馈意见的机会,易产生平等感和参与感,增强自信心和责任心,有助于达成共识。

(二)细心观察

细心观察是有效社交的前提。现实生活中,大多数人会把真实想法通过神情体态呈现出来。想要真正听懂对方的言外之意,就要认真细致地观察对方的言谈、举止、神情等,由此洞悉其心理活动。

洞察别人的心理状态是社交能力的重要一环。一方面要提高对自己及他人需求、思想、感受的洞察力,另一方面也要细心观察不同的情境和人物,分辨其中不同之处并加以分析理解,加强对千变万化的社交环境的把握。

（三）理解宽容

理解是人际沟通的桥梁。它表现为能设身处地地为他人着想，善解人意。

宽容是一种人格的涵养，表现为豁达大度，有很强的容纳意识和自控能力，谅解他人的过失。宽容克制并不是软弱、怯懦的表现。相反，它是有肚量的表现，是建立良好人际关系的润滑剂。宽容的人大多善良且真诚，人们大多乐意向他们付出爱和理解。

（四）真诚谦虚

在交往的过程中，最打动人的是真诚。真诚是社交的纽带，只有付出真诚才可能收获信赖，长久地维系人与人之间的关系。以诚交友，以诚办事，才能换来与别人的沟通和合作，才会被尊重、受欢迎。真诚是人类最珍贵的品德之一，是社交的金字招牌。

在人际交往过程中，除了真诚，还需要谦虚，一个真正有教养的人从来都是一个真诚而谦虚的人。谦虚被视为一种美德，它包含谦让、虚心、尊重别人、不自以为是。谦虚是一种学问，领悟了它就获得了一种社交魅力，有助于赢得别人的认可和支持。

三、人际关系的相关理论

（一）人际交往中的心理效应

1. 首轮效应与末轮效应

人际交往总是从第一印象开始的。第一印象也称首轮效应。首轮效应是指最初接触到的信息所形成的印象对人们以后的行为活动和评价的影响。心理学的实验结果证明：人们往往以对他人的第一印象，来对此人的学识、涵养、性格等进行评价，并对此人以后的行为进行推测。良好的第一印象是打开交往大门的一把无形的钥匙。

末轮效应是相对于首轮效应而言的。即在人际交往之中，人们留给交往对象的最后的印象。在许多情况下，它是一个集体或某个人留给交往对象的整体印象的重要组成部分。末轮效应理论的核心思想是要求人们在塑造集体或个人的整体形象时，必须有始有终，始终如一。

2. 刻板印象

刻板印象指社会上对于某一类人或事物形成的一种比较固定、概括而笼统的看法，也叫社会刻板印象。

3. 光环效应

光环效应也叫晕轮效应，指人们常常从对对方知觉的局部特征开始，泛化到其他一系列整体特征。换句话说，人们对他人的判断最初多数是根据好坏得出来的，一个人被大多数人认为是好的，他就被一种积极的光环所笼罩，从而也就被赋予其他好的特质。

（二）人际交往中的黄金法则与白金法则

1. 黄金法则

黄金法则是一种古老的、值得遵循的论断。黄金法则提出：你希望别人怎样对待你，你也要怎样对待别人。这也是一条做人的法则，又称为"为人法则"，几乎成了人们普遍遵循的处世原则。用我国的古语表述就是："己所不欲，勿施于人。"

按照黄金法则的观点,在处理与别人的关系时,人是从自身的角度看问题的。换言之,大家都是毫无差别的,自己想要的或希望的恰恰也是别人想要的或希望的,这种情况在现实中很难遇到。随着时代的发展,黄金法则已经不能解决所有纷繁复杂的问题。如果事无巨细都按照黄金法则行事,会产生适得其反的效果,从而引起人与人之间的冲突。在这个背景下,"白金法则"应运而生。

2. 白金法则

白金法则的内容是别人希望让你如何对待他们,你就如何对待他们。在国际社会,尤其是服务业中,白金法则早已被人们普遍视为交往的通则和服务的基本定律。在服务岗位上,若要获得客人的认可,就要做到在允许的条件下客人需要什么,尽力去满足客人的需求。白金法则有三个要点:第一,行为合法,不能任何需求都无条件满足,要有原则底线;第二,交往以对方为中心,在合理的前提下,对方需要什么就尽量满足对方什么;第三,对方的需求是基本标准,服务人员不能随意而为。

白金法则认为:首先,平等永远是相对的,当为别人服务时,对合理的需求要做到有求必应,不厌其烦;其次,要端正态度,有什么样的心态,就有什么样的工作和生活,换言之,心态决定一切,尊重自己,尊重他人。

四、人际交往的四要素

人际交往需要遵循一定的社交礼仪,以便在交际应酬中得心应手、游刃有余。称呼、介绍、握手、交换名片被认为是社交礼仪的"四要素"。

(一)称呼礼仪

称呼礼仪是人际交往的起点,要求在对他人称呼时使用规范性礼貌用语。在人际交往中,选择正确、恰当的称呼,不仅反映着自身的教养和对对方的尊敬程度,还体现双方关系达到的熟悉程度和社会风尚。

1. 称呼的分类

(1)职务称呼。在公务活动中,一般以交往对象的职务相称,以示身份有别、敬意有加,这是一种最常见的称呼。一般有三种情况:①只称职务,如主任、经理;②在职务前加上姓氏,如李主任;③在职务前加上姓名,如李××主任。其中第三种适用于极其正式的场合。

(2)职称称呼。对于具有职称者,在工作中可以直接以其职称相称,如李教授。使用职称称呼时可以只称职称、在职称前加上姓氏或在职称前加上姓名(适用于十分正式的场合)。

(3)职业称呼。在工作中,对于从事某些特定职业的人,可直接称呼对方的职业,如老师、医生、会计、律师、法官,也可以在职业前加上姓氏或姓名。

(4)性别称呼。对成年男性可以统称为"先生"。在我国,称呼德高望重的老前辈或是令人钦佩的师长,可以称为"先生",这个尊称不分男女,如"宋庆龄先生""冰心先生"。

对女性而言,称呼未婚女子为"小姐",称呼已婚妇女为"夫人"或"太太",对年长而婚姻情况不明的女子或比较成熟的女性称"女士"。

对于从事商业、服务性行业的人,一般约定俗成地按性别的不同分别称"女士"或"先生"。

（5）姓名称呼。在工作岗位上称呼姓名或简称，一般限于同事、熟人之间，如老张、老李、小张、小李；但是，忌讳岁数小的人对岁数大的人称呼老张、老李。

正式场合一般用全称，而普通场合则用一般性称呼，可以直接称呼他人的姓氏或姓名。涉外交往中的称呼还须注意，不要错称，不同国家的人的姓名在发音和排列顺序上有较大差别，当面对一长串复杂的姓名时，最简单的方法是正确识别其中哪个是姓，然后以姓相称。

（6）敬称。常用的敬称有"您""您老""您老人家""令尊""令堂"等词，多用于对尊长。这些都表明话语中的客气与谦恭。

2. 称呼的禁忌

（1）禁用错误的称呼。①误读：有的人的名字不是常用字，有的是多音字，容易产生误读现象。②误会：指对被称呼者的年纪、辈分、婚否以及与其他人的关系作出错误的判断。

（2）禁用随意的称呼。在人际交往中，有些称呼在正式场合切勿使用，如"哥们""姐们"，这样称呼显得随意、不庄重。

（3）禁用绰号。尊重每一个人，不随意拿别人的某些特点开玩笑。切勿自作主张给对方起绰号，特别是一些带有明显侮辱性的绰号。

（二）介绍礼仪

介绍是人际交往中最初相识的一种方式，是进一步交往的基础，是人与人进行相互沟通的出发点。介绍可以分为自我介绍、介绍他人以及介绍集体三种。

1. 自我介绍

人与人之间的交往，多数是从自我介绍开始的。自我介绍实际上是一种自我推荐，用语言搭起了结识的桥梁，可以给人留下较深的第一印象，学会自我介绍，可以树立自信、大方的个人形象，有助于自我展示和宣传。

恰到好处、不失分寸的自我介绍，需注意以下四个方面：

（1）时机适当。进行自我介绍的适当时间指对方有兴趣、有空闲、情绪佳、干扰少、有要求的时候。

（2）把握时间。自我介绍时力求简洁，长话短说，以半分钟左右为宜，在做自我介绍的同时可利用名片、电子信息等加以辅助。

（3）内容设计。工作中的自我介绍要体现本人姓名、就职单位及具体部门、职务和所从事的具体工作。三项要素一气呵成，既节省时间，又有助于给人留下完整的印象。介绍内容要实事求是、真实可信。

（4）态度端正。自我介绍时，态度要友善、亲切、自信、落落大方，表现自己渴望认识对方的真诚。要敢于正视对方的双眼；语气自然，语速正常，语音清晰；举止端庄、大方。

2. 介绍他人

介绍他人指作为第三方为彼此不相识的双方进行引见、介绍。介绍他人通常是双向的。通过介绍，可以打破原来的陌生局面，扩大人际交往的范围。

在为他人介绍前，先要确定双方地位的尊卑，遵守"尊者优先了解情况"的规则，先介绍位卑者，后介绍位尊者。一般情况下，应先将年轻者介绍给年长者；将职务低者介绍给职务高者；将男士介绍给女士（如果双方年龄、职务相当）；将后来者介绍给先到者；将家人介绍给同事朋友。

介绍时应注意礼节,无论介绍哪一方,都应掌心向上略倾斜,五指轻轻并拢,切记不可用一根手指指人。被介绍者双方应该正面面对对方,并且面带微笑,被介绍完毕后通常应相互握手问好。

介绍他人时,语言简练并将双方的情况表述清晰。在语言表达上,不要过于突出某一方。在双方都介绍完后,尽量找出双方可以继续交流的话题,真正起到穿针引线的作用。

3. 介绍集体

介绍集体,一般指被介绍一方或双方不止一人。需要注意的是,为别人做介绍之前要先征求被介绍双方的意见,在开始介绍时再打一下招呼,以免让被介绍者措手不及。

在做集体介绍时,介绍者应遵循以下顺序:

(1)被介绍双方地位相似。当被介绍双方地位、身份大致相似或难以确定时,应遵循"少数服从多数"的原则,即将人数多的一方定为"位尊",人数少的一方定为"位卑",先介绍人数少的一方,然后再介绍人数较多的一方。

(2)被介绍双方地位不同。若被介绍双方地位、身份存在明显差异,这时以地位高、身份高者为尊。先介绍"位卑"一方,然后介绍"位尊"一方,即使尊者人数少或者只有一人,仍应被置于尊者的位置,最后再做介绍。在介绍每一方内部成员时,顺序应由尊而卑。

(三)握手礼仪

握手,是世界通行的见面礼仪,是在相见、离别、恭贺或致谢时相互表示情谊、致意的一种礼节。应用得当,能进一步增添别人对自己的信赖感。

1. 握手礼仪要求

(1)行握手礼时,要身姿挺拔,双腿立正站好,上身略向前倾15°左右,以表示对对方的尊敬,与对方的距离掌握在 70～75 cm。

(2)面带微笑,自然大方地伸出右手,伸手的高度保持在腰部位置,四指并拢、拇指张开,手掌与地面垂直,左手自然垂放在左侧。

(3)握手时要握住对方整个手掌,用力均匀,上下轻摇两到三下,时间一般以 2～3 秒为宜,并结合相应问候语言。

(4)与多人握手时,要讲究先后顺序:明确对方身份时,按身份高到身份低的顺序握手;不明确对方身份时,按距离近到距离远的顺序握手。

2. 握手的注意事项

(1)右手相握。握手时,不要用左手与他人相握,特别是有的国家、地区忌讳使用左手握手。在特殊情况下,不能用右手相握应说明原因并道歉。

(2)逐一相握。不要交叉握手,遇到两位以上交谈对象,行握手礼时应逐一相握。

(3)摘下手套。不要在握手时戴着手套。在大多数国家,戴手套与别人握手既不礼貌又是对对方的侮辱。在有些国家,女士身着礼服、戴手套时,与他人握手可以不摘手套。

(4)一视同仁。不仅要与在场的所有人握手,还要与每人握手的时间大致相同,切忌给人厚此薄彼的感觉。

(5)真诚微笑。与人握手要真诚,不要在握手时东张西望、心不在焉或面无表情、有气无力,微笑着注视对方是基本的礼貌。

(四)交换名片

在商务往来中,名片犹如一个人的脸面,是一个人身份、地位的象征,是一个人尊严、价值的彰显方式,也是使用者获得社会认同、理解与尊重的一种方式。名片已成为当前人们社交活动的重要工具,有了名片的交换,双方的结识就迈出了第一步。交换名片,一方面方便自我介绍,另一方面便于以后保持联系。

1. 准备名片

交换名片的前提是备足名片,放好名片。原则上应该使用名片夹,要保持名片和名片夹的清洁、平整。

2. 递送名片

在递送名片时,首先要确认是否是自己的名片。其次递送名片态度要谦恭。一般应起身站立、面带微笑、注视对方,双手拿着名片上方,放在适当的高度,并带有一点倾斜,将名片正面正对着对方后递给对方,说"常联系""多多关照",或者做自我介绍。

3. 接受名片

一要起身迎接。当有人向自己递送名片时,应尽快起身或欠身,微笑着双手接过。二要表示谢意。收到他人名片后,视情况说"谢谢"。三要记住去看。名片接到手后,应认真阅读,适当的时候,可以把对方的头衔重复一下,既表示对交往对象的重视,又可了解对方的确切身份。四要回敬对方。如果自己没有名片,应向对方表示歉意,如实说明理由。

4. 存放名片

接过别人的名片切不可随意摆弄或扔在桌上,也不要随便塞在口袋里或丢进包里,应放在上衣内侧口袋或名片夹里,以示尊重。

任务二　人际交往的艺术及服务言谈的技巧

【学习要求】

1. 掌握人际交往中的"3A"原则。

2. 掌握聆听、提问、插话、拒绝的技巧,服务言谈的规避和禁忌。

3. 掌握电话、手机和即时通信礼仪。

4. 掌握问候、应答的礼仪要求。

【学习内容】

在人际交往中,需要讲究交往的艺术,注意交往的技巧。服务礼仪中的言谈不是一个人的单向列车,服务人员不仅要关注谈话的内容、措辞,还要注意言谈的技巧、场合,避免交谈的禁忌,结合肢体语言,有效沟通,让客人释放情绪情感,使交流顺畅,达成更优质的服务。

一、"3A"原则

所谓"3A"原则，即 Accept（接受）、Appreciate（重视）、Admire（赞美）。它的基本含义是在人际交往中要成为受欢迎的人，就必须善于向交往对象表达自己的善良、尊重、友善之意。"3A"原则讲的是向对方表达敬重之意的一般规律。意欲表达自己的敬意，并且能够让对方真正地接受自己的敬意，关键要以自己的实际行动去接受对方、重视对方、赞美对方。

（一）接受对方

接受对方指能容纳对方，不排斥对方。主要包括三个方面：第一，接受交往对象；第二，接受交往对象的习俗；第三，接受交往对象的交际礼仪。在人际交往中，要成为受欢迎的人，要宽以待人，不要求全责备，不要排斥、冷落、打断对方，尤其注意不能拿自己的经验去勉强别人。而应当积极热情、主动接近对方，淡化彼此之间的戒备、抵触和对立的情绪，恰到好处地向对方表示亲近友好之意。

（二）重视对方

重视对方指让对方感受到自己尊重对方，对方在自己心目中十分重要。重视客人，是服务人员对客人表示敬重之意的具体化。它主要表现为认真对待客人，并且主动关心客人。重视客人的具体方法：第一，牢记客人的姓名；第二，善用对客人的尊称；第三，倾听客人的要求。

（三）赞美对方

赞美是一种理想的黏合剂，也被称为公关润滑剂。真诚的赞美会引导他人的行为朝着自己期待的方向发生改变。这是一门需要修炼的艺术，实事求是、因人而异、把握细节、真诚及时地赞美，不但能赞美别人，而且能得到别人的赞美。

二、灵活得体的言谈技巧

借助语言传递服务人员的亲切、善意，会使客人体会到温暖与友好，感受到尊敬和礼遇，为了使服务达到理想的效果，应掌握以下言谈技巧。

（一）有效聆听

表达者需要被聆听，聆听需要思维的参与，需要通过面部表情、肢体动作和语言回应，来向对方传递一种信息：我关注，我重视。

在服务中，服务人员需要聆听两个方面的内容。第一，听事实。客人说了什么话，只要认真仔细地听，就可以很容易听清楚。第二，听心声。听隐藏在话语背后的情绪和言语之中的情感需求。

在交谈中，忽视对方是无礼的，因此在聆听过程中要适当地有所回应。可以通过表情动作呼应客人；用简洁的语言回应客人；用适当的提问打破沉默。此外，在聆听过程中，复述客人讲述的内容，一方面能使客人觉得服务人员在认真倾听，另一方面通过归纳客人说话的要点，来确定自己理解的准确性。如果能把客人的话用自己的感受表达出来，更能赢得客人的好感和回应。

(二)善于提问

提问是使客人开口说话的有效手段,也是打破僵局、营造和谐关系、创造友好环境的重要方法。提问可以帮助服务人员发现和收集客人在需求和期望上的相关信息,能更有效地为客人服务。

提问方式常见的有两种:一是开放式提问,一般以"怎么样""为什么"等开始询问,鼓励客人提供更多的信息,让客人比较自由地讲述自己的观点。二是封闭式提问,一般引导客人向某个方向思考,提出的问题类似于"是不是""有没有",客人一般只能回答"是"或"不是"。

提问时需要掌握的技巧有:首先,注意观察客人再提问。不同的人在人际交往中会有不同的表现,人们的学识水平、生活背景、人生阅历各有不同,提问时还须考虑这些因素。其次,抓住关键再提问。交谈过程中可能会发现有很多问题,要学会抓住问题关键提问,最终解决问题。最后,找准时机再提问。交谈是一个动态的过程,应借助提问推动交谈的进程,把握交谈的动向。当客人正滔滔不绝时,一般避免用提问打断;快要冷场时,可以通过提问活跃气氛;谈得差不多时,可以借助提问转换话题。

(三)巧妙插话

交谈的过程中有时难以避免插话,适当插话可以活跃气氛,使谈话更好地继续下去。插话应注意以下三个方面。

(1)征求对方允许。在为客人服务时,遇到对方正在和别人谈话,可以使用"不好意思,请允许我插句话""请原谅,我能插句话吗"的委婉语气提出要求或提醒对方,切忌匆忙之下直接打断对方谈话。

(2)插话不是打岔。当他人在交流而自己想插话时,也一定要了解对方谈论的主题,不能破坏主题或远离主题,在适当的时机介入。工作场合中,把自己想的事表达完毕并得到对方合理答复后,要马上退出谈话,以免干扰交谈。

(3)插话不宜多。在谈话时要控制插话的数量和时间,不然会打断客人的思绪,引起客人的不满。插话要简练,以免喧宾夺主,引起对方不快。

(四)委婉拒绝

在服务的过程中,拒绝所引起的客人心理的不满和抗拒是不可避免的。为了使客人的失望和不快控制在最小范围内,服务人员应该学会委婉地说"不"。

1. 拒绝的技巧

(1)友好地说"不"。把真挚的情感融合到温婉柔和的语调中,用"实在对不起""请您原谅"等抱歉语舒缓对方的抵抗情绪。

(2)幽默地说"不"。幽默的表达可以避开直接的交锋,比较容易让人接受,在愉快的氛围中以笑声缓解拒绝的尴尬。面对不合理的挑衅,幽默也是一种巧妙的"攻势"。

2. 转换否定用语

(1)将否定用语转换成肯定用语。例如,下雨天,酒店在入口处放置装雨伞的纤维袋,有的客人一下拿好几个。这时候,把"请不要浪费纤维袋"换成"请一把伞用一个纤维袋"。意思相同,但肯定的语气表达效果会好得多。

(2)将否定用语转换成询问语气。例如,酒店结账时,客人拿出信用卡支付,恰好这时酒店不能使用信用卡结算,与其说"不能用信用卡""不收信用卡"让人不快,不如用询问语气说:"可以请您扫码支付吗?"

(3)将否定用语转换成温和缓解的语言。例如,客人有急事:"能不能快一点?"服务员不要说:"不能。"而应该用具有缓冲性的语言暗示客人:"真是不好意思,现在高峰期"……

三、通信工具的使用礼仪

(一)电话礼仪

电话作为一种只闻其声、不见其人的人际沟通方式,与面谈相比,其最大的特点是人们只能凭借声音去揣摩对方的情感和意图。因此,在使用电话时,必须重视电话沟通礼仪。

(1)及时接听。通常应在电话铃响3声之内接听电话。

(2)重视第一声。接听电话时要以愉快的心情、清晰明朗的声音给对方留下良好的印象,认真听对方说话,适时地用恰当的语言表明自己在倾听。

(3)注意声音和表情。熟练运用礼貌用语,可以让电话另一方感到轻松和舒适。保持微笑能够使对方感受到接听电话者的愉悦。

(4)复述电话要点。电话接听完毕之前,要复述一遍来电的要点,防止因记录错误或者偏差而带来的误会,以提高工作效率。

(5)客人先挂断电话。在拨打和接听电话的过程中,不管是谁先拨打电话,结束后要让客人先挂断电话。在挂电话前,不要忘记最后的祝福与感谢,可以说"感谢您的来电,祝您生活愉快"等。

(二)手机礼仪

随着手机的普及,使用手机已经从一种技能发展为一种社会文化现象。手机使用礼仪越来越受到关注,使用手机需要注意以下三个方面:

(1)注意使用场合。在一些安静、严肃的特定场合应关掉手机或将手机设置成振动(或静音)模式,以免破坏气氛。

(2)自觉维护安全。为了维护安全,乘飞机的时候应关机或将手机调至飞行模式,不要在加油站使用手机,驾驶汽车时不要使用手机。

(3)遵守公共秩序。在公共场合通话时应侧背过去通话,或找一个安静的场所,以免影响他人。另外,公共场合尽量避免使用过于夸张的铃声,在工作场合,如非工作需要不要频繁发信息。

(三)即时通信礼仪

随着即时通信软件在工作中的普及,即时通信礼仪越来越受到重视。在工作中使用即时通信软件应注意以下几个方面。

(1)保持网络头像与称呼契合工作环境。在工作中,网络头像和称呼不能仅凭个人喜好随意进行设置和更换。

（2）慎重使用表情符号。表情符号是在使用即时通信过程中常常会使用的一种表达感情、情绪的方式。但在正式工作场合随意使用，不仅会影响自身及单位的形象，还可能给对方造成一定的困惑或误会。所以，工作场合中一定要慎重使用表情符号。

（3）尊重对方状态显示。当他人的即时通信状态设置为"忙碌"或"离开"，如果不是非常紧急且重要的事情，就不方便去打扰对方的工作。要尊重对方的状态显示并等待合适的时间再发送信息。

（4）使用准确的语言文字。工作中，在发信息给同事或客人之前，要仔细检查每条信息，确保文字正确，用词准确，没有歧义。另外，在正式的工作沟通场合，不适合使用一些网络用语、网络俚语或者英文缩写。

（5）谨慎使用语言与视频功能。在使用语音、视频通话前，要先询问对方是否方便接听。当实在不方便发文字只能发语音时，需精简语言、直奔主题，除了简单的问候外，不要表达过多无用的信息。

（6）遵守网络安全条约，不随意转发链接。工作场合中，随意转发的链接可能会打扰他人工作，也可能会传播网络病毒，不仅是对他人的不尊重，还极有可能引起他人的反感。若发送的是工作相关的链接要说明情况。

四、尊他自谦的言谈礼仪

恰当的言谈礼仪是现代社会提高精神文明的重要体现。礼仪的核心是尊重，在言语上的体现就是学会使用礼貌用语。

（一）问候

问候又称为问好或打招呼，即在和别人相见时，以语言向对方致意的一种方式。

在一般情况下，问候是由身份较低者向身份较高者发出的。我国作为"礼仪之邦"，自古就系统规范了不同方式的相见礼。

（1）抱拳礼。这种行礼方式常用于习武之人，抱拳时采用左掌右拳，以表友好之意。

（2）拱手礼。两手互抱、合于胸前，不同的是男性用左手握住右拳；女性则用右手握住左拳。

（3）作揖礼。作揖时男性左手在外，女性右手在外，低头俯身以表谦恭之意。

（4）合十礼。两手掌轻轻合拢、对齐放置于胸前，手指轻轻地扣在一起，前臂放松，肘部向外，几乎形成一条直线。

（5）万福礼。这种行礼方式适用于女性，双手在小腹前上下重叠，膝盖微弯。

（二）应答

在服务过程中，应答礼仪无处不在，应答礼仪是服务人员在回答客人问话时常用的礼仪规范。不仅有语言的表达，还包含神态表情和动作的多重配合。

当客人询问时，要停下手中的其他工作，站立说话回应，客人谈话时要集中精神，目视客人，认真聆听。谈话过程中，要面带微笑不能表情冷漠，亲切热情不能反应迟缓，适当借助手势，语言表达要求口齿清晰、语气委婉、语调柔和、音量适中。

任务三　身体语言的识别

【学习要求】
1. 了解身体语言的特点。
2. 理解服务中的鉴貌辨色。

【学习内容】

身体语言又称肢体语言,指借由身体的各种动作,代替语言达到表情达意的沟通目的。身体语言,作为无声语言,往往是最真实的一种沟通方式。在与人沟通时,适当配合运用身体语言,可以体现出对他人的尊重与沟通的诚意。

一、身体语言的特点

身体语言是个人情感的外在表现,包括眼神、表情、手势、动作等无一不表露着人们的真实想法和情感,传递着人们的情绪和感受。身体语言有以下四个特点。

(一)视觉性

无论是静态还是动态中的身体语言,都需要通过视觉来感受。例如,眉上扬意味着不相信或惊讶,正视对方往往表示友善、诚恳、外向、有安全感或自信笃定等情绪,懒散地坐在椅中给人无聊或轻松一下的感觉,不停走动有时意味着发脾气或受挫。

(二)真实性

身体语言是人们内心世界的直观反映,比有声语言要真实得多,这种真实性很难用有声语言进行控制和掩饰。因此,通过注意观察客人的表情、姿态可以了解客人真实的心理需求和想法。

(三)辅助性

身体语言不是一种独立的语言形态,它是有声语言的辅助手段。例如客人手抚肚子,可能代表他饿了,也可能是他肚子疼了……靠单一的身体语言判断客人状况,有时也会产生误解。因此,在服务过程中,与客人互动沟通时既要做到认真聆听客人的有声语言,还要做到准确理解客人的身体语言,视听结合才能得出正确的判断,提供准确的、有针对性的服务。

(四)跨文化性

身体语言是与生俱来的,具有跨文化的一致性。例如,世界各地的人们快乐时会不自觉地微笑,难过时会情不自禁地哭泣。可见身体语言是不分国界、不分种族的,具有跨文化的特性。

二、服务中的鉴貌辨色

在服务过程中,服务人员为客人提供的服务主要分为三种。第一种是客人已明确地表述自己的需求,此时只要有熟练的服务技能就可以很好地完成的服务。第二种是例行服务,即应当为客人提供的、无须客人提醒的服务。例如,客人到餐厅坐下准备就餐时,服务人员应立刻给客人上茶水。第三种则是客人没有想到或正在考虑的潜在的服务需求。要能够看透客人的这种潜在需求,需要服务人员具有敏锐的观察能力,特别是通过观察客人的身体语言,把这种潜在的需求变为及时有效的服务,而这也是所有服务中最有价值的部分。

"心有所想,身有所动",对身体语言的识别要放在客人所处的具体环境中,从而感受客人内心的真实情感、需求与期望。

(一)识别紧张或自信的客人

初次来到酒店的客人,难免会产生陌生感,压低下巴、合拢双臂交叉放在胸前、笑时会紧闭双唇、说话时眼睛看地上等动作往往代表着紧张或防卫,这时服务人员要以自己的细致热情去感染客人,使客人放松心情。

而富有经验、自信老练的客人站立时抬头挺胸,会抬高下巴环顾四周,或把双手背在身后,坐下时会双手掌心相对、手指合起来做出尖塔形手势等。

(二)识别为难的客人

客人用手挠头或用手轻轻按着额头,有表示困惑、为难和拿不定主意的意思,这时候服务人员要视当时的具体情况适时介入服务,引导客人做出合适的选择。

(三)识别疲惫烦躁的客人

当有时差反应的客人在酒店等待入住登记或结账时,短短几分钟也可能会感到疲劳或烦躁,这时客人也许会把钥匙、手机弄得叮当响,会坐立不安,会绞扭双手或紧握双手,有时脚会做出小幅度的摆动。调查显示,大多数客人在等待 15 分钟后也都会有这种动作。

(四)识别正在思考的客人

当客人用手抚摸着下颌或用手轻轻敲头时,表示他正在考虑做决定;客人用手摸后脑勺也可能是思考的表示,但有时只是紧张。如果客人紧闭双目、低头不语并用手触摸鼻子,表示他对服务人员的提议正处于犹豫不决的状态。客人忽然把双脚叠合起来(右脚放在左脚上或相反),暗示了他的拒绝或否定。

客人用手挠脖子,表现出他的犹豫不决或心存疑虑。若客人边讲话边挠脖子,说明他对所讲的内容没有非常肯定的把握,服务人员在处理问题时不可轻信其言,要充分调查后决定。

(五)识别心不在焉的客人

目光飘移、拨弄头发、环顾四周,或手指在桌子上敲打、不断地看表或者不停地摆弄小物品(如笔、手机或名片),这些都给人以三心二意的感觉。另外,客人用笔敲打桌面、在纸上乱涂乱画等都是对服务人员的话题不感兴趣的信号。客人在和服务人员交谈时,如果双臂和双腿都做出互相交叉的姿势,那就说明客人的心绪已经游离于交谈之外了,这个时候如果想让客人表示心悦诚服是非常困难的,服务人员就需要改变服务策略。

(六)识别表示否定的客人

在与客人交谈时,如果客人讲话时用右手食指按着鼻子,这一般表示客人不同意服务人员的观点。当客人坐着将整个上半身都靠在椅背上,下颌微含、双臂环抱于胸前,这是在暗示客人并没有为服务人员的服务或者言语所打动。作为服务人员,也要用积极的身体语言去面对客人,挺拔身体,保持微笑,了解客人的身体语言,提供优质的服务。

【学习与思考】

一、单项选择题

1.( )是度量的表现,是建立良好人际关系的润滑剂。

A. 理解　　　　　　B. 宽容　　　　　　C. 真诚　　　　　　D. 谦虚

2. 最常见的称呼为( )。

A. 职务称呼　　　　　　　　　　B. 职称称呼

C. 性别称呼　　　　　　　　　　D. 职业称呼

3.( )是使客人开口说话的有效手段,也是打破僵局、营造和谐关系、创造友好环境的重要方法。

A. 聆听　　　　　　B. 提问　　　　　　C. 插话　　　　　　D. 幽默

4.( )是最不宜询问的个人隐私问题。

A. 年龄大小　　　B. 收入支出　　　C. 政见信仰　　　D. 家庭状况

5. 根据调查,大多数客人在饭店等待入住登记( )分钟后显得不安。

A. 15　　　　　　B. 20　　　　　　C. 25　　　　　　D. 30

二、多项选择题

1. 下列关于黄金法则说法正确的有( )。

A. 你想别人怎么对待你,你也要怎么对待别人

B. 在处理与别人的关系时,要从自身的角度看问题

C. 别人希望让你如何对待他们,你就如何对待他们

D. 己所不欲,勿施于人

E. 对方的需求是基本标准

2. 所谓"3A"原则即( )。

A. 赞同(Approve)　　　B. 接受(Accept)　　　C. 重视(Appreciate)

D. 赞美(Admire)　　　E. 同意(Agree)

3. 应答礼仪的语言表达要求( )。

A. 语气婉转　　　　　B. 声音洪亮　　　　　C. 口齿清晰

D. 语调温柔　　　　　E. 声音适中

4. 下列说法正确的有( )。

A. 眉毛上扬意味着不相信或惊讶　　　B. 正视对方往往表示友善,诚恳

C. 正视对方往往表示外向,有安全感　　　D. 不停地走动有时意味着发脾气或受挫

E. 懒散坐在椅中给人无聊或轻松一下的感觉

5. 当客人在（　　　）时,表示他正在考虑做决定。

A. 拨弄头发　　　　　　　B. 用笔敲打桌面　　　　　　C. 用手抚摸着下颌

D. 用手轻轻敲头　　　　　E. 用右手食指按着鼻子

三、判断题(对的打√,错的打×)

1. 人际交往能力仅指妥善处理组织内部关系的能力。　　　　　　　　　（　　　）

2. 工作中表情符号一定要谨慎使用,不可过于频繁,也不要滥用。　　　（　　　）

3. 身体语言与有声语言相比,有声语言要真实很多。　　　　　　　　　（　　　）

4. 正式场合一般用全称,而普通场合则用一般性称呼。　　　　　　　　（　　　）

5. 在服务中,我们需要聆听两个方面的内容:听事实、听心声。　　　　（　　　）

四、简答题

1. 简述握手的顺序。

2. 为了使服务达到理想的效果,应掌握哪些言谈技巧?

项目十二 职业形象塑造和礼仪危机处理

 项目目标

1. 了解职业形象塑造的要点,掌握仪容的规范。
2. 掌握服务仪表、仪态的规范。
3. 理解礼仪危机产生的原因,掌握礼仪危机应对的策略。
4. 掌握旅游投诉的原因及处理投诉的礼仪。

 思维导图

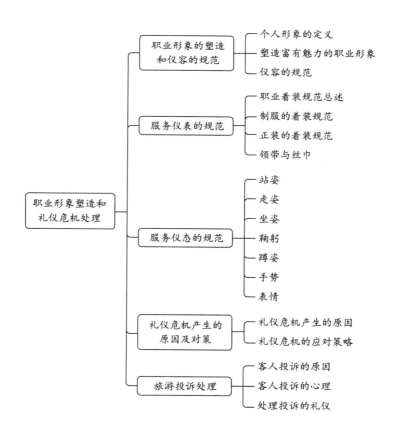

任务一 职业形象的塑造和仪容的规范

【学习要求】

1. 了解个人形象的定义及塑造职业形象的要点。

2. 了解头发的梳洗、养护及发型的选择。

3. 掌握面部保健、清洁、化妆及口鼻清洁。

【学习内容】

一个人的形象就是品牌和机会。优雅的举止、端庄的仪态、合体的服饰是呈送给对方的无声名片。良好的服务礼仪要求服务人员要注重职业形象的塑造。

一、个人形象的定义

形象是一种"感觉印象"评价。个人形象则指参与活动的双方在交往对象心目中产生的基本印象和总体评价,包括仪容、仪表与仪态,真实地体现了个人的修养和品位,客观地反映了个人的精神面貌和生活态度。

个人形象涉及显性和隐性两大元素。外在的显性元素通常一目了然,如长相、身材、服装款式、神态、举止,而内在的隐性元素则不易看清楚,如性格、爱好、文化素养、社会地位、生活方式,但可以通过外在的显性元素了解一个人的内在的隐性元素。如一个人的行为举止会反映其文化素养等,服装的色彩会反映其性格等。

二、塑造富有魅力的职业形象

(一)职业形象的定义及重要性

职业形象指人们在职场公众面前树立的印象,具体包括个人的外在形象、品德修养、专业能力和知识结构四个方面。职业形象反映出个人的职业态度、技术和技能等。其重要性体现在以下两个方面。

(1)在企业层面上,每个服务人员都是企业的"代言人",服务人员的形象代表了企业的形象。一个企业在社会上的形象,体现了企业的经营管理水平。

(2)在个人层面上,塑造良好的职业形象可以提升个人的职业自信心,展现优雅得体的职业内涵,增加个人的亲和力,建立良好的人际关系,体现个人的专业程度。

(二)职业形象的塑造

一个人的职业形象主要包括内在的和外在的两种元素。职业形象魅力体现在仪表美与心灵美的统一、语言美与行为美的统一、自然美与修饰美的统一。

作为一名旅游服务人员,不但应具有内在的涵养与文化素质,而且应该借助外在形象让自己达到内外统一的和谐。因此,了解并掌握职业形象礼仪,对完善、维护自身职业形象会有所帮助。塑造有魅力的职业形象应考虑三个因素：第一，应考虑自身的性格、价值观及成长背景等。第二，要对自己的角色进行职业化转变，根据自己的职业角色准确定位，不能错位。第三，应注意"首轮效应"，注重第一印象的塑造。从心理学的角度分析，大众对一个人的第一印象会影响交往的连续性。旅游服务人员应内外兼修，创造适宜的职业形象。

三、仪容的规范

仪容，通常指人身体组成的客观外在表现，如头发、面部、手部、体味。在人际交往中，每个人的仪容都会引起交往对象的特别关注，从而影响对方对自己的整体印象，在个人礼仪中，仪容是重中之重。服务人员了解仪容修饰的基本知识，掌握仪容修饰的技能，可以扬长避短，使自己容光焕发，充满活力。

（一）头发

头部是人体的最高点。人们观察一个人往往是从头部开始的。关于头发的礼仪，主要指有关头发护理与修饰的礼仪规范，其目的在于使之更加美观大方并且适合自身的特点，显示出对他人的尊重。

1. 头发的梳洗

头发要勤于梳洗，作用有三个方面：一是有助于保养头发，二是有助于消除异味，三是有助于清除异物。在清洗头发时，应注意以下三个方面：

（1）注意水的选择。宜用40 ℃左右的温水清洗头发。水温过低或过高，都对头发有一定的损伤。此外，还要注意水质，各种矿泉水（包括含碱或含酸过多的矿泉水），均不宜用来清洗头发。

（2）注意洗发水的选用。在选用洗发水时，除了要挑选适合自己发质的，还应挑选去污性强、滋养柔顺头发、刺激性小和易于漂洗的洗发水。用洗发水清洗头发时，一定要将洗发水冲洗干净。

（3）注意采用合适的方法使头发变干。清洗头发之后，最好令其自然晾干，此种做法最有益于保护头发。若想让头发迅速变干，可以用吹风机将其吹干。但吹风机的温度不宜过高，否则会损伤头发。

2. 头发的养护

"养"指头发的营养，"护"指头发的保护。"护"是治表之法，"养"则重以治本。真正要养护好头发，关键还是要从营养的调理与补充等方面着手。

3. 发型的选择

旅游服务人员在发型设计上应力求高雅、简洁、大方，符合职业形象的要求。

（1）职业女性的发型要求。在旅游服务的职场环境中女性的发型要符合身份与工作场合。短发的标准为后面的头发不要过两肩，短发要梳理干净，使头发正面不遮挡眼睛、侧面不遮挡脸，以免影响与客人的沟通。长发的标准是盘发，即长发应盘起来，以体现稳重、干练、专业的职业形象。鲜艳的发色、花哨华丽的发饰、张扬怪异的发型都是不合适的。

（2）职业男性的发型要求。职业男性的发型应给人以得体、整齐、精神的感觉。要勤理发,讲究长度适中,前发不覆额、侧发不掩耳、后发不及领。男性也不能染过于鲜艳的发色,更不能剃光头或选择怪异发型。

总之,头发要清洁、整齐,要根据自己的脸型、体型、年龄、发质、气质,选择与自己职业和个性相符的发型,以增强人体的整体美。

（二）面部

面部保养,以保健为本,以清洁为先,以化妆为要。

1. 面部保健

皮肤的护理和保养,是实现仪容美的首要前提。面部保健应做好以下三件事:

（1）精神愉快是最好的美容保健方法。微笑的时候,面部肌肉舒展,皮肤新陈代谢加快,可以促进血液循环,增加皮肤弹性。

（2）合理的饮食是皮肤美容保健的根本。平时应多吃水果蔬菜、多喝水,以保持体内足够的水分,避免皮肤粗糙干燥。

（3）充足的睡眠是最好的美容品。晚上 10 点到次日凌晨 2 点是皮肤新陈代谢最旺盛的时间段（也称美容时间或美容带）,此时良好的睡眠可使皮肤血管扩张,使受损的细胞恢复。

2. 面部清洁

清洁是面部皮肤保养的重要步骤,也是个人礼仪的基本要求。正确的洗脸方法有助于保持皮肤的弹性,保持良好的血液循环和新陈代谢的正常运行。面部清洁时,首先用温水润湿脸部。然后加适当的洁面产品（如洗面奶、洗面皂）,用手由下向上揉搓、打圈,手经过鼻翼两侧至眼眶周围正反打圈,从上额至颧骨至下颌部位反复打圈,由颈部至左、右耳根反复多次打圈。这样可以借助洁面产品对皮肤进行按摩。接着用温水冲净面部,最后用凉水冲洗,使毛孔收缩。

3. 面部化妆

化妆,是一种通过使用美容产品来修饰自己仪容、美化自我形象的行为。简单地说,化妆就是有意识、有步骤地来为自己美容。

（1）化妆的功能。在工作中,化妆主要有两个功能。一是塑造形象。要求服务人员化妆上岗,体现企业的统一性、纪律性,有助于企业形象的塑造。二是体现尊重。化妆是自尊自爱的体现,既是服务人员对自己的一种尊重,同时也是对客人的一种尊重。

（2）化妆的原则。化妆是一种礼貌。礼貌的妆容要遵循"3W"原则,即 When（什么时间）、Where（什么场合）、What（做什么）。不同场合搭配不同的妆容,是得体形象的定位与诠释。从服务礼仪这个层面来讲,有以下三点需要注意:

①自然。服务岗位基本的仪容修饰要求是淡妆上岗。淡妆上岗给人以健康美的感觉。化妆的最高境界是自然真实,过分追求浓妆艳抹反而会适得其反。

②美化。服务人员应在正确认识自身条件的基础上,把握脸部个性特征,树立正确的审美观,进行化妆技巧与方法的合理选择与搭配。其重点是弥补缺陷,扬长避短。

③协调。化妆的目的不在于追求局部的亮丽,而在于表现个人的整体美。因此,各部分

的妆容需要协调统一、整体考虑。一要注重妆面协调,指化妆部位色彩搭配、浓淡协调,所化的妆针对脸部个性特点,整体设计协调。二要注重全身协调,指脸部妆容还必须注意与发型、服装、饰物协调,力求取得完美的整体效果。三要注重身份协调,要考虑到自己的职业特点和身份。四要注重场合协调,妆容要与所处的场合环境一致。

（3）化妆注意事项如下:

①不当众化妆,做到"化妆避人"。化妆要在上班前进行。需要补妆或化妆应到房间或洗手间进行。女性不宜在男性面前化妆。

②不随性化妆。化妆的浓淡要视时间、地点、场合而定。工作时应化淡妆,参加晚宴时应化晚宴妆,参加剧烈运动时不宜化妆。

③不可残妆示人。在工作岗位上出现残妆时,应及时补妆。

④不议论他人的妆容。由于民族、肤色和个人文化修养的差异,每个人的化妆方式也不尽相同,要尊重他人的选择和习惯。

⑤不借用他人的化妆品。这样既不卫生,也不礼貌。

（4）男性化妆。男性在必要时也可以化妆。比如,当眉毛有残缺时,可以用眉笔补一补。当脸色比较差时,可以轻薄地打一层粉底,让自己显得更精神自信。男性化妆时切记要淡雅、自然,以不让人看出化妆痕迹为宜。

4. 口鼻清洁

口部清洁包括牙齿的清洁和口腔的清洁。早晚刷牙,可以有效减少口腔中的细菌与异味。口腔异味影响交际与服务。所以上班之前不能食用蒜、葱、韭菜、腐乳等有强烈气味的食品,餐后应清洁口腔。如果有口气,可以使用漱口水或者口香糖等去除异味,保持口腔的整体清洁。但应注意在他人面前嚼口香糖是不礼貌的,特别是与人交谈时,更不应嚼口香糖。

在接待客人前,还应注意检查一下自己的鼻毛是否过长,以及有无鼻毛外露的情况,以免影响形象。服务人员应保持鼻腔的清洁,不要用手去抠鼻孔,尤其是在客人面前,因为这样既不文雅,又不卫生。

任务二　服务仪表的规范

【学习要求】

1. 了解着装的原则、色彩搭配和饰物搭配。

2. 掌握制服的定义、着装要求和工号牌佩戴要求。

3. 掌握男性正装着装规范和女性正装着装规范。

4. 掌握领带的选择和常用打法,了解丝巾的选择和常见系法。

【学习内容】

仪表通常指人的外表,它包括着装、饰物等。仪表是人的精神面貌的外在表现,仪表端正体现了一个人的素养、自尊和品位格调,也是人对周围环境的尊重。

一、职业着装规范总述

穿着得体的职业服饰,不仅是对客人的尊重,同时也使着装者有一种职业的自豪感、责任感。职业着装有助于展现服务人员的专业、敬业,提升企业的形象,体现企业的工作作风和管理水平。

(一)职业着装的原则

服饰包括服装穿着与饰物的点缀。着装应与职业、场合相宜,因此职业着装必须遵循一定的原则。

1. 整洁原则

整洁,即整齐、洁净。着装的整洁原则是职业着装最基本的原则,它要求在任何情况下,服饰都必须干净整洁,不能有褶皱、污渍和补丁。

2. 整体性原则

着装应当基于整体的考虑和精心的搭配,相互呼应、配合。服饰的整体美包括人的形体、内在气质和服饰的款式、色彩、质地、工艺及着装环境等,服饰美就是从这多种因素的和谐统一中显现出来的。

3. 个性化原则

个性化原则要求着装适应自身形体、年龄、职业的特点,扬长避短,并在此基础上创造和保持自己独有的风格,即在不违反礼仪规范的前提下,在某些方面可体现与众不同的个性,但切勿盲目追逐时髦。

4. TPO 原则

TPO 原则是世界通行的着装基本原则,也有人称它为"魔力原则"。TPO 由英文 Time、Place、Object 三个单词首字母组成。"T"代表时间,泛指早晚、季节、时令、时代等;"P"代表地方、场合、位置;"O"代表目的、目标、对象。TPO 原则要求服饰应力求和谐,以和谐为美。着装要与时间、季节相吻合;要与所处场合、环境,以及不同国家、区域、民族的不同习俗相吻合;要符合自己的身份;要根据不同的交往目的、交往对象选择服饰,从而给人留下良好的印象。

(二)职业着装的色彩搭配

服饰是一种无声的语言,展示着人的内在精神风貌和生活情趣。色彩则更彰显人的形象和风度,因为它对人的刺激最快速、最强烈、最深刻,所以以色彩搭配合理与否在很大程度上是服装穿着成败的关键所在。

服饰色彩搭配是一门艺术,其美丽的真谛在于和谐。服饰色彩在统一的基础上应寻求变化,肤与服、服与饰、饰与饰之间在变化的基础上应寻求平衡,做到色调和谐、层次分明。

职业着装配色的五种方法如下。

1. 呼应法

职业着装中某一部分的颜色和另一部分相呼应。如丝巾和腰带的颜色相呼应,男士装饰帕的颜色和领带相呼应。呼应法配色可以产生和谐美好的感觉。

2. 陪衬法

上衣的门襟、衣领镶边、裙子的裙边等选用不同的颜色进行搭配。这种配色方法能较好地体现出生动的色彩美。

3. 对比法

上装与下装选用不同的色彩以形成较大的反差。例如白色上衣配黑色裙子或裤子。这样的色彩搭配可以给人带来明快的感觉。

4. 点缀法

在同一色调的衣服上点缀不同色彩的镶边、口袋、纽扣、领边等。如黑色的上衣搭配红色的纽扣。这种配色方法会使人显得既庄重又不失文雅。

5. 统一法

上装与下装选择相同色彩进行搭配。这种配色方法会使整体产生和谐的效果。

一般情况下,全身着装颜色搭配最好不超过三种颜色。灰、黑、白三种颜色在服装配色中占有重要位置,几乎可以和任何颜色相配,并且都很合适。

(三)职业着装中的饰物搭配

从配饰中,可以看出一个人的地位、身份、社会阅历、个性特点等,搭配得体的饰物能彰显个人风采。在职业场合中佩饰应庄重得体。可在服装的重要部位,如胸部、领部、腰部等处,用特定色彩的饰物进行点缀。恰当的饰物搭配能够丰富服饰的表达力,升华服饰的主题,表达个人或企业的审美情趣,能够锦上添花、画龙点睛,有提升气质的效果。

饰物搭配的原则:显优藏拙,扬长避短;与环境场合相适应;与服饰及个人的身份和外表相协调;注意色彩的搭配;注意饰物的寓意和习惯;以简为妙,以少为佳,同质同色为宜,一般情况下饰物不宜超过两件。

二、制服的着装规范

(一)制服的定义

制服是由企业统一制作并要求某一部门、某一职级的员工统一穿着的服装,是面料统一、色彩统一、款式统一、穿着统一的正式工作服装。对服务人员的服饰做出统一的要求与限制,主要是出于四个方面的考虑:一是为了尊重客人,规范服务;二是为了适应工作需要,易于辨别;三是为了塑造企业形象,整齐划一;四是为了约束自我,增强集体荣誉感。

(二)制服的着装要求

1. 清洁

清洁是制服穿着礼仪的基础,既体现了旅游服务人员良好的精神面貌、卫生习惯,又能反映旅游企业的管理水平和卫生状况。制服的清洁是对客人的尊重,可以使他们有一种受尊重感和安全感。

服务人员制服清洁的要求:制服无污渍、异味,尤其是领口、袖口要保持干净。每天上岗前要检查制服,发现制服不清洁时应及时更换。因此应多备一套制服,清洁保管,以备急用时替换。

2. 整齐美观

首先,制服要合身。注意四个长度适中:衣袖长于手腕,袖衣长至虎口,裤长至脚面,裙长至膝盖;注意"四围":领围以插入一指大小为宜,上衣的胸围、腰围及裤裙的尺寸以里面能穿一套羊毛衣、裤为宜。

其次,穿着要规范。制服必须按规定成套穿着,不可以随意替代。内衣不能外露;不挽袖,不卷裤腿;不掉扣,不漏扣;领带、领结与衬衫领口要吻合紧凑。

最后,制服要挺括、美观大方。衣裤烫平,不起皱,裤线笔挺,穿后要挂好,保持挺括。制服的款式应简练,穿着利落;线条自然流畅,便于接待服务。

(三)工号牌佩戴要求

工号牌是服务人员所在具体部门、岗位的标志,它体现对客人的尊重,使客人易辨认各部门和服务人员,以便获得便捷的服务。工号牌应端正地佩戴在服务人员左胸上方,佩戴时做到横平竖直。服务人员每天上岗前,应自觉佩戴好工号牌,岗位有变化或工号牌有破损时,要及时更换,不得在工号牌上绑胶带,也不得在客人面前取下工号牌。

三、正装的着装规范

(一)男性正装着装规范

正规场合职业男性必须穿正装,穿休闲装会显得失礼。西装是一种国际性服装,一套合体的西装,可以使着装者显得潇洒、精神、风度翩翩。人们常说:"西装七分在做,三分在穿。"那么,怎样穿西装才算得体呢?

1. 讲究规格

西装有两件套、三件套之分。正式场合应穿同质、同色的深色毛料套装。穿着两件套西装时,在正式场合不能脱下外衣。按着装规范,西装里面不能加毛背心或毛衣。

2. 穿好衬衫

衬衫为单色,领子要挺括,不能有污渍。衬衫下摆要放在裤腰里,系好领扣和袖扣。衬衫衣袖要稍长于西装衣袖0.5～1厘米,衬衫领子要高出西装领子1～1.5厘米,以显示衣着的层次。

3. 系好领带,戴好领带夹

西装衣领间的"V"字区最为显眼,领带应处在这个部位的中心,领带的领结要饱满,与衬衫的领口要贴合紧凑。领带的长度以系好后下端正好触及腰上皮带扣上端处为最标准。领带夹一般以夹在衬衫第三粒与第四粒纽扣之间为宜。西装系好纽扣后,不能使领带夹外露。

4. 用好衣袋

西装上衣两侧的口袋只作装饰用,不可装物品,否则会使西装上衣变形。上衣左胸部的衣袋只可放装饰手帕。西装上衣内侧口袋可以放笔、名片等贴身物品,但所放物品不可使西服产生鼓起、塌陷等变形。西装裤袋也不可以装物品,以求臀位合适、裤形美观。在西裤尾兜中禁止装名片。

5. 系好纽扣

双排扣的西装要把纽扣全部系上,以示庄重。单排两粒扣西装,只扣上面一粒纽扣;单排三粒扣西装则扣中间一粒,坐下时可解开。单排扣的西装也可以全部不扣。

6. 穿好鞋袜

俗话说:"鞋袜半身衣。"穿西装一定要穿皮鞋,而且裤子要盖住皮鞋鞋面,裤子后面以能盖住鞋跟的 1/3～2/3 为宜。西装不能搭配旅游鞋、休闲鞋、布鞋或凉鞋等,也不能穿色彩鲜艳的花袜子,男性宜穿深色线织中筒袜,切忌穿半透明的尼龙或涤纶丝袜。

(二)女性正装着装规范

在正式场合中,职业套装是女性着装的最佳选择,女性着装一定不能窄小、过短、暴露和透明。职业套裙的适宜颜色有黑色、藏青色、灰色和暗红色,容易给人以谦逊、宽容和成熟感。

女性着职业套装时,裙长应到膝盖。应选用浅色合身内衣,衬衫的下摆应束入裙腰之内,搭配连裤袜(颜色以肉色为佳,并且应随身携带一双备用,以防袜子拉丝或跳丝),一般穿黑色高跟鞋,较能表现职业性。

四、领带与丝巾

(一)领带

在男性穿西装时,最抢眼的通常不是西装本身,而是领带。因此,领带被称为西装的画龙点睛之处。

1. 领带的选择

要打好领带,先要选好领带。领带的选择涉及面料、色彩、图案、款式等。领带的面料以真丝居多,也有仿真丝面料、涤丝面料等。从色彩上讲,领带有单色、多色之分。单色领带适用于公务活动和隆重的社交场合,并以蓝色、灰色、黑色、棕色、白色、紫红色最受欢迎。多色领带一般不应超过三种颜色,可用于各类场合。用于正式场合的领带,其图案应规则、传统,常见的有斜条、横条、竖条、圆点、方格以及规则的碎花。领带有宽窄之分,选择时,应注意领带的宽度,最好与自己身体的宽度成正比,不宜反差过大。

2. 领带的常用打法

(1)平结。多数男性选用的领结打法,几乎适用于各种材质的领带。其要诀是领结下方所形成的凹洞需让两边均匀且对称。

(2)温莎结。适合搭配宽领型的衬衫,该领结应多往横向发展。打温莎结应避免选用材质过厚的领带,领结也勿打得过大。

(二)丝巾

1. 丝巾的选择

丝巾的选择涉及颜色、材质、花纹、款式等。选择丝巾,最根本的原则就是丝巾上至少要有一个颜色和衣服的颜色相同。素色衣服一般搭配素色丝巾。可以采用同色系搭配法,也可以采用不同色系的对比色搭配法;另外采用相同颜色、不同质感的搭配方式也很协调。衣服和丝巾上都有印花时,搭配的花色要有主、副之分。如果衣服和丝巾都是有方向的印花,则丝巾的印花应避免和衣服的印花重复出现,同时也要避免和衣服的条纹、格子同方向。

2. 丝巾的常用打法

(1)平结的打法。

第一步,将方巾对折成三角形,再折成合适的宽度。

第二步,先打一个单结。

第三步,整理单结,成一上一下的形式。

第四步,左手握住下片紧接单结处,用上片包住左手绕一圈。

第五步,将刚绕过的上片末端交给左手,拉出到左边来。

第六步,两端朝左右拉紧,整理一下,平结完成。

(2)翩翩结的打法。

第一步,将丝巾折成百褶状。

第二步,将百褶状的丝巾绕在脖子上。

第三步,整理丝巾打活结固定。

第四步,理好两端,成翩翩蝴蝶状。

任务三　服务仪态的规范

【学习要求】

1. 掌握站姿、走姿、坐姿、蹲姿。

2. 掌握鞠躬的类型、动作要领及注意事项。

3. 了解常用的手势及运用手势的注意事项。

4. 掌握微笑的三结合、训练,一级目光的定律。

【学习内容】

仪态即人的举止姿态,包括站姿、走姿、坐姿、鞠躬、蹲姿、手势、表情等。仪态语言虽然是一种无声语言,但它同有声语言一样,也具有明确的含义和表达功能,有时其效果超出有声语言,正所谓"此时无声胜有声"。

一、站姿

(一)站姿规范

古人云:"站如松。"得体的站姿会给人以挺、直、高以及健康向上的感觉,不良的站姿如低头含胸、双肩歪斜、倚靠墙壁、腿脚抖动等,则会给人萎靡不振的感觉。

规范的站姿有以下要求。

(1)头正。两眼平视前方,下颌稍内收,表情自然,面带微笑。

（2）肩平。两肩平正，微微放松，稍向后、向下沉。

（3）臂垂。两肩平整，双臂自然下垂，中指对准裤缝。

（4）躯挺。胸部挺起，腹部内收，腰部立直，臀部向内、向上收紧。

男性站姿要求稳健、刚毅、洒脱，体现阳刚之美；女性站姿要求优美、庄重、大方，体现柔和轻盈之美。

（二）礼仪式站姿

站姿会随着脚位和手位的变化而发生变化。礼仪式站姿是最正式的站姿，这种站姿男性与女性在手位与脚位上有所区别。

1. 女性礼仪式站姿

（1）手位。除大拇指以外的四指并拢。右手在外，左手在内，将右手的四指放于左手的指根处，收拢大拇指，大拇指交叉处放于肚脐上下，手肘略微向后压。从侧面看手肘和身体在同一平面上，双手轻搭于腹部，不可按压，以免让人有腹痛的感觉。

（2）脚位。双脚采用"丁"字脚位，将左脚脚后跟放在右脚脚窝处，两脚之间的夹角为15°～30°，简称"左丁"（也可采用"右丁"脚位，其要求与"左丁"脚位类似，只是左右相反）。

2. 男性礼仪式站姿

（1）手位。分为前搭式手位和后搭式手位。前搭式手位：右手握空拳，左手五指并拢，环握住右拳，左手小拇指延伸线卡住右手四指根部关节处，双手放于腹前；手肘略微向后压，从侧面看手肘和身体在同一个平面上。后搭式手位：右手握空拳至背后尾骨处，左手掌轻轻握住右手手背，手微微向后打开，此手位因过于隆重威严，较少出现在服务场合。

（2）脚位。双脚打开与肩同宽或略窄于肩，切不可宽于肩膀。

礼仪式站姿恰到好处地体现了职业性，显得郑重其事。它是所有站姿中最有仪式感的站姿形式，一般适用于迎宾等隆重的场合。但它一般不用于与他人沟通交流的场合，因为它仪式感过重，会让交流对象觉得过于疏离，亲和力不够。

（三）交流式站姿

1. 女性交流式站姿

（1）手位。女性交流式站姿的手位与礼仪式站姿的手位大体相同，区别在于两手交叠之后放的位置。礼仪式站姿双手交叠后放于肚脐处，交流式站姿则是两手交叠后自然垂放于体前。

（2）脚位。双脚并拢的"一"字脚位或者脚后跟并拢、前脚尖分开约30°的"V"字脚位皆可。

2. 男性交流式站姿

（1）手位。男性交流式站姿的手位与礼仪式站姿的手位大体相同，区别在于两手交叠之后放的位置。礼仪式站姿双手交叠后放于腹前或者背后尾骨处，交流式站姿则是两手交叠后自然垂放。

（2）脚位。"一"字脚位或者"V"字脚位皆可。

交流式站姿体现谦恭、亲和，适用于与他人交流的场合。

二、走姿

走姿指一个人在行走过程中的姿势,是展示人的动态美的延续动作,是节奏美的体现。对走姿的要求是"行如风",即行走动作连贯,从容稳健。协调和韵律感是步态的基本要求。良好的步态应该自如、平稳、轻盈,给人动态之美,表现朝气、蓬勃、积极向上的精神状态。

(一)步位标准

步位指脚落地时应放的位置。女性要求两脚内侧落地时,在一条直线上。即行走时应以脚尖正对着前方,形成一条虚拟的直线,每行进一步,脚跟都应当落在这一条直线上。男性要求平行前行,两脚内侧着地的轨迹不在一条直线上,而是在两条直线上。

(二)步幅适当

步幅又称步度,指跨步时两脚间的距离。标准步幅为一脚至一脚半,即前脚脚跟与后脚脚尖之间的距离为本人脚长的 1~1.5 倍。男性步幅略大,女性步幅略小。

(三)步频均匀

步频,指行走时两腿移动的频率。在正式场合的步频应当保持均匀、稳定;如遇急事,可加快步频,但不可奔跑。

(四)步高合适

行走时脚不要抬得过高,否则看上去缺乏稳健感;也不能抬得过低,甚至脚后跟在地上拖着走,使人感觉缺乏朝气,显得步履蹒跚、老态龙钟。

(五)重心放准

起步时,身体须向前微倾,身体的重心要落在反复交替移动的前面那只脚的脚掌之上,切勿让身体的重心停留在自己的后脚上。当前脚落地、后脚离地时,注意膝盖一定要伸直,落下脚时再稍微松弛,并即刻使重心前移,形成良好的步态。

(六)摆臂自然

行走时,双肩平衡以防止左右摇晃;双臂则应自然放松,以肩关节为轴,大臂带动小臂,手掌心向着体内,前后自然摆动,摆幅以 30°左右为宜。双手握空拳,即大拇指轻扣食指中间关节。

三、坐姿

优雅的坐姿传递着自信、友好、热情的信息,同时也显示出高雅庄重的良好风范。

(一)入座礼仪

(1)首先,入座要注意顺序、分清尊次,请长者、尊者先入座;面对客人时,一定要先请对方入座,这是待人以礼的表现。

(2)入座应合"礼",即与他人同时就座时,应当注意座位的尊卑,并且主动将上座相让。

入座时还应讲究"左入左出",从座位左侧入座,从座位左侧离座。这样做是一种礼貌,是"以右为尊"的一种具体体现,而且也容易就座。

（3）入座时动作应轻而缓、轻松自然,尽量不要使座椅乱响,噪声扰人,且不可随意拖拉椅凳。就座时,若附近坐着熟人,应主动跟对方打招呼。若身边的人不认识,亦应先向其点头致意。

（二）离座礼仪

离座时应先有表示,离开座椅时,身旁如有人在座,须先以语言或动作向其示意,然后方可站起身来。与他人同时离座时,须注意起身的先后次序。地位低于对方时,应稍后离座;地位高于对方时,则可首先离座;双方身份相当时,可同时起身离座。起身离座时,最好动作轻缓,但不要"拖泥带水",弄响座椅或将椅垫、椅罩掉在地上都是失礼的行为。

（三）坐定的姿势

1. 上身的姿势

（1）头部端正。不要在别人面前就座时出现仰头、低头、歪头、扭头等情况。头部应与身体在一条直线上,和地面相垂直。

（2）躯干直立。就座时一般坐满椅面的 2/3 或 1/2。在工作中需要就座时,通常上身不应完全倚靠着座椅的背部。在跟客人交谈时,为表示尊重,不仅应将头部面向对方,还应把身体正面朝向对方。

（3）手的摆放。通常可以把手放在两条大腿上。既可以双手各自放在一条腿上,也可以双手叠放或相握后放在大腿上。

（4）欠身致意。坐着的时候如果有人为你做介绍或遇到熟人、朋友及公司有关人员时,可以欠身致意,上半身稍向前倾,面带微笑注视对方;欠身时只需稍微起立,不必站立。

2. 腿的摆放

不管是从尊敬客人还是从坐得优雅舒适的角度来讲,腿的摆放都要多加注意,而且坐姿会因腿的摆放不同而呈现不同的坐姿方式。

（1）正襟危坐式。适用于最正规的场合。要求上身和大腿、大腿和小腿都应形成直角,小腿垂直于地面。双膝、双脚包括两脚的跟部,都要完全并拢。

（2）垂腿开膝式。这是男性正规坐姿,要求上身和大腿、大腿和小腿都应形成直角,小腿垂直于地面。双膝允许分开,分开的距离不宜超过肩宽。

（3）双腿斜放式。适合穿短裙的女性。要求将双腿合拢如一条直线,双腿、双脚斜放在身体左或右侧,双腿与地面形成 45°。

四、鞠躬

鞠躬是向他人表示敬重的一种郑重礼节。

（一）鞠躬的类型

（1）15°鞠躬。表示致意,一般用于与他人打招呼,是日常交往中的问候礼节。

（2）30°鞠躬。表示致谢,常用于对他人表示感谢之意。

（3）45°鞠躬。表示欢送或致歉，也表示感谢光临。用于在重要活动、重要场合中对重要客人的到来表示欢迎，也常用于向客人表示歉意。

（二）鞠躬的动作要领

（1）鞠躬时应立正，女性双手交叠放在体前，手势同站姿手势；男性双手可放在两侧，也可双手交叠放于体前。女性应双膝、双脚后跟并拢；男性既可以并拢，也可以双脚平行展开，幅度略窄于肩，还可以双脚后跟并拢夹紧，两脚掌间距离约一拳。鞠躬时以髋部为轴向前倾斜，头、颈、背脊呈一条线，向前15°～45°弯曲，后背挺直，视线随之下垂。

（2）行鞠躬礼时要注意眼睛最后的定点。15°鞠躬时眼睛看向对方；30°鞠躬时，视线由对方的脸落至自己脚跟前1～1.5米处；45°鞠躬时视线由对方的脸落至自己脚前1米处。

（3）鞠躬倾身时应稍做停留，再慢慢起身，以表达恭敬诚意。15°鞠躬停留的时间较短，大约是1秒钟。30°鞠躬停留的时间比15°鞠躬长，大约是3秒钟，所以当服务人员鞠躬倾身之后可默数3个数再起身，起身后要目视对方，面带微笑。

（三）鞠躬的注意事项

（1）鞠躬一次即可，不可连续鞠躬，重复施礼。礼数的周全不是靠数量体现的，而是靠恰当的礼节和得体的表达。

（2）鞠躬时身体不要歪扭，也不要伸长脖子，或者腰部弯曲。

（3）鞠躬时要专注，切忌一边鞠躬一边跟别人说话，显得心不在焉，毫无诚意。

五、蹲姿

蹲姿是人处于静态时的一种特殊体位。常用的蹲姿有高低式蹲姿与交叉式蹲姿。

（一）高低式蹲姿

高低式蹲姿男女都适用，其动作要领如下。

（1）将一只脚向后移半步，保持上身直立，缓慢屈膝，带动身体整体重心下降。下蹲时上身保持挺直，头、颈、背、腰在一条直线上。

（2）蹲姿腿位要注意保持高腿在外，即高的腿朝向客人，低的腿在内侧。后退的同时将重心转移到后面的腿上。

（3）女性下蹲时需用手背抚裙下蹲，下蹲后两腿收紧并拢，保持抬头，挺胸立腰。男性下蹲时可以轻轻提起裤脚，将臀部微微靠后落在脚跟上。

（4）女性高低式蹲姿中的两手采用交叠式手位，放置于高腿上舒适的位置。如果是短裙，手最好放于裙子前沿，以起到安全防护的作用。着裙装女性做高低式蹲姿时，要注意膝盖并拢不分开，以免走光。

（5）男性高低式蹲姿的动作与女性基本相同，不同之处在于男性可以双膝分开下蹲，双手五指并拢分别放于两条腿上。

（二）交叉式蹲姿

交叉式蹲姿只适合女性。与高低式蹲姿不同的是，交叉式蹲姿要将双腿相交后做下蹲的动作，即将右腿（或左腿）向后撤到左腿（或右腿）的左侧（或右侧），屈膝带动身体重心下降,上身保持挺直不动。同样做到高腿朝外。女性着裙装下蹲时需用手背抚裙子。下蹲时,重心在两腿之间,呈半重心姿态,支撑身体稳稳地下落,最终坐于脚跟之上,保持抬头、挺胸、收腹、敛臀。

(三)蹲姿的注意事项

(1)保持大方的蹲姿,主要在于控制下蹲的速度,平稳匀速较为妥当,忌猛起猛蹲。

(2)下蹲时如果着裙装一定要抚裙,以免裙摆飘起,或者下蹲后裙子出现褶皱。

(3)女性下蹲时切不可两腿分开,否则可能会走光或引起裙子下摆开裂。

六、手势

(一)手势的定义

手势是人们在运用手臂时所采用的具体动作与姿势。它是一种极其复杂的符号。服务工作中恰当地运用手势,可以增强感情的表达,起到良好的沟通作用,也会使自己的形象更完美。

(二)常用的手势

(1)横摆式。手臂向外侧横向摆动,指尖指向被引导或指示的方向,适用于指示方向。礼貌用语:"您这边请!"

(2)斜臂式。手臂由上向下斜伸摆动,适用于请人入座。礼貌用语:"您请坐!""请注意脚下路滑!"

(三)运用手势时的注意要点

(1)使用规范性手势。使用手势要符合国际规范、国情规范、大众规范和服务规范,这样才不至于引起误解。

(2)注意区域的差异。不同国家、地区、民族,由于文化习俗的不同,手势的含义也有很多差别,甚至同一个手势的含义也不相同。

(3)手势宜少不宜多,多余的手势会给人留下装腔作势、缺乏涵养的感觉。

(4)注意手势的力度和幅度。使用手势时应注意力度大小适中,动作幅度不宜过大,更不可手舞足蹈,手势幅度应契合内容和对象、场合的需要。

七、表情

表情是内心世界的直接流露,是人们内心世界变化的外在体现。表情指人的面部情态,是眉毛、眼、嘴巴、面部肌肉动态以及它们综合反映出的心理活动和情感信息,人的表情是复杂的,能够传达非常丰富的信息。恰如其分的表情可以为服务人员的仪态加分,而在面部表情中,最能给人留下深刻印象的莫过于微笑和目光。

(一)微笑

微笑是交往活动中最富有吸引力、最有价值的面部表情。微笑是人们对某种事物给予肯定后的内在心路历程,也是人们对美好事物表达愉悦情感的心灵外露和积极情绪的展现。

真正富有感染力的微笑应发自内心,渗透着自己的情感,表里如一。

1. 微笑的"三结合"

(1)与眼神结合。微笑的时候,眼神也要"微笑",否则,会给人"皮笑肉不笑"的感觉。眼神会说话,也会笑。学会用眼神表达笑意,这样的微笑才更加传神和亲切。

(2)与语言结合。微笑着说"早上好""您好""欢迎光临"等礼貌用语,比光笑不说,光说不笑的效果要更好。

(3)与身体姿势结合。微笑要与正确的身体语言、礼仪动作相结合,才会相得益彰,给人以最佳印象。要防止生硬、虚伪、笑不由衷。

2. 微笑的训练

微笑可以感染客人,可以创造一种和谐融洽的气氛,让客人备感愉快和温暖。微笑激发热情,同时传递这样的信息:"见到你我很高兴,我愿意为你服务。"微笑可以增加创造力,使人因为轻松愉悦而思维活跃,从而能够创造性地解决客人的问题。微笑的训练可以采取以下方式。

(1)微笑的嘴角。微笑从嘴角开始,因为当和对方的距离大于等于50厘米时,作为人的本能,视线最先注意到的是有动感的嘴角。笑容的基本形态就是嘴角向上,避免"八"字形。大脑生理学的研究证明:嘴角向上,大脑就会感到愉快,而且会真的高兴起来。这说明了表情和心情的相互关系,所以越是压力大和紧张的时候,越要咧开嘴角。嘴角向上,心情就会变得积极、乐观,笑容就会很自然。

此外,露出牙齿,是打开心扉的信号。微笑时露出6～8颗牙齿,表情就会开朗起来,给人一种好感。

(2)微笑的眼角。眼睛是微笑的灵魂。和对方的距离小于50厘米时,视线就会落在对方的眼睛上,这是一个可以分享感情的距离。目光相视,是认可对方的一个表现,同时也是自我的展示。在人与人的关系中,这两点是非常重要的。

接触到对方的目光时,不要马上移开,要做0.5秒的停留。这种确认的感觉是非常重要的,否则很难把笑容传达给对方。

(二)目光

眼睛是展现魅力表情的关键部位,最能准确表达人的感情和内心,眼神反映着人的性格和内心动向,具有反映深层心理的特殊功能。可以说,目光是仪态的灵魂。

目光接触,是人际交往间最能传神的非语言交往。在交往中,通过目光的交流可以促进双方的沟通,目光的方向、眼球的转动、眨眼的频率,都可以表示特定的意思,流露情感。正视表示尊重,斜视表示轻蔑,双目炯炯有神会使听者精神振奋。柔和、热诚的目光会流露出对别人的热情、赞许、鼓励或喜爱,目光飘移不定会让人感到心不在焉。在交往中,适当的目光接触可以表达彼此的关注。因此,在人际交往中,不能忽视目光的作用,平时应注意培养自己用眼睛"说话"的能力。

正确地运用目光传达信息,塑造职业形象,要遵循以下规律。

1. PAC 规律

P:Parent,指用家长式的、教训人的目光与人交流,视线是从上到下打量对方,试图找出差错。

A：Adult，指用成人的目光与人交流，互相之间的关系是平等的，视线为相互平视。

C：Child，一般是小孩的目光，目光向上，表示请求或撒娇。

作为服务人员，应运用成人的目光与客人交流，要准确定位。

2.“三角”定律

根据交流对象与自己关系的亲疏、距离的远近，选择目光停留或注视的区域。有一个口诀是："生客看大三角、熟客看倒三角、不生不熟看小三角。"与不熟悉的客人打招呼时，眼睛要看着对方面部的大三角区域，即以肩为底线、头顶为顶点的大三角形。与较熟悉的客人打招呼时，眼睛要看着对方面部的小三角区域，即以下巴为底线、额头为顶点的小三角形。与很熟悉的客人打招呼时，眼睛要看着对方面部的倒三角区域，即以眼睛为底线、鼻子为顶点的倒三角形。

3. 时间规律

每次目光接触的时间不要超过 3 秒。交流过程中用 60％～70％ 的时间与对方进行目光交流是最适宜的。少于 60％，则说明对对方的话题、谈话内容不感兴趣；多于 70％，则表示对对方本人的兴趣要多于对方所说的话。

任务四　礼仪危机产生的原因及对策

【学习要求】

1. 理解礼仪危机产生的原因。

2. 掌握礼仪危机应对的主要策略。

【学习内容】

危机＝危险＋机会。需要正确地面对在对客服务过程中可能面临的礼仪危机。一方面，要找出危险所在，并分析危险产生的原因，然后消除危险；另一方面，更要寻找危险背后存在的机会，来提升服务质量，赢回客人的心。

一、礼仪危机产生的原因

礼仪危机，往往是在没有准备甚至是没有意料的情境中发生的。一般来说，它没有固定的模式，但却会导致对客关系的僵化、恶化，甚至产生投诉，破坏企业形象。

产生礼仪危机的原因有很多，概括来讲主要来自两个方面：一是因服务不当产生的礼仪危机，二是因客人主观需求产生的礼仪危机。

（一）因服务不当产生的礼仪危机

1. 不了解客人习俗

在旅游接待中，要了解并尊重客人的风俗习惯，否则可能导致礼仪危机的发生。

2. 不注重服务用语

服务人员在提高服务技能的同时，更不能忽略服务用语的准确与得体，这也是服务礼仪的基本要求。

服务人员一句脱口而出的话,不仅可能造成企业经济上的损失,而且可能影响企业的声誉和形象,可见服务用语的到位与否,是影响企业服务质量的一个关键因素。

3. 不遵循礼仪规范

在社交或公共场所讲究女士优先,服务人员应为女士着想,照顾、帮助女士。

4. 不讲究个性化服务

旅游服务人员接待的客人形形色色,并不是在对客服务中了解了客人习俗、使用了服务用语、注重了礼仪的基本规范,就可以完全让客人满意,避免危机的产生。比如服务人员如果将无微不至的"紧跟式"服务用于对待一位想独处的客人,有可能会让客人感觉隐私受到侵犯而提出投诉。所以,服务礼仪不是一成不变的机械式服务,而是必须考虑到客人的个性化需求,要因地、因时、因人而异地提供礼仪服务,避免服务中礼仪危机的产生。只有建立在客人需求基础上的礼仪服务,才有可能赢得客人的认同。

(二)因客人主观需求产生的礼仪危机

客人作为旅游服务的消费者,希望获得良好的体验与享受,是具有优越感的人,也是情绪化的"自由人"。旅游服务中倡导的"宾客至上",实际上就是要把客人放在首位,以客人需要为旅游服务的出发点,以追求客人满意为服务宗旨。其关键在于"读懂"客人,只有充分了解客人的角色特征,掌握客人的心理特点,提供有针对性的服务,才能打动客人的心,赢得客人的认可。

一般来说,客人对旅游服务的心理需求主要体现为求全、求尊重、求平衡的心理。

1. 求全心理

客人一般对旅游消费具有较高的心理期望,往往表现出求全的心理需求。如同 $100-1<0$ 所展示的含义:每种旅游产品都是多项服务的组合,其中任何一项服务出现让客人不满的问题,损害的不仅是此项服务的质量,还会影响整个旅游产品的质量。也就是说,客人不可能体验产品中的所有项目,因此,只要客人对所体验的任何一项服务不满意,就可能对全部服务都不满意。因为在客人看来,客人体验的项目就代表了所有项目的服务质量。这也是客人求全心理的体现。

服务质量就是旅游行业的生命。因此在旅游服务的每一个环节中,都要重视服务的礼仪,尽量满足客人求全的心理需求。

2. 求尊重心理

尊重客人是基本的礼仪原则,也是客人的基本心理需求。在旅游服务中难免会遇到一些要求比较高的客人,服务人员必须牢记服务礼仪的基本原则,始终尊重客人,非原则性问题不与客人争对错。服务人员要善于分析客人心理,并以客人所能接受的方式处理问题,以显示客人的优越感和突出地位,进而缓解矛盾,化解危机。

3. 求平衡心理

在旅游服务过程中,应时刻关注客人消费时求平衡的心理状态。客人大部分希望通过旅游消费放松精神,释放日常生活中的压力。在旅游消费过程中,客人需要保持必要的心理平衡,以此获得社会的尊重,并体现自我的尊严和社会地位。而这也正是在服务中所应注意的,一旦这种平衡被打破,就有可能导致客人投诉,引发礼仪危机。

二、礼仪危机的应对策略

礼仪危机的产生有不同的原因,也有许多不确定性,所以当危机产生时就要在分析原因的基础上采取相应的应对策略。只有正确地处理,才能巧妙地化解礼仪危机。这里重点就心理、语言和行为三个方面简单介绍礼仪危机的应对策略。

(一)善解人意,提供心理服务

对旅游企业来说,遵守礼仪规范,开展心理服务有助于高效提升客人满意度。那么,什么是心理服务?简言之,就是"善解人意"。所谓"人意",即客人的心理。那么,如何"善解"呢?首先,要善于了解客人的心理需求;其次,要尽可能满足这些需求。

旅游服务人员为客人提供的是综合性的需求服务,往往涉及物质上和精神上的一系列服务。在服务中,应注意观察,用心了解,换位思考,通过细致入微的服务,满足客人心理上的需要,让客人产生良好的心理感受。例如,当客人投诉酒店房间不隔音影响休息时,服务人员认真听取了客人意见,并主动致歉,提出为客人更换房间、免费送一杯热牛奶等作为补偿,满足客人求发泄求补偿的心理需求。

旅游企业的每个部门,也都要像心理医生那样有新意、有个性地开展心理服务,使"善解人意"真正落到实处,落到客人的心坎里。这是服务礼仪的深层要求。

(二)妙语连珠,注重语言技巧

在对客服务中,面对突发的礼仪危机,如何巧妙地运用语言技巧,是解决危机的关键之一。

1. 幽默融洽关系

幽默的作用是十分神奇的,它可以化干戈为玉帛。服务人员与客人大多是初次接触,彼此比较生疏。为了融洽关系,给他们以信赖感和亲近感,服务人员需主动与客人交谈。但礼貌性地交流未必能消除客人与服务人员之间的陌生感。几句幽默风趣的话,却往往能收到意想不到的良好效果。导游讲解中运用幽默还能增添游兴。

(1)幽默能活跃气氛,也能缓和紧张的空气。例如,风雨交加的天气,游客在大巴车上一个劲儿地抱怨。这时导游在欢迎辞里这样说:"中国有句老话说得好,这是老天爷给各位贵宾'洗尘'了。遇雨是件好事,我们常说'贵人出门多风雨',托各位贵人的福,我们这个团一定会事事'风调雨顺'、顺畅无比,希望大家换上好心情,开始我们的旅行吧!"幽默的语言化解了游客心中的烦闷,拉近了与游客间的距离,赢得了游客的好感。

(2)幽默能让问题简单化,显示出个人豁达大度的风度。例如,一位先生在酒店就餐时,点了一份菜汤,正要入口,发现上面漂着一只死苍蝇。他不动声色,只是照常唤来服务员,告诉他:"先生,我点的是素菜汤。"那位服务员心领神会,感激不尽地把汤端走,又换上一碗新的汤。这位先生的理智和幽默,避免了尴尬的发生。

(3)幽默能解除困境,缓解尴尬。例如,在喜庆的宴会上,突然有位服务员不慎把杯子打碎了,刺耳的声音使宴会上的客人受到惊吓,会场一下子异常安静。这时,服务员马上捡起杯子碎片,并说:"金玉满堂,岁岁平安!"客人因为服务员的幽默又重新活跃起来,宴会很快恢复了先前的热闹氛围。

当幽默被恰当运用时,能赋予人知识、传递信心和启发思考,使人乐观向上。正确运用幽默语言,既需要一定的天赋,也需要一定的指导和训练。把握幽默的基本技巧,需要注意三点:一是把握时机;二是夸张模仿;三是优雅敏捷。

2. 妙语化解尴尬

在旅游服务过程中,我们会遇到各种各样的情况,应对时要讲究技巧,操纵自如。应对要遵循灵活的原则。所谓灵活,就是要根据具体场合、具体对象以及个人的实际情况,灵活采用应对方式。这里简单介绍四种巧妙的语言运用技巧。

(1)顺势美言。顺势美言,就是借着现场已经出现的话语,按照原有的意思继续说,并用悦耳的语言来赞赏别人。比如,当导游无法解答游客的问题时,可以顺势请教游客解答,最后谦虚、由衷地感谢、赞美游客的学识,不仅能巧妙地化解尴尬的气氛,还能让游客感到受尊敬。

(2)难得糊涂。难得糊涂是顾及客人的感受,不与客人争对错的技巧。它既能维护客人的自尊心,又能化解尴尬气氛,体现了对客人的体贴与尊重。如一位心情不好的客人在用餐时抱怨菜品不熟、茶水太烫,服务人员不应与客人争辩,而应始终态度温和友善地接受客人的意见,并积极做出补救措施,以缓解客人的情绪。

(3)借题发挥。在服务过程中,服务人员要善于根据具体环境中的具体情况灵活发挥,特别是要善于针对一些突发情况来随机应变。如一个旅游团一到杭州就遇上了绵绵阴雨,为此游客的情绪十分低落。导游见状却感慨:"天公真是太作美了。一听说远道而来的客人要游览西湖,就连忙下起了蒙蒙细雨。大家还记得苏东坡的那首诗吧,'水光潋滟晴方好,山色空蒙雨亦奇。欲把西湖比西子,淡妆浓抹总相宜'。今天我们有幸能亲自感受雨中西湖的诗情画意,真是天赐良机啊!"这种机智灵活的发挥,使游客的情绪顿时高涨起来。

(4)移花接木。服务过程中,在遇到不便回答或不能直接回答的问题时,为不使自己陷入僵局,往往可以采用移花接木的方式,这样既避开了直接回答的难题,不影响气氛,又可以起到化被动为主动的奇特效果。

总之,在对客服务中,语言是把双刃剑,有时它会导致礼仪危机的产生,有时又能巧妙地化解礼仪危机,运用恰当,也可以达到不错的效果。

3. 巧妙应对,处理礼仪危机

应对礼仪危机,一方面,要在危机产生前,力求提供个性化的服务,避免礼仪危机的产生;另一方面,在危机处理中,恰当的礼仪能促使礼仪危机转危为安、化险为夷。不过,需要注意的是,礼仪危机处理并没有一成不变的程序,因此首先要做到随机应变,因地、因人制宜。

面对服务过程中突然出现的礼仪危机,服务人员要做到以下四个方面。

(1)保持冷静。保持冷静,心平气和;不与客人争执,不冲动行事。即使客人怨气冲天愤愤不平,对服务人员大发脾气,服务人员也不能与客人争执,而要把它当作工作中的问题来处理,千万不要夹杂个人情绪。必要时,可以把怒气冲冲的客人带到安静的地方,让客人调整情绪,或发泄怒气。待客人稍平静后,再提出多种解决方案,并由客人自己挑选解决方案。

(2)不找理由。在任何情形下,都不能与客人争执或辩论,更不要为错误做辩护、找借口。例如,客人并不想知道为什么这盘炒饭是冷的,客人只是想尽快得到一盘热炒饭。因此,在道歉之后,应尽快为客人解决问题,不拖延,才能真正化解危机。

（3）相信客人。即使服务人员怀疑客人某些抱怨的可信度或真实性,也不要表露出猜疑情绪,更不能质问客人。坚持客人永远不会错,才是正确可行的解决问题之道。

（4）往远处看。在礼仪危机的处理过程中,要有长远意识。例如,客人对某道菜的味道不满意,应重新换一份给客人。尽管当前会损失一些,但这样不仅能留住一名客人,还会因为客人的宣传而给酒店带来好的口碑,并因此获得更多的客人。

任务五　旅游投诉处理

【学习要求】

1. 掌握客人投诉的原因、心理。

2. 掌握处理客人投诉的礼仪。

【学习内容】

由于服务礼仪的不当,加上客人主观需求不同,在对客服务时可能会产生一些尴尬和难堪,导致对客关系的紧张,而对客关系的进一步恶化就可能引起客人的投诉。

一、客人投诉的原因

（1）服务方面的原因。如客房卫生的清洁不达标,服务人员动用了客人房间里的物品,服务人员工作中的说笑声影响了客人休息。

（2）设施方面的原因。如酒店空调失灵、家具破损、设备陈旧。

（3）管理方面的原因。如客人物品丢失或被盗,旅游合同不规范。

上述原因,可以大致归结为两种类型:一是硬件方面的原因,二是软件方面的原因。对这两方面的原因,客人投诉的倾向性和投诉的方式都是不同的。其中软件方面的投诉,相当一部分是服务人员在对客服务过程中缺乏相关的礼仪知识和职业礼仪修养,不了解客人心理、不遵守服务礼仪规范造成的。因此,了解客人的需求和投诉心理,掌握对客服务礼仪是十分重要的。

二、客人投诉的心理

一般来说,客人的投诉心理主要表现为以下三点。

（一）求尊重的心理

客人投诉之后,一般希望受理投诉的有关人员认同他们的投诉,承认他们的投诉是有道理的。他们希望得到别人的同情、尊重,希望有关人员甚至有关部门重视他们的意见,向他们表示歉意,并立即采取相应行动以表示对他们的尊重。

(二)求发泄的心理

客人对旅游服务不满,心中自然充满了怨气,要利用投诉的机会发泄,以维持他们心理上的平衡。

(三)求补偿的心理

客人在遭受一定的损失而向有关部门投诉时,往往希望对方能补偿他们的损失,这是很普遍的心理。如食物不洁、不熟,客人希望更换一份;服务人员弄脏了客人的衣物,客人希望免费清洗干净;服务人员损坏了客人的皮箱,客人希望尽快修理好。

三、处理投诉的礼仪

(一)处理投诉的原则

任何一个投诉都不是孤立存在的,都可能与旅游企业的硬件、软件,甚至与市场环境变化有关。在处理客人投诉时,应当遵循以下五项原则。

1. 客人永远是对的——处理客人投诉的指导原则

服务过程中,客人并不一定都是正确的,服务人员也不一定都是错的。但一味追求对错,最后表面赢了客人,实际上却失去了客人。因此,坚持"客人永远是对的"有利于维护客人的自尊,缓解与客人的冲突,提高客人的满意度,在此基础上为企业带来良好的口碑,提高企业的经济效益。

2. 换位思考——赢得客人谅解的钥匙

要学会站在客人的角度来看待问题。只有充分掌握客人的心理,给予理解和宽容,旅游企业才能赢得客人的谅解。切不可对客人投诉采取"大事化小、小事化了"的态度。客人投诉的目的各不相同,应尽量满足他们的心理需要。

3. 一视同仁——处理客人投诉的前提要求

旅游企业的客人来自五湖四海,在性别、年龄、职业、种族、信仰等方面有所不同,那么就会产生不同的需要。在处理他们的投诉时,首先应该秉承一视同仁的原则,而不该因客人的经济状况、社会地位、衣着等因素而以貌取人,厚此薄彼。否则,会伤害客人的感情,招来客人更多的投诉。

4. 维护利益——企业长远发展的重要保障

服务人员在处理投诉问题时,应当清楚:除客人的物品因企业原因导致损坏或遗失要给予相应的赔偿外,退款或减少收费并不是处理投诉的最佳方法。因为,旅游企业的服务目标,是在客人满意度最大化的前提下,达到企业效益的最大化,优质服务追求的是双赢。

5. 迅速处理——处理客人投诉的基本保证

客人投诉,说明客人内心已经极为不满和愤怒,对此服务人员应礼貌地接待客人,并迅速受理,绝不拖延。通过有效处理投诉,能够提高客人对企业信任度,使企业的口碑得到良好的维护,获得更多的回头客。如果实在无法当场解决的,要向客人说明将采取的补救措施,并告诉客人相应的处理时间,不可含糊其词。如果处理的时间较长,必要的时候要向客人及时报告工作进度,以得到客人的谅解。

(二)处理投诉的礼仪规范

1. 耐心倾听

倾听是一门艺术,可借此发现客人的真正需求,从而获得处理投诉的重要信息。对待任何一位客人的投诉,作为被投诉者要保持镇定、冷静,认真倾听宾客的意见,表现出对对方高度的礼貌、尊重。通过倾听,缓和客人的情绪,平复客人的心情,为投诉的处理提供平和的情感前提。

2. 记录问题

好记性不如烂笔头,应把客人反映的重要问题记录下来。对客人投诉的要点、讲到的一些细节,要记录清楚,并适时复述,明确问题的同时,也能有效地缓和客人的情绪。这不仅是快速处理投诉的依据,也为企业今后改进服务工作提供了案例。

3. 分析问题

根据所闻所写,及时了解事情的来龙去脉,并做详细、到位的分析,然后才能做出正确的判断,拟定解决方案,与相关部门取得联系,一起妥善处理。解决问题必须兼顾客人与企业的双方利益。真正优秀的服务人员通常分两步来处理:首先是了解客人希望的解决方案;其次在客人提出要求的基础上考虑企业的接受程度,提出自己的解决方案,迅速对客人投诉的问题进行有效的解决,必要时可通过与上级的沟通请示获取权限为客人解决问题。

4. 上报反馈

把发生的事情、作出的决定或难以处理的问题,及时上报主管领导,以征求意见。不得遗漏、隐瞒材料,尤其当投诉涉及个人利益时,更不能有情不报,或谎报虚报。

5. 解决问题

征求了领导意见之后,要把解决方案及时反馈给客人。同时,要十分礼貌地告知客人将要采取的措施,并尽可能得到客人的认同。如果问题暂时无法得到解决,要向客人致歉,并说明原委,请求客人的谅解,不能在无把握、无根据的情况下,随便地向客人作出各种保证。问题处理好之后,应该给予客人及时的反馈,并再次征询客人的意见,询问客人是否满意。这个步骤可以确认客人的问题是否得到解决,并让客人感觉到受重视进而对企业有满意感。

6. 表示感谢

投诉处理完后,应询问客人:"请问您觉得这样处理可以吗? 您还有别的问题吗?"如果没有,需要向客人表示诚挚的感谢,感谢客人对企业工作的关注,指出了企业服务的不足,并接受了企业的处理方案,欢迎客人对今后企业的工作提出意见及建议。

【学习与思考】

一、单项选择题

1. 服务岗位基本的仪表修饰要求是(　　　)。

A. 带妆上岗　　　B. 淡妆上岗　　　C. 干净　　　D. 浓妆

2. 服务色搭配是一门艺术,其美丽的真谛在于(　　　)。

A. 端庄　　　B. 得体　　　C. 大方　　　D. 和谐

3. 交流过程中用（　　）的时间与对方进行目光交流是最适宜的。

A. 30%～40%　　　　B. 40%～50%　　　　C. 50%～60%　　　　D. 60%～70%

4. 下列不属于客人对旅游服务心理需求的有（　　）。

A. 求全　　　　B. 求尊重　　　　C. 求发泄　　　　D. 求平衡

5.（　　）是赢得客人谅解的钥匙。

A. 客人永远是对的　B. 一视同仁　　　C. 换位思考　　　D. 维护利益

二、多项选择题

1. 职业形象具体包括个人的（　　）四个方面。

A. 外在形象　　　　　　B. 内在品格　　　　　　C. 品德修养

D. 专业能力　　　　　　E. 知识结构

2. 职业着装的原则主要有（　　）。

A. 整洁原则　　　　　　B. 魔力原则　　　　　　C. 个性化原则

D. "TPO"原则　　　　　E. 整体性原则

3. 微笑是两个人之间最短的距离,服务人员微笑时要做到与（　　）相结合。

A. 心情　　　　　　　　B. 语言　　　　　　　　C. 时间

D. 身体姿势　　　　　　E. 眼神

4. 下列属于因服务不当产生礼仪危机的是（　　）。

A. 不了解客人习俗　　　B. 不注重服务用语　　　C. 不遵循礼仪规范

D. 不讲究个性化服务　　E. 不满足客人期望

5. 巧妙的语言技巧包括（　　）。

A. 顺势美言　　　　　　B. 难得糊涂　　　　　　C. 借题发挥

D. 移花接木　　　　　　E. 以谬制谬

三、判断题（对的打√,错的打×）

1. 清洁是面部皮肤保养的重要步骤,也是个人礼仪的基本要求。（　　）

2. 俗话说"鞋袜半身",穿西装一定要穿皮鞋。男性宜穿深色线织中筒袜。（　　）

3. 15°鞠躬停留的时间较短,大约是3秒钟。（　　）

4. 礼仪危机会导致对客关系的僵化、恶化,甚至产生投诉,破坏企业形象。（　　）

5. 坚持"客人永远是对的"有利于维护客人的自尊,缓解与客人的冲突,提高客人的满意度,在此基础上为企业带来良好的口碑,提高企业的经济效益。（　　）

四、简答题

1. 塑造有魅力的职业形象应该考虑哪些因素?

2. 客人投诉的原因有哪些? 请举例说明。

<table>
<tr><td>项目十三</td><td>饭店及游客接待服务礼仪</td></tr>
</table>

 项目目标

1. 掌握高星级饭店的服务礼仪。
2. 掌握导游迎送及行程服务礼仪。
3. 了解旅行社门店接待礼仪。

 思维导图

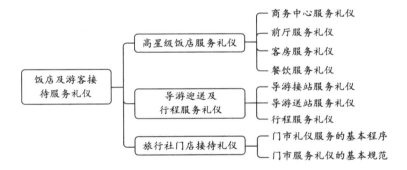

任务一　高星级饭店服务礼仪

【学习要求】

1. 了解商务中心和总机服务礼仪。
2. 掌握预订、礼宾、总台服务的礼仪。
3. 掌握客房清扫以及对客服务礼仪。
4. 掌握中餐厅及西餐厅服务礼仪。

【学习内容】

"有朋自远方来,不亦乐乎",这句话常被用以对远道而来的朋友表示欢迎。酒店业以热情好客著称,酒店的服务质量代表着一个地区甚至一个国家的形象,而酒店员工的服务水平也就成为中外客人评判本地区的一个重要标准。因此,酒店服务礼仪不仅是一种服务、一种宣传,更是一种效益、一种品牌。

一、商务中心服务礼仪

为了满足商务旅行宾客的需要,酒店通常都设有商务中心,为宾客提供打印、复印、传真等服务,使酒店除了成为宾客温馨的家之外,还能成为最好的贸易活动场所和理想的现代化办公场地。

(一)商务中心服务礼仪

商务中心服务员的主要职责是为客人做好商务服务工作。因此,一定要保持工作环境的干净整齐、井然有序,让客人感到舒适并产生信赖。

(1)注重仪容仪表。按服务规范检查个人的仪容仪表,调节好情绪,热情服务,真心诚意。

(2)注重细节服务。计算机、打印机、复印机、传真机、碎纸机等设备处于工作状态,准备好相关办公用品。同时准备好相关表格和信息,例如登记本、账单、服务收费标准等,以便于为宾客提供更贴心的服务。

(3)主动迎接宾客。看到宾客将要步入商务中心时,要起身迎接,保持挺拔站姿。如忙于其他业务无法起身时,要向宾客点头微笑致意,表示问候。如需要宾客等候,要向宾客表示歉意,并示意宾客在休息处稍候。

(4)了解宾客需求。例如:向宾客了解文稿打印或复印要求,包括排版要求、稿纸规格、打印或复印数量。迅速阅读原稿,对文稿中不清楚或不明白的地方,礼貌地向宾客了解清楚。

(5)双手递接物品。递接物品(如文件、资料、U盘、签字笔、钱币等)时,在条件允许的情况下,一定要用双手完成,以表示对宾客的尊重。

(6)礼貌送别宾客。将原稿等物品交还给宾客,按规定办理结账手续,礼貌地向宾客致谢、道别。

(二)总机服务礼仪

电话总机是酒店内外联络的中枢,它既对外代表酒店的形象,又对内直接为宾客提供各种叫醒、查询、转接等服务。电话总机服务员,作为酒店"看不见的接待员",是通过电话线让宾客感知发自内心的微笑和体贴入微的服务。

(1)迅速准确地接线、转接。话务员必须在总机响铃三声之内应答电话。语言要简练,用词要得当,切忌粗暴无礼。接外线电话,应立即问候并报出酒店的英文、中文名称,如:"早上/下午/晚上好,××酒店!"熟练掌握业务知识,迅速准确地为客人提供服务。

(2)礼貌服务,敬语当先。话务员要用准确清晰的发音、婉转亲切的语调、友善诚恳的语气、柔和悦耳的音质以及快慢适中的语速为客人服务,保证客人听得懂,听得清;坚持敬语当先,礼貌应答。

(3)体现热心、耐心和细心。在为客人服务的过程中,必须面带微笑,以饱满的热情为客人转接电话；要认真聆听客人的要求后再转接；为客人提供留言等服务时，必须仔细倾听，做好记录，并要复述认可，以免出差错。避免使用"我不知道""我现在很忙""听不到""什么"等不耐烦的语句。应常用"请稍等一下""我立即为您查询""对不起，他不在"等。

（4）遵守职业道德。话务员工作是一项机要工作，话务员切不可外泄酒店的内部信息和客人的私人情况；在操作过程中，不能偷听别人的谈话，不泄露偶尔听到的内容。

（5）切实做好叫醒服务。话务员要做好记录，按客人要求准时提供叫醒服务，为防止客人再次睡着，一般应相隔五分钟左右再做一次叫醒服务。若多次提醒仍无人接听，应当通知客房服务员前去人工补叫。

（6）通话结束时，应热情道谢告别。待对方挂断电话后，方可轻按挂断键。

二、前厅服务礼仪

酒店前厅，又称为总服务台，或称为总台、前台等。它通常是设在酒店的大堂，负责销售酒店产品与服务、组织接待工作、调度业务经营和为宾客住店提供服务的一个综合性服务部门，是酒店的神经中枢。由于前厅部是每一位客人抵离酒店的必经之地，前厅服务始终贯穿着客人在酒店居留的全过程，服务人员的言行举止、待人接物会给客人留下深刻的印象，将体现酒店服务质量的高低，影响酒店的总体形象。

（一）前台预订服务礼仪

1. 面谈预订

面对亲自到酒店进行预订的宾客，要主动热情接待，及时予以答复。如有房间，做好登记确认，并对客人表示感谢。如因客满，无法接受订房时，应表示歉意，但第一句话不可说："对不起，已经客满了。"而是应该说："请您稍等，我仔细给您查一下。"然后再说："对不起，已经满了，谢谢您的关照，请您以后光临。"并热心为客人介绍其他酒店。

2. 电话预订

如客人用电话订房，要按听电话的礼节，敬语当先，礼貌地接待。必须根据订房单的内容认真记录，并向客人复述一遍，以免差错遗漏。如因客满无法接受预约时应表示歉意，不能直截了当说"没有"，以免引起客人的误解，影响酒店的声誉。

3. 传真预订

传真预订客房的好处是操作方便，传递迅速，即发即收，内容详尽。当收到宾客传真预订时，应及时核对客房情况，并及时回复。按照办公礼仪格式要求书写，使用谦辞，对宾客使用尊称。如能满足宾客要求，有其所需的房间类型，应予以确认并表示感谢。如不能满足预订要求，向对方表示歉意并提出建设性意见。

4. 网络预订

随着电子商务的普及，网络预订已成为酒店客房预订的主要方式之一。可以通过携程、酒店官网、微信等媒介进行预订。当宾客使用网络预订时，应及时回复，以表示对宾客的尊重；应遵循相应的礼仪规范用语，如发送电子邮件时，应注意书写格式，使用谦辞，对宾客使用尊称；在发送之前应杀毒，使用与宾客同样的文件类型或通用类型，以便于宾客查阅。

（二）礼宾服务礼仪

1. 问候礼仪

门童与宾客见面时要主动问候，虽然只是打招呼、寒暄或是简单的三言两语，却代表着对宾客的尊重。问候礼仪需要注意以下几个方面：

（1）宾客抵达酒店时，门童应微笑着为宾客打开车门，向宾客表示欢迎。

（2）门童要向宾客点头致意或欠身致意，用规范的问候语，如"欢迎光临"等，问候宾客时要主动、热情、大方。

（3）对重要宾客或常客要准确礼貌地尊称其姓氏，住店宾客进出酒店同样要热情招呼致意。

2. 开关车门礼仪

开关车门是门童为宾客提供的重要礼宾服务之一，掌握开关车门礼仪是门童需要具备的基本素养。开关车门礼仪需要注意以下几个方面：

（1）车辆到店时，门童要热情迎上，使用规范手势引导车辆停妥。

（2）车停稳后，门童站在车朝向大门一侧的前、后门中间，准备开门。如果是出租车，等候宾客付完车费再拉开车门。

（3）门童应目视宾客，面带微笑为宾客开车门，欠身致意，向宾客表示问候，迎接宾客下车。

（4）护顶礼仪。用左手拉开车门，右手挡在车门上沿，为宾客护顶，防止宾客下车时碰伤头部，并提醒宾客"小心碰头"。需要注意的是，不能为信奉佛教、伊斯兰教的宾客护顶。

（5）开关车门要小心，勿碰宾客手脚，并主动扶老携幼。

（6）宾客下车后，用规范手势为宾客引路。

3. 送别宾客服务礼仪

门童服务礼仪除了要重视礼仪形象外，还应重视礼仪内涵，通过为宾客提供各项礼仪服务，满足宾客的受尊重需求，让宾客乘兴而来，满意而归。

（1）宾客离开酒店时，门童应当主动欠身致意或点头致意，对暂时离开的宾客应说"一会儿见"，对结账离开的宾客应说"祝您一路平安，欢迎您再次光临"。

（2）宾客离开酒店时，门童应当负责叫车，引导车辆停靠在方便宾客上车和装运行李处，或是把宾客的车开到方便上车的地方。宾客如有行李，门童或行李员应礼貌地请宾客核实行李数量。

（3）等车停稳后，门童站在适当的位置，拉开车门约 70°角，请宾客上车，并视具体情况为宾客护顶。等宾客坐稳后，轻轻关上车门，不可用力过猛，不可夹住宾客的手脚、衣物等，并祝宾客"旅途愉快"，欢迎宾客下次再来。

（4）面带笑容，挥手向宾客告别，可以说："谢谢您的光临，欢迎您再来！""一路顺风！"目送宾客乘车离去，待宾客淡出视线后再转身离开。

4. 其他服务礼仪

（1）酒店大门如非自动门或旋转门，宾客到店时，门童应当为宾客开启大门，将宾客迎进酒店大堂。一般情况下，门童应当站在离门 1～1.2 m 处，拉门时向前迈一步，同时要欠身

15°左右,伸手打开门后退回到原处,目视宾客,结合"请进"的手势,面带微笑地向宾客打招呼。

(2)如逢雨雪天气,宾客到店时门童应主动撑伞迎接,以免宾客被淋湿。宾客进入大堂前,门童应当提醒宾客在脚垫上蹭干鞋底,以免滑倒。

(3)宾客随身携带雨具,门童应当主动帮助宾客将其存放在专设的伞架上,或递上塑料袋将伞装好。面对宾客的提问,门童应当仔细倾听并立即作出回答。若对询问事项不了解,应指引宾客去总服务台咨询,切忌一知半解、不懂装懂。

(三)总台服务礼仪

1. 接待服务礼仪

为宾客办理登记入住是前台对客服务的关键阶段,是宾客亲临酒店感受到正规服务的开始。总台接待服务礼仪需要注意以下几个方面:

(1)微笑服务,主动问客。当宾客到达前台时,应当用发自内心的愉悦心情接待宾客,主动欠身或点头致意并微笑问候宾客。

(2)服务周到,关照宾客。有较多宾客同时抵达而工作繁忙时,应当按先后顺序依次为宾客服务,做到"接一答二照顾三";不能只与一位宾客或熟悉的宾客谈话,而怠慢了其他宾客。

(3)推销适度,礼貌用语。为宾客介绍客房时应当准确,宣传酒店产品要实事求是,用恰当的语言,站在宾客的角度,为宾客提供参考建议,以免引起宾客反感。

(4)双手递接。应用双手向宾客呈递住宿凭证等物品。

(5)服务真诚。对住店宾客和非住店宾客应一视同仁;不论宾客选择酒店与否,都应对宾客的光临致以真诚的谢意,感谢宾客提问,欢迎宾客再次光临。

(6)注意细节。知道宾客姓氏后,应当以姓氏加尊称称呼宾客。

2. 解答问询服务礼仪

总台提供的问询服务,包括解答宾客询问、提供留言、处理邮件等。解答问询要做到热情耐心、快捷准确、有问必答、百问不厌,在精益求精的礼仪细节中显示出优质的服务品质,在平凡的对客服务中体现超值的服务价值。

(1)主动问候。当宾客离问询处2~3步远时,要主动、热情地问候宾客。

(2)认真倾听。注意聆听宾客的问询,要身姿挺拔、面带微笑,不能东张西望,应暂停手头工作。听懂时可以用点头的方式进行回应,没听明白时请宾客重复一遍。

(3)真诚回答。对宾客提出的问题要尽快回答,态度和蔼,有问必答,不能说"也许""大概"之类没有把握或含糊不清的话。

(4)不对宾客说"不"。确实不知道时,应向宾客表示歉意,请求谅解,并表现出愿意帮助宾客的意愿,记录下宾客的要求、联系方式等,查询到相关信息后立即告知宾客,未查到信息的也要及时反馈给宾客并说明原因。不能用"不知道"或"你可以问其他人"等推辞的话语来回答,这是非常不礼貌的。

(5)保护住店宾客隐私。问询处要经常接待非住客的查询,查找住客的有关情况,如宾客的房号、宾客是否住在酒店、有无他人访问住客等。若有这样的查询,问询员应问清来访者的姓名、与住客的关系等,然后打电话到被查询的住客房间,经住客允许后,才能让来访者到房间找住客。

如果住客不在房内,为确保其隐私权,不允许将住客的房号随意告诉来访者,也不能让来访者到房间找宾客。

(6)为访客提供留言服务。由访客填写留言单,或由访客口述,问询员记录,然后由访客过目与问询员共同签字。入住宾客留言,先请宾客填写住客留言单,当访客到达酒店后,问询员经核实,转告留言内容或转交留言单。交接班时将留言收到情况交代清楚,住客留言单上应标明留言处理情况。

3. 离店结账服务礼仪

总台结账服务也是酒店对客服务的重要环节,不能因为宾客即将离开酒店而怠慢,应准确、快速,给宾客此行留下美好印象。

(1)宾客办理离店结账手续时,首先要主动欠身或点头致意并微笑问候宾客,以熟练的业务技能,快速地为宾客准备好账单。

(2)收款数目应当当面结清,保证账目准确。双手递接账单、房卡、押金条、房费、找零等凭证及物品。

(3)宾客对账单有疑问时,应当耐心细致地进行解释,语调亲切柔和,直到宾客明白为止。

(4)当宾客遇到结账难题时,能够站在宾客的角度考虑问题,积极帮助宾客解决问题。

(5)宾客结账后,应将账单、发票等凭证装入酒店信封中,用双手呈递给宾客,目视宾客,欢迎宾客再次光临,并向宾客表示感谢。

三、客房服务礼仪

酒店客房服务部是酒店中最重要、最繁忙的部门之一,其经营收入一般占酒店总收入的50%以上。客房是宾客在酒店待的时间最长的地方,也是宾客与客房服务员接触最多的地方。因此,客房服务员在为宾客提供标准化、规范化服务的同时,还应讲究客房服务礼仪。

(一)进出客房服务礼仪

客房服务员提供客房服务时,需要经常出入宾客的房间,原则上不要过多打扰宾客,在需要进入的时候,则一定要符合礼仪服务规范。

(1)敲门标准。用食指或中指第二关节轻敲房门3下,时间节奏约为半秒。

(2)通报身份应清晰、明确。敲门后后退一步,面对门禁,通报身份,声音的高低以宾客能听到为准:"您好!客房服务员。"

(3)无人应答亦不可忽视礼仪。敲门后房内无人应答,等5秒钟后以同样的方法再敲门一遍;如仍无人应答,可将房门轻轻打开,确认未挂防盗链后,将门推至45°角左右,边推门边报身份。

(4)如宾客在房内,应先致歉,获得允许后方能进入房间,说明来意,征求宾客的同意后快速、规范地完成房内服务工作。如发现宾客正在休息或在卫生间,应当立即退出,轻轻带上房门。

(5)站位规范。与宾客交谈时,要站位合理,站姿规范,表情自然、面带微笑,目视宾客;

切忌目光游离,东张西望。

(6)工作完毕,退至客房门口,面对宾客退出客房,轻关房门。

(二)客房清扫服务礼仪

客房清扫服务是酒店客房服务中最平凡、琐碎的工作,但也是住店宾客所必需的。客房清扫时一定要注意服务礼仪规范,应在宾客方便时进行,避免过多打扰宾客,尊重宾客的生活习惯和隐私,为其提供完美的客房清扫和细心、周到的礼仪服务。

(1)按进出客房服务礼仪进出客房。

(2)合理确定清扫时间。清扫客房一般在宾客外出时进行;如果宾客一直在房间,应礼貌地征求宾客意见,以确定合理的清扫时间;如果挂有"请勿打扰"的提示,则不能进房清扫;下午2:00时,可打电话到房间征询:"您好,我是客房服务员,请问可以进房间打扫卫生吗?"

(3)尊重宾客,注重细节。未经宾客同意,不要随意处置任何写有字的物件,不得动用、翻看宾客的物品,只可稍作整理桌上的书报、文件、化妆品等;一般不能改变宾客物品的摆放位置,切忌随便扔掉宾客用品;清扫时不能接打电话或使用客房电话;当着宾客清洁客房时,应当减少进出客房的次数,动作迅速、轻稳,严格按操作标准提供服务。

(4)保证质量。按照客房清扫的标准完成清扫,让宾客享受到清洁、舒服的客房环境。

(三)客房日常服务礼仪

客房日常服务的质量至关重要,它直接反映了酒店的整体管理水平。客房服务员在提供客房日常服务时要注重礼节礼貌、规范服务、注意细节,使宾客享受到满意、超值的服务。

1. 遇客服务礼仪

酒店客房服务通常是"暗服务",但在工作场合遇到宾客的情况也会经常发生。客房服务员在楼层工作中,遇到往来宾客时,不能只是忙于自己的工作,而应遵守遇客礼仪,主动避让并与宾客打招呼。

(1)相遇要致意。与宾客相遇时要主动停下并致意,请宾客先行。如果能以宾客的姓氏加尊称称呼并问候,更会使宾客感到亲切。

(2)超过要致歉。如果有急事需要超过前面的宾客,要先致歉,然后加快步伐离开。

(3)宾客挡路要请求协助。如果宾客挡住走廊通道,应先礼貌招呼宾客,请求协助并致谢。

(4)遇到宾客寻求帮助,要尽量帮助宾客解决问题或为宾客提供能解决问题的部门信息。

2. 客房洗衣服务礼仪

酒店为宾客提供的洗衣服务是由客房服务员从客房内取得要送洗的衣物,统一由洗衣房来洗涤的服务。客房服务员在提供洗衣服务时要遵守服务规范,小心、仔细,多为宾客着想,避免给宾客带来不必要的损失,对酒店留下不良服务的印象。

(1)确认需求,主动服务。客房服务员按进出客房礼仪进出客房。

(2)及时收取,认真检查,巧于沟通。客房服务员在收取待洗衣服时,应认真细致地清点、检查;将检查情况及洗涤要求及时告知宾客,经宾客确认签字后再收取客衣,以免引起纠纷。

(3)按时送还。宾客返回房间后,客房服务员应及时将衣服送进宾客房间,待宾客清点和检查后再礼貌离开。

(4)能够针对不同情况妥善处理。如"请勿打扰"房或衣物需要快洗的,客房服务员应当给宾客留言,礼貌地告知宾客衣服已洗好并在楼层服务员处保存,宾客可随时通知服务员送回衣物。遇到宾客投诉,应尽快妥善解决问题,拖延时间是不礼貌的。

3. 宾客租借用品服务礼仪

酒店为了满足宾客的个性化需求,通常会在客房服务中心为宾客准备多种租借设备及用品,方便宾客使用,以体现个性化服务。宾客以电话形式租借相关用品,值班员除了要注意电话接听礼仪外,还要在对客服务中注意其他礼仪规范和要求。

(1)按照接听电话礼仪接听电话。

(2)服务热情,准确记录宾客的要求和来电时间。

(3)及时满足,快速送达。一般用品应保证在 5 分钟之内送到宾客房间,如酒店无法提供宾客想要租借的用品,应当说明原因,尽量协助宾客解决问题。

(4)礼貌签收并致谢。宾客收到或返还租借用品时,服务员按递物礼仪将签字笔递到宾客手中,请宾客签收,注明租借和返还时间。

四、餐饮服务礼仪

随着社会的进步,人们的交往范围不断扩大,与此同时,对服务人员的服务水平的要求也越来越高。餐饮服务人员的礼仪服务水平已经成为餐饮部门吸引客源的重要手段和措施。

餐饮服务礼仪是指在餐饮服务工作中形成的,得到人们普遍认同的服务人员应该遵守的行为规范和准则,是人们衡量餐厅服务水平的重要依据。

(一)中餐服务礼仪

中国是闻名世界的"礼仪之邦",其饮食文化源远流长,在漫长的历史发展过程中,形成了一整套完整的中餐礼仪规范。对宾客来说,在酒店餐厅用餐既是需要又是享受。中餐服务员在与宾客的接触过程中,无论一举一动还是只言片语,都会在宾客心目中留下深刻印象。宾客可以根据服务员的服务态度和服务方式判定酒店餐饮服务的优劣和管理水平的高低。

1. 餐厅预订服务礼仪

餐厅预订一般有当面预订和电话预订两种形式。当面预订要求预订员既要注重外在礼仪形象,也要强调礼仪的内涵,在服务中注意着装、微笑、目光交流、倾听等礼仪规范的实际运用;电话预订由于宾客不在现场,预订员更要加强接听电话礼仪,以使宾客得到满意的答复,高效地完成餐厅预订任务。

2. 迎宾服务礼仪

(1)微笑迎宾。在开餐前 5～10 分钟,领位员面带微笑地站在餐厅门口的迎宾台前或视野开阔、便于环视四周的位置迎候宾客。

（2）仪态得体。站姿要端正,眼睛平视,环顾四周,面带微笑,时刻给宾客以精神饱满、庄重自信的印象。

（3）主动问候。当宾客到达时,主动上前,鞠躬15°致以热情问候。如果是多位宾客前来用餐,应先问候主宾再问候其他宾客。

（4）核对预订。根据情况询问宾客是否有预订,并核对人数规范引位。领位员走在宾客的左前方1m左右引领,手势标准,随时用言语或目光关照宾客并引领到位。

（5）拉椅让座。宾客入座,由领位员（或值台服务员）平稳地将椅子拉出,并微笑着伸手示意宾客就座。

3. 点菜服务礼仪

（1）征询点菜,时机得当。服务员要选择合适的站位,目视宾客,面带微笑,待宾客示意点菜后,紧步上前,询问:"可以为您点菜吗?"

（2）提供建议。服务员要善于观察,细心周到地根据宾客的性别、年龄、口音、言谈举止等,判断宾客的饮食喜好,有针对性地向宾客推荐菜肴,互动良好。

（3）手势正确。为宾客介绍菜单中的菜品时,应掌心斜向下方,五指并拢进行介绍,切忌用手指或手中的笔指指点点。

（4）站立规范。为宾客点菜时,保持良好站姿,不能将订菜单或iPad放在宾客餐桌上操作。

（5）复述菜单,尊重习惯。点菜完毕,应重复宾客所点菜品名称,并询问宾客有无忌口及烹饪的特殊需要。

（6）礼貌致谢:"非常感谢,请稍等。"

（7）特殊情况处理。点菜时如遇宾客正在交谈,应做到不旁听、不斜视、不打断,站立一旁等候宾客问话时再开始点菜。如有急事与宾客沟通,应当先表示抱歉,然后再与宾客对话。

4. 菜肴服务礼仪

（1）了解菜单,按序上菜。

（2）端送平稳,服务礼貌。上菜时提前告知宾客:"打扰,给您上菜!"动作轻盈地用双手将菜肴端上,上好菜后,要把新上菜转至正主宾面前,报菜名并礼貌地请宾客用餐。

（3）手法卫生。上菜时,要用双手大拇指紧贴盘边,其余手指支撑底部,切忌把手指探入盘中或接触到食物,这样既不卫生,也欠缺礼貌。

（4）摆放美观,方便食用。摆放菜肴应当实用美观,荤素、凉热对称摆放,讲究色彩搭配,并能尊重宾客的选择和饮食习惯。所有菜肴上齐后,应当告知宾客菜已上齐,请慢用。

5. 酒水服务礼仪

（1）示酒规范。当着宾客的面打开酒瓶,按照礼仪次序,依次斟酒。

（2）动作正确、干净、利落。斟酒过程中将酒液洒到桌上或宾客身上是极不礼貌的。

（3）关注宾客,举止文雅。随时观察酒水饮用情况,一般当宾客杯中的酒水少于1/3时,就应征询宾客意见,及时续添酒水。斟酒不要紧贴宾客,但也不要离宾客太远。

（4）注意细节。当宾客离桌敬酒时,服务员应用托盘跟随服务,随时斟倒与宾客杯中同类的酒。

(5)服务到位。斟倒某种酒水时,应礼貌示意宾客是否选用该酒;如不选用,应立即调换。斟倒饮料时,应将各种饮料放置于托盘上,征求意见后为宾客斟倒。

6. 席间服务礼仪

(1)服务主动,保持餐桌卫生、整洁。服务员要主动为宾客添加饮料酒水,并积极回答和处理宾客提出的有关服务和菜肴的问题;若出现宾客弄湿或弄脏桌布以及不慎掉落餐具等意外情况,要迅速处理。

(2)遵循不打扰宾客的原则。在不影响宾客就餐的情况下进行席间服务,手法规范、操作卫生、仪态大方;撤换餐盘、骨碟时要礼貌征得宾客同意;尊重宾客摆放餐具的习惯,将更换后的骨碟放回原位,宾客没有用完餐的骨碟不要撤换。

(3)把握添加饮料、酒、菜和饭的时机,避免出现宾客等候、不断添加或打断宾客正在进行的致辞等状况,防止引起宾客反感。

7. 结账服务礼仪

(1)结账准备。宾客用餐结束时,服务员应适时询问宾客是否需要其他服务。如果宾客示意结账,应尽快将结算并打印好的账单呈送给宾客。

(2)呈送账单,注意细节。账单要递给准备结账的宾客,请宾客检查,同时用手势将消费金额示意给宾客看。当一男一女进餐时,将账单递给男士。

(3)征询宾客。结账时,服务员应先征询宾客结账方式,与宾客保持一定距离,宾客准备好后再进行结账,打印发票礼貌致谢。结账完毕,服务员应向宾客致谢;宾客结账后未离开,服务员应当继续提供服务,不能因为已结账而终止服务。

8. 送客服务礼仪

(1)协助宾客离座并道别。宾客起身离座,值台服务员要主动上前拉椅,提醒宾客带好随身物品,送客道别,必要时礼送宾客至餐厅门口。

(2)礼送宾客。迎宾员施30°鞠躬礼,敬语致谢并告别:"谢谢您的光临,请走好!"

(3)服务要有针对性。如有必要,领位员可将宾客引领出餐厅并为宾客按电梯,微笑目送宾客离开。

(二)西餐服务礼仪

西餐讲究情调,强调精美的菜单设计、迷人的氛围营造、动听舒缓的音乐陪伴、优雅高贵的进餐礼节、美味靓丽的菜品制作。这些构成了吃西餐特有的意境,能带给宾客美的享受。

1. 西餐点菜服务礼仪

(1)着装整齐,微笑服务,态度殷勤。

(2)递送酒单、菜单。按"先宾后主、女士优先"的原则依次将菜单送至每位宾客手中,同时礼貌地请宾客阅览菜单。

(3)推销适度。如果应宾客要求提供点菜建议,服务员应当根据菜单组合、酒水搭配、菜品的烹调方法和调味品的搭配种类等,向宾客建议菜式搭配;推荐菜品时,应当尊重宾客的饮食习惯。

(4)建议询问。为宾客提供信息和建议,询问特殊要求,征求宾客对牛扒类菜品生、熟程度的要求;点选沙拉时,应询问宾客沙拉需跟配的沙拉汁。

（5）复述确认宾客所点菜品、酒水名称。

（6）收回菜单，并祝宾客用餐愉快。

（7）与宾客交流时，态度恭敬，身体略前倾，音量适中，以不打扰其他宾客为标准。

2. 西餐酒水服务礼仪

（1）基本礼仪要求

①推介适度。根据宾客点菜情况，推介适宜酒水，推介时要尊重宾客的个性和习惯。

②服务规范。无论为宾客提供哪种酒水服务，示酒、开酒、品酒、斟酒都要符合酒水服务规范。

③女士优先。征得宾客同意后，按照女士优先的原则，从主宾右侧依次进行酒水服务。如果主客是中国宾客，也可遵照中国传统进行。

④操作标准。注意葡萄酒的最佳供酒温度；先斟酒后上菜；开启香槟酒时瓶口不要朝向宾客，避免误伤；冰桶、酒篮等放置桌上时，不能影响宾客进餐。

⑤关注宾客。随时观察宾客，掌握续酒时机；当确认宾客不再加酒时，应立即将喝完酒的空杯撤下。

（2）红葡萄酒服务礼仪

①酒水准备。将红葡萄酒放置在垫了餐巾的酒篮内，酒标朝上，轻取轻放。

②示酒、闻塞、试酒。同西餐斟酒服务。

③按斟酒要求进行红葡萄酒斟酒服务，酒斟入杯中1/2处一为宜，随时为宾客续斟。

（3）白葡萄酒服务礼仪

①酒水准备。白葡萄酒应置于冰桶中，上盖一块餐巾，做好冰镇。

②示酒应用折叠成条状的餐巾包裹瓶身，左手托底，酒标朝上。

③白葡萄酒斟酒时同样用折叠成条状的餐巾包裹瓶身服务，酒斟入杯中2/3处为宜，随时为宾客续斟。

④餐巾不能包裹住商标。

（4）香槟酒服务礼仪

①酒水准备与示酒同白葡萄酒。

②开瓶时注意规范操作，瓶口不能朝向宾客。

③斟酒时先斟入杯中1/3处，待泡沫平息后再斟至2/3处。

④服务细节。

3. 西餐席间服务礼仪

（1）菜品服务礼仪

①按铺口布礼仪服务餐巾。

②根据订单重新摆换餐具。

③根据餐桌、餐位的实际情况，合理确定上菜位置。

④按服务规范进行汤、主菜和派菜等服务，要求餐具配备准确、手法规范、动作利落、姿势优美。

⑤左侧左手服务沙拉。有的沙拉需要加胡椒，此时应当主动询问宾客是否加胡椒，并按

礼仪要求规范送胡椒瓶。

⑥随时巡台,每上一道菜前,都应当清理用过的各种餐具。清理时,轻拿轻放,避免发出较大响声,影响就餐氛围。在撤走展示盘(底盘)时,应用正确的手势告知宾客,以免产生误解。

(2)甜点服务礼仪

①适时推销。

②按摆台礼仪将吃甜点所需餐具摆上餐台。

③尊重宾客。服务甜点时,用右手在宾客右侧按顺时针方向服务,"女士优先,先宾后主",同桌宾客的甜点必须同时服务。

④注意保持甜点的温度。

(3)撤盘服务礼仪

①所有宾客用完同一道菜后一同撤下空盘。

②根据宾客盘中刀叉的摆放进行撤盘服务,要体现尊重宾客之意。

③撤换小件物品(如面包盘、黄油碟、胡椒瓶)时,应使用托盘。

④撤盘时,左手托盘,右手收盘。刀叉、盘子等在托盘中要规划摆放,重心偏里,保持托盘平衡,体现服务美感。

任务二　导游迎送及行程服务礼仪

【学习要求】

1. 掌握导游接站服务和送站服务的基本礼仪。

2. 掌握导游入店、用餐、交通、参观游览等方面的服务礼仪。

【学习内容】

导游是旅行社的代表性工作人员之一,是旅游接待服务的承担者,也是旅游活动的主导者。导游服务的对象来自天南海北,服务的内容也非常丰富,所以,对导游来说,不仅要有渊博的文化知识、较强的组织协调能力和语言表达能力,还需要具备较高的礼仪素养,能够按照礼仪规范来要求自己,提供让游客满意的服务。

一、导游接站服务礼仪

导游在接待过程中,要讲究服务礼仪,树立良好的职业形象。

(一)接站服务礼仪规范

1. 提前到达

导游应提前30分钟抵达接站地点(一般为机场、车站、码头)。导游应正确佩戴导游胸卡,持导游旗、接站牌,以方便游客辨认。

2. 热情相迎

待旅游团抵达后,导游要主动上前认找。初次与游客见面,须主动问候游客并表示旅途辛苦的慰问,然后介绍自己的单位及姓名。介绍完毕后,应和游客共同核对团号、实际抵达人数、名单,了解游客的特殊要求等。

3. 集合登车

导游应手持导游旗,带领游客集合登车。在引领过程中,导游应始终走在团队前方约1米处。待到达旅游车前,导游必须协助游客摆放行李,招呼游客按顺序上车。游客上车时,导游应站在车门一侧问候游客,并照顾游客上车。游客上车坐定后,导游要礼貌地、仔细地清点人数,清点无误后方可示意司机开车。车辆发动时,要提示游客坐稳。

(二)致欢迎辞

接站后,在乘车赴酒店或景点途中,导游应热情、友好地向游客致欢迎辞。致欢迎辞对导游来说非常重要,它好比一篇乐章的序曲,会给游客留下深刻的第一印象。导游要借助欢迎辞来展示个人的风采。

1. 欢迎辞的内容

欢迎辞的内容,应视旅游团的性质及其成员的文化水平、年龄、职业及居住地等具体情况而有所不同。欢迎辞要有特点、有新意,才能瞬间吸引游客,从而给游客留下深刻的印象。一般来说,欢迎辞应包括如下内容。

(1)问候语。真诚问候游客,如"各位来宾/朋友,大家上午好!"

(2)欢迎语。代表所在旅行社、本人及司机欢迎游客的到来。

(3)介绍语。介绍自己的姓名及所属单位,介绍司机等。

(4)希望语。表达提供优质服务的诚挚愿望。

(5)祝愿语。预祝游客旅游愉快顺利。

2. 致欢迎辞的礼仪

致欢迎辞时,导游要注意以下基本的礼仪规范。

(1)所站位置。导游应站在旅游车前部的中间位置,并面向游客。

(2)所持话筒。导游应右手拿话筒,话筒与嘴部保持约5厘米的距离,不可靠嘴太近而遮住嘴,也不要遮住面部。试话筒音量时,不要拍打话筒或向话筒吹气,而应该采用询问的方式,音量以旅游车内的游客都能听清为宜。

(3)所说语言。导游要注意音量、音调和音色,做到谈吐亲切自然、快慢相宜、风趣幽默、悦耳动听。

二、导游送站服务礼仪

在旅游过程的最后阶段,游客往往归心似箭,在心理上也相对敏感。因此,导游要针对游客的心理,做到善始善终,不在最后阶段出现任何差错,为旅游行程画上一个圆满的句号。

(一)送站服务的礼仪规范

导游送站的礼仪规范可以概括为核实、提醒、离店和送行四个方面。

（1）在旅游活动结束前，导游要认真做好交通票据的核实工作。仔细核对团名、人数、去向（航班、车次、船次）、起飞（开车、起航）时间等。

（2）提醒游客带齐所有行李和物品。提醒游客带好自己的身份证件，明确集合出发的时间等注意事项，并与行李员、领队清点游客的行李件数。

（3）与酒店结账，并协助办理游客的退房手续。退房后集合游客登车，登车时导游要站立在车门一侧，恭候并帮助游客上车。

（4）协助游客办理相关的离站手续（如帮助游客领取登机牌、办理行李托运手续）。若游客是乘汽车离开，地陪应等交通工具启动后方可返回；若游客是乘飞机、火车、轮船离开，地陪应等游客安检结束进入隔离区后才能离开。

（二）致欢送辞

欢送辞是导游在结束所有计划安排的旅游行程后，即将与游客告别时所说的道别语。优秀的欢送辞，恰似一篇好文章的精彩结尾，会给游客留下难忘的记忆，也能为之前的导游服务工作锦上添花，甚至还可以弥补导游服务过程中出现的一些不足。

1. 欢送辞的内容

一次成功的导游服务，需要有一个好的欢送辞来为它画上圆满的句号。一般来说，欢送辞应包括旅游小结、感谢合作、表示惜别、征求意见、表达祝愿等内容。

2. 致欢送辞的礼仪

游览结束之际，导游致欢送辞是不可忽视的一个工作环节，不"辞"而别或随便收场都是一种不礼貌的行为。致欢送辞时，导游面部表情不可太嬉皮笑脸，要给游客留下"人走茶更热"之感。从形式上讲，致欢送辞可分为以下两种。

（1）抒情式。导游用热情洋溢的话语，表达友谊和惜别之情，产生情感上的共鸣，以巩固和加深与游客相处一段时间以来所建立的友谊。

（2）总结式。导游用热情而平静的语气，回顾旅程，并表达感谢合作、期待重逢、征求意见、衷心祝福之意。

三、行程服务礼仪

导游在接团环节要给游客留下良好的第一印象，在送团环节也要创造美好的最终印象，而良好形象的维护要贯穿于导游服务的全过程中，涉及食、住、行、游、购、娱等方面。因此，导游在导游活动的过程中，要时刻注意自己的形象，做到持之以恒。

（一）入店服务礼仪

1. 介绍酒店设施

在从机场（车站、码头）到酒店的途中，导游应向游客介绍所住酒店的名称、星级、位置、规模等基本情况。进入酒店后，则应向游客介绍酒店的餐厅、商品部、电梯等设施位置，并说明住店的注意事项。

2. 办理入住手续

游客抵店后，导游应协助领队办好入住登记手续，请领队分发房卡，掌握游客、领队等人员入住房间的楼层与房号等具体情况,并互留联系方式。

3. 照顾行李进房

导游应等待行李送达酒店,并仔细核对,督促酒店及时将行李送入游客房间,以防出错。如果发现有行李丢失,导游应安慰游客,积极帮助游客寻找并及时地为游客解决生活困难。

4. 明确活动安排

在游客进入房间之前,导游应向全团宣布有关当天和次日的活动安排、集合时间及地点,确定叫早时间等。

5. 处理各类问题

游客在入住后,难免会遇到一些问题,如打不开房门、不满意房间、房间卫生不理想、设施设备损坏、行李投错等。因此,导游要在本团游客居住区停一段时间,协助处理临时出现的各种问题。

(二)用餐服务礼仪

在旅游的六要素"食、住、行、游、购、娱"中,"食"排在第一位。旅游团队就餐,可分为便餐、自助餐和风味餐。无论何种形式的用餐,导游都应该尽心尽力、细致周到地为游客提供优质餐饮服务。

1. 提前落实用餐事宜

提前落实用餐的时间、地点、人数、方式和标准,是对导游用餐服务的基本要求。提前落实,更有助于保证质量,体现了对游客的尊重,使游客一进餐厅就能得到热情、及时的服务。

2. 了解游客特殊要求

不同游客对饮食往往会有不同的要求:老年人多喜欢清淡的食物;年轻人多喜欢味重的食物;女性多喜欢健康、绿色、减肥的食品;有宗教信仰的人士在饮食方面有一定的禁忌;不同地区人们的饮食偏好也会有所不同。因此,导游事先必须了解游客的具体情况,有的放矢,尽量兼顾,以满足不同游客的需求。

3. 引导游客入座就餐

引座是导游对游客的礼遇。导游协助餐厅服务员将游客引领至事先预订好的位置,并热情介绍本餐厅及其菜肴的特色,会让游客有宾至如归之感。

4. 巡视游客用餐情况

为了能使游客用餐满意,导游不能在安排好游客后就自行离开用餐,应在游客用餐期间巡视一两次,检查餐厅是否提供了标准服务。如发现问题或遇到游客不满意的情况,应及时与餐厅联系,争取尽早解决。

此外,作为导游,要懂得用餐时的各种基本礼仪知识,遵循用餐礼仪规范,体现导游良好的礼仪素养。

(三)交通服务礼仪

飞机、火车是旅游团出游的主要交通工具。因此了解乘坐交通工具的礼仪对导游来说是十分重要的,也是十分必要的,它能体现一名导游的礼仪素养和文明水准。

1. 乘飞机的礼仪

(1)在登机前,导游要帮助游客办理登机牌领取、行李托运等相关手续,配合边防、海关等部门做好安检工作,并引导游客有序地登机。需要注意的是,导游要最后一个上飞机,以确保游客都能准时登机。

(2)登机后,导游应提醒游客乘坐飞机的相关事宜,回答游客的提问,协助游客找到座位、放好行李、系好安全带等,并时刻关注游客的动向。在飞行途中,导游自身行为也要符合礼仪规范。

(3)飞机降落后,导游应提醒游客在飞机完全停稳后再起身拿取行李,以确保游客的安全;下飞机时,导游应走在旅游团的前面,引导游客有序地出舱;下飞机后,导游要提醒游客领取自己的行李,并及时与前来接团的地陪联系。

2. 乘火车的礼仪

一般来说,导游上车后首先要为游客开道(下车时也如此),帮助游客找好座位、放好行李。晚间进入车厢,若遇游客正在脱外衣(尤其是女士),导游应回避;自己脱外衣就寝时应背对其他游客;若是换衣服应去盥洗室。女导游不要当着游客的面整理衣裙、化妆。

(四)参观游览服务礼仪

1. 导游活动礼仪

(1)接团前的礼仪。导游应将表明自己工作身份的胸牌或胸卡,如导游证,按有关规定佩戴在上衣胸前指定的位置,与司机一起提前10分钟到达与游客约定上车的地点。

(2)带团中的礼仪如下。

①游客上车时,导游应主动、恭敬地站立于车门口,欢迎每一位游客,并协助其上车。游客坐定后及时清点人数。清点人数时,可用默数或标准点人数法清点,即右手自然垂直向下,以弯曲手指来记数。切忌用社旗来回比划,也不能用手拍打客人的肩背部位,更不能用单手手指对着游客头部或脸部清点。人数清点无误后示意司机开车。

②带团时,导游应自觉携带旅行社社旗,左手持旗,举过头顶,保持正直,以便队尾的游客及时看到并跟上。不可将社旗拖于地面或扛于肩头。带团行走时,不可与游客勾肩搭背;候车、等人时不宜蹲歇。

③在车上做沿途讲解时,导游要做到站姿到位、表情自然,并与游客保持良好的目光交流,目光应关照到全体游客。手持话筒讲解时,注意姿势规范、音量适中、讲解得体。讲解手势力求到位,动作不宜过多,幅度不宜过大。

④在带团过程中,导游应认真组织好游客的活动,做到服务主动、热情、周到。导游讲解则要做到内容准确、条理清楚、语言生动、表达流畅、方式灵活。同时,导游要提醒游客注意安全,遇到难以行走的路或拐弯处,应及时提醒,对年老体弱者更应及时提供必要的帮助。导游的行走速度不宜过急、过快,以免游客掉队或走失。此外,注意要给游客留有摄影时间。

⑤到达目的地前,导游要提前把即将进行的活动的行程安排、集合时间和地点等相关信息准确无误地向全体游客宣布,并告知旅游车的车牌号码及司机姓名、电话,以方便掉队者寻找。下车时,导游应先下车,站在车门一侧,照顾游客下车。

⑥导游在带旅游团购物时,必须到旅游定点商店。下车前,要向游客讲清停留时间和有

关购物的注意事项。团队离开活动场所前,应及时提醒游客注意安全,随身携带好自己的贵重物品。

2. 导游讲解礼仪

语言是导游服务的重要手段和工具,导游员的服务效果在很大程度上取决于其语言的表达能力。要想获得良好的语言表达效果,导游员必须遵循一定的语言礼仪规范。就一般而言,导游员语言的表达应力求做到达意、流畅、得体、生动和灵活。这是导游讲解最基本也是最起码的要求。此外,导游在与客人进行语言沟通时还要注意以下几个方面。

(1)正确使用旅游服务用语。选用合适的语句准确、恰当地表达自己的思想是与客人顺利交往的首要一环。要针对客人的年龄、身份、职业、文化修养等条件,根据讲解的不同时间、地点、场合等,采用不同的语言形式。

(2)使用适当的语音、语调。声调能直接影响对客服务的效果。导游在讲解时要富有感情色彩,抑扬顿挫,但不矫揉造作,哗众取宠,以语言亲切自然为宜。

(3)注重态势语言的运用。态势语言,亦称身体语言、体态语言或动作语言,是导游服务中不可或缺的语言艺术形式之一,常常在导游讲解中对口头语言起到必要的辅助作用,有时甚至还能起到口头语言难以达到的作用。因此,在导游讲解中,注重态势语言的恰当运用,把握基本的礼仪规范,是达到良好讲解效果的前提。

①表情语。表情语是通过人的眉、眼、面部肌肉运动等来传递信息、表达情感的一种态势语言。对导游来说,控制自己的表情,保持真诚、适度的微笑,是讲解礼仪的重要体现。

②目光语。目光语是通过人与人之间的视线接触来传递信息的一种态势语言。导游讲解是导游与游客之间面对面的交流,游客往往可以通过导游的微笑、眼神、动作、手势等加强对讲解内容的认识与理解。

③手势语。导游讲解中,在何种情况下用何种手势语应视讲解的具体内容而定。在手势语的运用上必须注意:第一,要简洁易懂;第二,要协调合拍;第三,要因时而异;第四,要节制使用;第五,要避免使用游客忌讳的手势。

通过导游语言恰当的表达,可以使景观、景物更加生动形象,使民俗、风情更加绚丽多姿,从而使游客感受到旅游的妙趣横生,留下经久难忘的深刻印象。所以,导游要练好导游语言这一项基本功,注重讲解的礼仪规范,努力提高自己的语言表达能力。

任务三　旅行社门店接待礼仪

【学习要求】

了解旅行社门店接待服务礼仪的基本程序和规范。

【学习内容】

旅行社的门市,是旅行社招徕游客并提供旅游咨询、宣传、接待、销售旅游产品等服务的收客网点,可以促进旅行社产品的销售。优质的门市服务能为旅游产品增值,具有重要的意义。

温馨的门市服务氛围主要由硬环境和软环境两个方面构成。硬环境,指和物有关的因素,包括门市所在的周边环境和门市本身的设计、装潢、物品陈列和摆设等;软环境,指和人有关的因素,包括员工的仪容仪表、态度、待人接物等。旅行社门市的服务环境应整洁、明亮,配备必要的设施设备和办公用具,可以准确、鲜明地介绍旅游产品的内容。

一、门市礼仪服务的基本程序

旅行社门市对客礼仪服务的流程主要包括以下六个步骤。

(一)迎接问候

客人进入门市后,门市服务员要转向客人,用眼神表达关注和欢迎,在距离三步远的时候就要面带微笑,热情地问候"您好,欢迎光临",并运用手势语言敬请客人入座。

(二)接触交流

门市服务员对前来咨询的客人,要选择合适的时机与其交流。比如,当客人较长时间凝视某条宣传线路时、在资料架旁寻找某条线路时、拿起某条线路的资料时或把脸转向门市服务员时,门市服务员就要主动上前,通过打招呼或者介绍旅游产品等方法和客人接触并展开交流。

(三)介绍产品

当客人表现出对某种旅游产品感兴趣时,门市服务员要立即取出该产品的宣传资料递给客人,以促使其产生联想,刺激其购买欲望。同时要向客人提供产品的详尽信息,并作客观的说明和介绍,列举旅游产品的一些亮点与特色。

(四)签订合同

客人作出购买决定后,门市服务员要与其签订书面旅游合同,以维护客人和旅游经营者双方的合法权益。在此环节,门市服务员要熟悉文化和旅游部的规范合同文本、当地旅游管理部门和工商管理部门制定的地方性旅游合同文本;要掌握合同的全部详细条款;要向客人明确合同关系中有关双方的权利和义务;要注意与客人的特殊约定;签约时要加盖公司印章,需有经办人签名、客人签名及有效证件号码和联系方式等。

(五)收取费用

门市服务员收取现金费用时一定要做到"三唱一复"。"三唱"即"唱价"(确认客人所购旅游产品的价格)、"唱收"(确认所收客人现款金额)、"唱付"(确认找给客人余款金额),"一复"即"复核"(确认所付旅游产品与收进费用相符)。若客人使用了信用卡等其他支付方式,门市服务员也要与客人核对金额并确认支付无误。

(六)结束工作

门市接待服务结束前,门市服务员应向客人明确旅游出发前应注意的各种事项,以及与导游联系的具体时间和地点,告知旅游途中须注意的事项。这都能使客人体验到门市服务的真心实意、周到细致,从而对门市服务留下美好的印象,并能在一定程度上发挥良好的口碑宣传效果。

二、门市服务礼仪的基本规范

门市部是具有专门接待职能的旅行社分支机构,它是旅游门市服务员工作和社交的场所。门市服务员主要负责来访客人的问询接待工作,其礼仪素养往往是客人评价旅行社的重要依据。

(一)服饰整洁

门市服务员在岗位上必须按规范着装,佩胸牌,注意个人清洁卫生,保持仪容仪表的整洁端庄,展现自尊自信的良好形象。

(二)礼貌待客

门市服务员在接待客人时,注意文明礼貌,做到不敷衍、不推诿、不顶撞、不争吵。与客人说话时,应目光注视、面带微笑。若有客人前来咨询,应立即起身,用"您好""请进""请坐""欢迎光临"等敬语,并敬上茶水表示欢迎。

门市服务员在接待中,客人较多时要先招呼其他客人先坐下,将有关资料先呈上,让其查阅,然后按先后顺序予以接待,勿使客人产生受冷落之感。

客人随意浏览旅游宣传品时,门市服务员应保持观察,揣摩客人需求,寻找合适的时机和方式,以便进入交谈过程。

在确定客人的行程计划时,要尽可能按客人的要求提供服务。对特殊要求要重复并确认。对须填写出国(境)旅游申请表的客人,要详细告知注意事项,免得增加客人不必要的往返。

客人确定旅游产品后,门市服务员须按种类和价格迅速结算,现金要当面点清,收款后将客人身份证件、找零等双手交给客人清点,并当面向客人交代清楚。

在接到客人投诉时,应耐心倾听,并详细记录客人的要求,告诉客人会尽快与有关部门联系解决。事后及时将投诉处理结果告诉客人,要以真诚的态度赢得客人的信任。

与客人道别时,应起立并使用道谢和祝愿语。

(三)保持安静

门市服务员与同事交谈工作时音量不宜太高,不要在过道里、走廊上大声呼唤同事。拨打或接听电话时语调要平和、文明,时刻注意保持环境安静。

【学习与思考】

一、单项选择题

1. 客人对整个饭店的印象从_____开始,在_____结束。填入横线处的内容,最恰当的一项是(　　)。

A. 前厅部,餐饮部　　　　　　　B. 前厅部,客房部

C. 前厅部,前厅部　　　　　　　D. 客房部,前厅部

2.（　　）是典型的隐性服务,以不打扰客人为最高礼仪要求。

A. 餐饮服务 　　　　　　　　　　B. 总台服务

C. 客房清扫 　　　　　　　　　　D. 总台服务员

3. 示酒时,服务员_____以服务巾托住瓶底,_____扣住瓶口,将酒的商标_____朝向客人。填入横线处的内容,最恰当的一项是(　　)。

A. 左手,右手,反面 　　　　　　B. 左手,右手,正面

C. 右手,左手,反面 　　　　　　D. 右手,左手,正面

4. 导游既要考虑服务的程序和规范,也要考虑服务的热情和周到,还要处理可能遇到的各种突发问题。这说明导游要准备(　　)。

A. 承受抱怨 　　　　　　　　　　B. 吃苦耐劳

C. 接受投诉 　　　　　　　　　　D. 带团物品

5. 和物有关的因素,包括门市所在的周边环境和门市本身的设计、装潢、物品的成列和摆设等,属于门市的(　　)。

A. 硬环境 　　　B. 软环境 　　　C. 硬件形象 　　　D. 软件形象

二、多项选择题

1. 总机服务人员的主要任务有(　　)。

A. 转接电话 　　　　　B. 代客留言 　　　　　C. 委托代办

D. 电话查询 　　　　　E. 叫醒服务

2. 入座时,服务顺序一般是(　　)优先。

A. 女士 　　　　　　　B. 学生 　　　　　　　C. 老者

D. 尊者 　　　　　　　E. 中年人

3. 导游的一言一行虽小,但却代表着(　　)的形象。

A. 个人 　　　　　　　B. 企业 　　　　　　　C. 民族

D. 国家 　　　　　　　E. 社会

4.《导游服务质量标准》中明确要求"上团前,导游应做好必要的物质准备,带好(　　)等物品。"

A. 接待计划 　　　　　B. 导游证 　　　　　　C. 通信工具

D. 形象用品 　　　　　E. 结算凭证

5. 欢迎辞应包括(　　)。

A. 问候语 　　　　　　B. 欢迎语 　　　　　　C. 介绍语

D. 希望语 　　　　　　E. 祝愿语

三、判断题(对的打√,错的打×)

1. 凡是信奉佛教和道教的客人,因教规习俗,不能为其护顶。　　　　　　　　(　　)

2. 客房服务员在进入客房前应按铃2次,等候客人开门或确定房内无人再用工作房卡开门。　　　　　　　　　　　　　　　　　　　　　　　　　　　　　　　　(　　)

3. 若客人所点的是菜单上没有的菜肴,应根据客人的描述与厨房商量后尽量满足客人的要求,不可断然回绝。　　　　　　　　　　　　　　　　　　　　　　　　(　　)

4. 迎客前的准备工作,是导游接待工作中的第一个环节,是顺利完成接待任务的重要前提。　　　　　　　　　　　　　　　　　　　　　　　　　　（　　）

5. 旅游团队就餐,一般只安排便餐,风味餐一般需游客自行安排,导游不负责。（　　）

四、简答题

1. 简述中餐厅上菜服务礼仪。

2. 简述导游接站服务礼仪规范。

项目十四 民俗和涉外礼宾服务礼仪

 **项目目标**

1. 了解中国部分少数民族的礼仪。
2. 了解中国主要客源国的礼仪。
3. 理解涉外礼宾服务通则及涉外交往礼仪。
4. 掌握涉外礼宾次序、国旗悬挂和宴请的服务礼仪。
5. 理解涉外馈赠的礼仪。

 **思维导图**

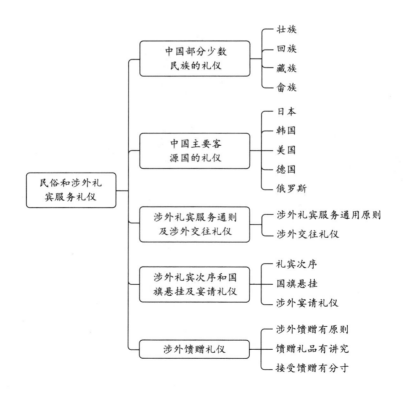

任务一　中国部分少数民族的礼仪

【学习要求】

了解壮族、回族、藏族、畲族的见面礼仪和待客礼仪。

【学习内容】

我国除汉族之外,还居住着 55 个民族,少数民族人口不多,但分布极广,除东北、西北、西南较为集中外,其余多与汉族交错居住,呈现出大杂居、小聚居的特点。

少数民族在和汉族共同创造了祖国光辉历史和灿烂文化的同时,形成了各具民族特色的礼貌礼节、饮食习惯、岁时节庆和为各自民族所遵循的禁忌等。了解各民族的习俗是做好服务工作的重要前提。一方面要熟悉目的地民族的习俗,做到客观宣传、介绍;另一方面要了解主要客源地的有关民族习俗,做到尊重客人的民族习惯,以礼相待,避免触犯禁忌,并针对客人的需求特点,提供个性化服务。

一、壮族

第七次全国人口普查数据显示,壮族是我国人口最多的少数民族,主要分布在广西壮族自治区、广东省、云南省、浙江省、贵州省等地。

客人到访时,壮族人会在力所能及的情况下给客人提供最好的食宿。招待客人的餐桌上会备酒,以显隆重。敬酒的习俗俗称穿杯,其实并不用杯,而是用白瓷汤匙互相敬酒。

二、回族

回族主要分布在宁夏回族自治区、甘肃省、新疆维吾尔自治区、河南省、青海省等地。

回族有"持家从俭,待客要丰"的优良传统。家里来客,主人立即相迎沏茶。倒茶水要当着客人的面,上盖碗茶时双手捧递,以表示对客人的尊敬。客人应起立双手接过茶碗。

三、藏族

藏族主要分布在西藏自治区、四川省、青海省、甘肃省、云南省等地。

敬献哈达是藏族待客的一种最高的礼仪,表示对客人的热烈欢迎和真挚敬意。青稞酒和酥油茶常被藏族人民用来招待客人。接待客人时,无论是行走还是言谈,总是以客人或长者为先,并使用敬语,忌讳直呼其名;迎送客人要躬腰屈膝,面带笑容。

四、畲族

畲族主要分布在中国的东南部,包括福建、浙江、江西、广东、贵州等省份。

畲族人以热情好客著称,当有客人来访时,畲族人通常会先为客人敬茶。一般来说,这一仪式会进行三道,寓意着"一碗苦,两碗补,三碗洗洗嘴"。客人在接过主人的茶后,通常需要品尝三碗茶,即使客人不主动要求续茶,主人也会依礼完成三道茶敬献。

任务二　中国主要客源国的礼仪

【学习要求】

了解日本、韩国、美国、德国、俄罗斯的社交礼仪和习俗禁忌。

【学习内容】

构建人类命运共同体是世界各国人民前途所在。秉承这一理念,在国际交往和礼宾服务过程中要了解和尊重他国的礼仪和生活习惯,进而促进跨文化交流,赢得尊重。

一、日本

日本首都是东京,官方语言是日语。

(一)社交礼仪

1. 见面的礼节

日本人见面通常都要互相鞠躬,鞠躬度数的大小、鞠躬次数的多少和鞠躬时间的长短,往往与对交往对象的尊敬程度成正比。行躬礼时手中不得拿物,头上不得戴帽,有时还会一边握手一边鞠躬致敬。在国际交往中,日本人也习惯行握手礼。

2. 交往的礼节

在社会生活中以"不给人添麻烦"为准则,习惯于低声交谈。无论自己是否开心,在外人面前必须面带笑容,日本人认为这是一种礼貌。日本人在拜访他人时,一般避开清晨、深夜和用餐时间,拜访要事先约定,突然访问是失礼之举。结束拜访回家后,要及时电话回谢。再见面时,对主人的上次款待应再次表示感谢。在拜访他人时,日本人喜欢赠送小礼品,礼品要精心包装。日本人喜好书法,尤其是中国的书法作品,喜爱松、竹、梅、鹤和乌龟。日本人一般不当面打开礼物。

(二)习俗禁忌

在正式场合,日本人认为衣着不整齐即意味着没有教养或不尊重交往对象,忌讳衣冠不整,不论天气多么热,都要穿套装。向日本人赠送礼品时,不送装饰有狐狸和獾图案的礼品,礼品包装不扎蝴蝶结,不用亮丽色彩的包装纸,因为明亮的颜色会显得过分花哨,不够庄重。不要把印有自己公司名称的便宜物品送给日本人,如圆珠笔、T恤、广告帽,也忌送梳子。菊花是日本皇室的专用花卉,十六瓣八重表菊纹是日本皇室的徽记,不可随便使用。荷花仅用于丧葬活动。日本人忌讳数字"4"与"9",因其发音和"死""苦"相近。另外,在3人并排合影时,日本人不愿意站在中间,认为被人夹着是不幸的预兆。

二、韩国

韩国首都是首尔,官方语言是韩语。

(一)社交礼仪

1. 见面的礼节

在正式交际场合,韩国人一般采用握手作为见面礼节。在不少场合,韩国人也采用先鞠躬、后握手的方式。初次见面十分重视名片的使用。

2. 交往的礼节

应邀去韩国人家里做客,按习惯要带一份小礼物,可以是有本国特色的礼品,也可以带红酒或高品质的食品作为礼品,礼品要双手奉上。获赠礼品时也要双手接过。韩国人大多不习惯当场打开礼品包装。

(二)习俗禁忌

在韩国,席地盘腿而坐时,绝不能双腿伸直或叉开,这被认为是不懂礼貌或侮辱人的行为。韩国人对社交场合的穿着十分在意,忌讳邋遢、衣冠不整和着装暴露、过透,以及光脚参加社交活动。

三、美国

美国首都是华盛顿,官方语言是英语。

(一)社交礼仪

1. 见面的礼节

美国人见面往往以点头微笑为礼,或简单地打一声招呼,正式场合则一般以握手为礼。

2. 交往的礼节

到美国人家里做客必须先电话预约,事先未约好而直接登门,是失礼的行为。应邀去美国人家中做客或参加宴会,最好给主人带上一些小礼品,如一束鲜花、一瓶酒或一份有中国特色的小礼品之类。一般的聚会活动不宜携带小孩。对主人家中的摆设,主人喜欢听赞赏的语言,但不喜欢客人询问价格。

(二)习俗禁忌

与美国人交流,忌讳提及诸如收入、年龄、婚恋、健康、种族、血型、星座、学历、住址等被视为个人隐私的问题。在美国,若是在别人面前脱鞋和赤脚,会被视为不知礼节。美国人不提倡人际交往送厚礼,否则会被怀疑别有用心。向美国人赠送礼品时,忌讳送带有公司标志的便宜物品。美国人忌讳黑色,认为它是用于丧葬的颜色。

四、德国

德国首都是柏林,官方语言是德语。

（一）社交礼仪

1.见面的礼节

人际交往时通常以握手为礼。与德国人握手时,需坦然注视对方,握手时间可稍长,握手力度可稍大些。德国人注重称呼,对职衔、学衔、军衔较为重视,称呼时注意这些,是对交往对象的尊重。

2.交往的礼节

德国人重视信誉和时间观念。德国人邀请客人,往往提前一周发出邀请函,或打电话通知被邀请者。不论是否接受,回复要尽可能早,以便主人做准备。不赴约又不说明理由是很失礼的行为。如果受邀到德国人家中做客,通常鲜花是送女主人的最好礼物,但必须是单数,5朵或7朵皆可。另外糖果、书籍、邮册等也是德国人之间常送的礼品。在正式场合露面,德国人总体以庄重、朴素、整洁为原则。衣着一般为深色,男士穿三件套西装,女士穿裙式服装。

（二）习俗禁忌

在公共场合,德国人对窃窃私语或交叉谈话、四个人交叉握手十分反感,认为这是不礼貌的。在德国,比较重视口腔卫生,牙齿不好者会被看不起。男子不宜剃光头。向德国人送礼,不宜选择刀、剑、剪刀、餐刀和餐叉。若送剑、餐具,则请对方给一个硬币,以免所送的礼物伤害彼此的友谊。送礼一定要撕去价格标签。在德国,不能将玫瑰、蔷薇、郁金香随意送人,因为玫瑰用于表达爱意,蔷薇用于悼亡,郁金香意味着绝交。

五、俄罗斯

俄罗斯首都是莫斯科,官方语言是俄语。

（一）社交礼仪

1.见面的礼仪

初次见面时,俄罗斯人习惯行握手礼。朋友间大多会热情拥抱,有时还会互吻双颊。现在正式场合也采用"先生""小姐""夫人"的称呼。俄罗斯人非常看重社会地位,因此最好以职衔、学衔、军衔称呼他人。

2.交往的礼仪

主人请客人吃面包和盐,是最殷勤的招待。拜访俄罗斯人时,进门后要自觉地脱下外套、手套和帽子并摘下墨镜,这是一种礼貌。不要忘记说一些赞美之词,如对家具摆放表示赞美,对女主人的烹饪手艺表示赞扬,这既是对主人的尊重,也是表示对主人款待的感谢。俄罗斯人的姓名,一般情况下由本人名字、父母名字和姓氏组成,商务场合为了表示尊敬,可将其名和父名在一起称呼,不能只称姓。

（二）习俗禁忌

在俄罗斯,卷起裤腿、撩起裙子、蹲在地上,都是失礼的行为。俄罗斯人崇拜盐和马,不喜欢黑猫,认为它不会带来好运气,也不喜欢兔子。打碎镜子和打翻盐罐,都被认为是不吉利的预兆。俄罗斯人喜爱红色,忌讳黑色,黑色用于丧葬;认为双数不吉利,单数吉利。

任务三 涉外礼宾服务通则及涉外交往礼仪

【学习要求】

1. 理解涉外礼宾服务通则。

2. 掌握涉外迎送、会见和会谈的礼仪。

【学习内容】

随着国际交往、经贸合作、跨国旅游的日渐频繁,涉外礼宾服务已经成为现代服务的重要内容。只有了解国际交往中涉外礼宾服务的基本礼仪通则,才能在国际交往中做到既尊重对方,又维护国家和个人的尊严。

一、涉外礼宾服务通用原则

每个国家与地区,都有自己独特的文化和人际交往特点。世界各国在长期的跨文化交流中,逐步形成了在国际交往中以礼相待、礼尚往来的国际惯例和涉外礼宾规范。而我国的涉外礼宾服务通则,是在尊重国际交往惯例,尊重各个国家民族心理、文化习俗的基础上不断完善而成的。

(一)不卑不亢,体现平等

所谓不卑不亢,即个人在参与国际交往活动时,应该意识到自己的言行举止无不代表着自己的国家、民族,代表着自己所属的团体,既要维护本国利益,又要尊重他国的利益和尊严。

"不卑"是在涉外交往中不妄自菲薄、卑躬屈膝甚至丧失民族气节;"不亢"是在涉外交往中不自大狂傲、唯我独尊甚至以强欺弱。可见不卑不亢的核心是平等,是国家不分大小强弱,人不分种族信仰,在对外交往中都应平等相待,这正是国际礼仪的一项重要原则。

(二)信时守约,讲究诚信

信时守约,指在一切正式的涉外交往中,都必须严格遵守自己所有的承诺。信用是一个人在社会上的无形名片。信时守约包含两个方面的内容和要求:一方面是对时间承诺的信守,另一方面要求参加国际活动的人员不要轻易承诺,以防出现不能信守承诺的尴尬局面。信时守约,讲究诚信,要做到以下三个方面。

(1)谨慎承诺。从现实环境和自己的实际能力出发,谨慎行事,量力而行。

(2)信守约定。自己做出的承诺要及时兑现,自己做过的约定要如约践行。在涉外交往中唯有信守约定才能获得对方的信任和好感,赢得尊重和合作。

(3)失约道歉。由于难以抗拒的因素而使自己单方面失约,或者有约时,要尽早通报有关各方,致以郑重道歉,并主动承担给对方造成的物质方面的损失。

(三)入乡问禁,知己知彼

入乡问禁,指在涉外交往中,注意尊重外国友人所特有的习俗,恰如其分地向外国友人表达我方的亲善友好之意。

(1)了解习俗差异。所谓"入境而问禁,入国而问俗,入门而问讳",这些"禁、俗、讳",就是各国各民族在文化习俗上的特点,唯有充分了解,才能在涉外交往中减少麻烦,避免误会。这是知己知彼首先该有的含义。

(2)尊重习俗差异。了解了他国他民族特有的习俗后,尊重外国友人所特有的习俗,有助于增进双方之间的理解和沟通,在涉外交往中做到胸有成竹、表现自如。

(四)热情有度,尊重隐私

热情有度指在涉外交往中,待人接物不仅要热情友好,更要把握好热情友好的具体分寸,不能热情过度。

在国际社会中,人们普遍讲究尊重个人隐私,这是一个人能不能做到体谅和尊重他人,是否有教养的重要标志之一。尊重隐私原则,主要指尊重对私人信息的保密原则,凡涉及对方的私人信息,都应自觉地、有意识地回避。私人信息包括身高、体重、婚姻状况、年龄、收入、财产等个人信息。

(五)女士优先,尊重妇女

女士优先,是现代社会的一条通行礼仪。尊重妇女已经成为国际上比较普遍的做法。

"女士优先"的原则已逐步演化成为一系列具体的、操作性很强的准则,无论在何种场合,有风度的男士都应尽可能地帮助女士。

例如行走规则,在人行道上,男士走在靠车道的一边以保护女士;在上下电梯或进房间时,应请女士先行;在进入剧场或电影院时,女士在先,男士在后;男士陪女士上车,应为女士开车门,并且为女士护顶(信奉佛教和伊斯兰教者除外),协助其上车后,自己再上车;下雨时,男士要主动为女士撑伞;男女同行,男士要帮助女士拿手包以外的物品;在宴会上,应先给女士上菜;在西式家宴上,女主人位是"法定"的第一顺序位;在舞会上,男士不能拒绝女士邀请;就座时,男士应为身边的女士拉椅让座。

在国际交往场合,不遵守"女士优先,尊重妇女"原则会被看作是失礼的。

(六)以右为尊,尊卑有序

以右为尊指在涉外交往中,涉及位置的排列,原则上都讲究右尊左卑,尊卑有序,即右侧的位置在礼仪上要比左侧的位置尊贵。在国际交往中,如商务往来、社会应酬、私人交往等,需要确定桌次、位次、车位时,须坚持"以右为尊"的原则,在站立、行走和就座时,为了对客人表示尊重和友好,主人应主动居左,而请客人居右。

二、涉外交往礼仪

涉外交往礼仪,一般指在对外交往活动中,当我方为东道主时,用以维护自身和本国的形象,并对交往对象表示尊敬和友好的国际通用的礼宾接待仪式,其核心是礼待宾客,涉及的外事接待活动环环相扣。目前国际上一般通用的礼宾仪式以庄重简洁为趋势。

(一)涉外迎送礼仪

迎来送往,是国际交往中最常见的礼节。在国际礼宾服务中,迎客和送客是两个重要的环节,是礼宾服务的第一个环节和最后的收尾环节。一个精心准备的欢迎仪式,能使外宾产生良好的第一印象;一个圆满的欢送仪式,会给外宾留下难忘的美好回忆。

1. 综合确定迎送规格

我国现行惯例,是根据外宾来访的性质和目的,两国关系的现状以及主宾的身份,综合平衡,来确定迎送规格。在一般情况下,迎送外宾讲究规格对等,即主要迎送人员的职务、地位、身份与来访外宾的职务、地位、身份大体相当。如遇特殊情况,可以由职位相当者或副职出任,并应从礼貌出发,作出相应解释。

2. 准确掌握抵离时间

根据信时守约的原则,负责接待的人员必须准确掌握外宾乘坐的飞机(火车、轮船等)的抵达和离开时间,尽早通知和安排迎送人员以及相关单位前往迎送。迎接人员应在飞机(火车、轮船等)抵达之前到达机场(车站、码头等),送行则应在外宾登机(上火车、轮船等)之前抵达。

3. 细致安排迎送仪式

迎送仪式作为外事活动中迎来送往的礼宾仪式,根据国际惯例已经形成一整套规范程序。

(1)迎接礼仪。

①介绍。外宾下飞机(车、船)后,礼宾人员应主动将迎宾人员的姓名、职务一一介绍给外宾,也可由迎宾人员中身份最高者作介绍。迎宾人员随即与外宾握手寒暄表示欢迎。如遇外宾主动与我方人员拥抱时,我方可做相应表示,不要退却或勉强拥抱。

②献花。根据礼仪规格,对高级贵宾应安排献花仪式。一般在迎宾的主要领导人与外宾握手之后进行,由儿童或年轻女士献上花束。所献鲜花必须整洁鲜艳,忌用菊花、杜鹃花、石竹花或黄色花朵,有的国家乐于接受花环。

③陪车。外宾抵达之时,从机场、车站或码头前往住地,有时会安排主人陪同乘车。陪同乘车时,应先请外宾从右侧车门上车,陪同主人再从左侧车门上车,若外宾先上了车并坐到陪同主人的位置上,则无须刻意让外宾挪动座位。

不同国家因其交通规则的不同,轿车的座次礼仪各不相同。英国、日本的车辆靠左行驶,而我国是靠右行驶。以我国为例,当乘坐双排或三排座轿车时,座次的安排因驾驶者身份的不同,有两种情况:当驾驶者是专职司机时,以后排右座为尊;当主人亲自驾车时,则副驾驶座为尊,其次是后排右座,若主人亲自驾驶,只有外宾一人乘车,则外宾须坐在副驾驶座上;若多人乘车,则必须推举一人坐副驾驶座,以示对主人的尊敬。根据常识,副驾驶座是车上最不安全的座位,因此,在社交场合不宜请妇女或儿童就座;在公务场合,特别是双排五座轿车上的副驾驶座,被称为"随员座",一般专供助理、秘书译员、警卫、陪同等随从人员就座。

④入住酒店。重要外宾或大型团体来访,应安排专人、专车提取行李及时送到外宾房间。外宾抵达住处后,一般不宜马上安排活动,应让其稍事休息,至少也要给对方留出更衣的时间。

(2)送别礼仪。当送别重要外宾时,东道主一方会专门安排送行仪式,送行人员要提前列队恭候在送行地点。外宾抵达后,主人与主宾相见,随后在主人陪同下,主宾与主方送行的其他人员告别;然后主人在主宾陪同下,与来宾的其他人员告别;接着由主人陪同外宾与送行人员见面,由特定人员向外宾献花;随后外宾在主方人员陪同下,正式登上要乘坐的交通工具,宾主双方再次握手道别。

(二)会见和会谈礼仪

1. 会见的定义

涉外会见大致可以分为三种:①凡宾主身份相当的会见,通常称会晤。②凡身份高的人士会见身份低的,或是主人会见客人,一般称为接见或召见。③凡身份低的人士会见身份高的,或是客人会见主人,一般称为拜会或拜见。拜见君主,又称谒见、觐见。

在我国国内不做上述区分,一律统称为会见。

会见就其内容或目的来说,又可分为三种形式:第一种是礼节性会见,一般时间较短,话题较为广泛;第二种是政治性会见,大多涉及双边关系、国际局势等重大问题;第三种是事务性会见,一般有外交事务交涉、业务商谈等。

2. 会见的座次安排

会见通常安排在会客室、会客厅或办公室。各国会见的礼仪程序不尽相同,有的宾主分坐两边,有的则穿插坐在一起。我国习惯在会客室或会客厅进行会见,主宾坐在主人的右边,译员、记录员安排坐在主人和主宾的后面。其他外宾按礼宾顺序在主宾一侧就座,主方陪同人在主人一侧就座,座位不够可在后排加座。

3. 会谈的定义

会谈指双方或多方就政治、经济、文化等某些重大问题以及其他共同关心的问题交换意见。会谈也可以是洽谈公务,或就某项具体业务进行谈判。一般来说会谈的内容较为正式,政治性或专业性较强。

4. 会谈的座次安排

双边会谈时一般使用长方形、椭圆形或圆形桌,宾主各自坐在桌子一边。面向正门为上座,由外宾坐,背向正门为下座,由主人坐,主人与主宾应坐在正中间。我国习惯把译员安排在主人右侧,但有的国家让译员坐在后面,一般应尊重主人的安排。其他参加人员按一定顺序坐在左右两侧。如果会谈桌的一端对着正门,应以进门的方向为准,外宾坐在右边,主人坐在左边。

5. 会见和会谈的礼宾注意事项

无论会见还是会谈,都是常见的涉外活动,礼宾服务务必热情细致,安排务必谨慎周密。

(1)邀请。会见、会谈应事先提出。当主人主动提出会见外宾或宾主商定好要进行会谈时,东道主礼宾人员应主动将会见或会谈的时间、地点、主方出席人员的身份以及相关注意事项及时通知客方。当客方主动提出拜访主方时,应将拜见人的姓名、职务、要求会见何人、有何目的告知主方,主方应及时答复并约好时间、地点,如不方便会见,应婉言解释。

(2)准备。会见或会谈一旦确定,礼宾人员应及时将时间、地点、着装要求以及相关注意事项通知己方有关单位和人员,以便做好准备。东道主要负责布置会场,安排座位,必要时按标准悬挂国旗。会见或会谈开始前,主人应提前到场,并在正门迎接外宾。

(3)合影。合影通常安排在宾主握手之后。合影时双方人员均须站立,主人居中,主宾居主人右侧,其他的双方人员皆间隔排列。若人数较多,可以排成数行。一般而言,行的两端均应由主方陪同人员把边。

合影之后,主办方应主动向参与合影的外宾提供照片,并保证人手一张。照片忌讳他用,公务合影只宜作为资料或纪念。

任务四 涉外礼宾次序和国旗悬挂及宴请礼仪

【学习要求】
1. 掌握礼宾次序的具体排列、注意事项和国旗悬挂的基本礼仪。
2. 掌握涉外宴请的类型、宴请的桌次和席位礼仪。

【学习内容】

许多国际间的礼仪交往,都是通过迎送、会见、会谈、宴会等活动来具体体现的。虽然每个国家在社会制度、宗教信仰和民族习惯等方面有所不同,但是对倡导文明礼貌、注重礼仪礼节,都是十分重视的。为了做好国家交往活动的接待工作,必须熟悉相关的国际交往礼仪常识,掌握国际交往的工作规范和基本技能。

一、礼宾次序

所谓礼宾次序,指在国际交往中,对出席活动的国家、团体、人士的位次按照某些规则和惯例进行排列的先后次序。礼宾次序体现了东道主对外宾给予的礼遇,在国际性集会上则表示各国主权地位的平等。

(一)礼宾次序的具体排列

礼宾次序的具体排列,各国有各自的具体做法。有些排列顺序和做法已由国际法或国内法所规定,如外交代表位次的排列,在《维也纳外交关系公约》中就有专门的规定。在我国,一般采取下列做法。

1. 按身份与职务的高低排列

在官方活动中通常采用由高职到低职的顺序排列。参加者的真实身份与职务一般以得到确认的材料或对方提供的正式通知为依据。

2. 按字母顺序排列

这种排列方法多见于大型国际会议或体育比赛时,在多边活动中一般以英文字母顺序排列居多,少数情况也有按其他语种的字母顺序排列的。

在国际会议上,公布与会者名单,悬挂与会国国旗,座位安排等多按各国国名的英文拼写字母的顺序排列。例如联合国大会、各专门机构组织的会议和悬挂会员国旗等均按此法。为避免一些国家总是占据前排席位,因此在联合国大会上每年抽签一次,决定本年度大会席位以哪个字母打头,以便让各国都有机会排在前列。在国际体育比赛中,体育代表队名称的排列、开幕式出场的顺序,一般也按国名字母顺序排列(东道国一般排在最后)。

3. 按通知或抵达时间的先后排列

这种排列方法多用于团体活动。东道主对同等身份的外国代表团,可以按派遣国通知代表团组成的日期排列,也可以按代表团参加该项活动的答复时间先后排列,或者按代表团抵达活动地点的时间先后排列。无论采取何种排列方法,东道主在致各方邀请书中,都应明确注明。

(二)注意事项

实际情况中,礼宾次序的排列方法常常交叉结合使用。如果在一个多边国际活动中,有身份级别的,首先按身份和职务大小排列;身份级别相同的,按通知和抵达时间的先后确定(仅就团体排位而言);同级又同时收到通知或同日期抵达的,则按字母或笔画顺序排列。在安排礼宾次序时,还要考虑到其他因素,一般常把同一国家集团、同一地区、同一宗教信仰或关系特殊的国家代表团安排在一起;同一级别的人员常把威望高、资历深、年龄大者排在前面;有时还要考虑到相关业务性质、相互关系、语言交流等方面的因素。

二、国旗悬挂

国旗是国家的标志性旗帜,是国家的象征。人们往往通过悬挂国旗,表示对本国的热爱或对他国的尊重。在一个主权国家领土上,一般不得随意悬挂他国国旗。在中国悬挂国旗必须遵循《中华人民共和国国旗法》和外交部的相关规定。在国际交往中,还形成了悬挂国旗的一些惯例,为各国所公认。

(一)国旗悬挂的场所

(1)按国际关系准则,一国元首、政府首脑在他国领土上访问,在其住所及交通工具上悬挂国旗是一种外交特权;东道国接待来访的外国元首、政府首脑时,在隆重的场合,在贵宾下榻的酒店、乘坐的汽车上悬挂对方(或双方)的国旗是一种对外宾的礼遇。

(2)一个国家的使馆和使馆长有权在其办公处和官邸,以及交通工具上悬挂本国国旗,这也是一种外交特权。

(3)在国际会议上,除会场悬挂与会国国旗外,各国政府代表团团长也可按会议组织者有关规定,在一些场所或车辆上悬挂本国国旗。有些展览会、体育比赛等国际性活动,也往往悬挂相关国家的国旗。

(二)国旗悬挂的要求

(1)不得使用受污染和损坏的国旗。

(2)升挂国旗时,旗应升至杆顶。在建筑物上,或在室外悬挂国旗,一般应日出升旗,日落降旗。升降国旗时,服装要整齐,要立正脱帽行注目礼。

(3)悬旗志哀时,通常的做法是降半旗,即先将旗升至杆顶,再下降至离顶相当于杆长1/3的地方。降旗时升至杆顶,然后再下降。也有的国家不降半旗,而是在国旗上方挂黑纱志哀。

(4)按国际惯例,在悬挂双方国旗时,以右为上。两国国旗并挂,以旗本身面向为准,右挂客方国旗,左挂本国国旗。汽车上挂国旗,则以汽车行进方向为准,驾驶员左手为主方,右手为客方。所谓主客,是以举办活动的主人为依据,而并非活动举行所在国。例如外国代表团来访,东道国举行的欢迎宴会,东道国为主人;答谢宴会,来访者是主人。

（5）国旗不能倒挂，一些国家的国旗由于文字和图案的原因，也不能竖挂或反挂。有些国家明确规定，竖挂需另制旗，将图案转正。如果旗是挂于墙壁上，应避免交叉悬挂和竖挂。

（6）各国国旗的图案、式样、颜色、比例均须符合各国法定标准。不同国家的国旗并排悬挂时，应将其中一面略放大或缩小，以使旗的面积大致相同。

（三）涉外国旗悬挂的排序

鉴于上述情况，在我国境内有可能升挂外国国旗，因此客观上就会有中外国旗悬挂的排序问题。

1. 双边排序

在中国境内举行双边活动，凡中方所办活动，外国国旗应置于上首；凡外方所办活动，则中方国旗应置于上首。

（1）两国国旗并列升挂。无论是墙上悬挂还是地面升挂，都以国旗自身面向为准，以右为上。

（2）两国国旗交叉悬挂。正式场合，两国国旗可以交叉摆放在桌面，也可以悬空交叉悬挂。

（3）两国国旗竖式悬挂。中外国旗可以竖式悬挂，以国旗自身面向为准，以右为上。

竖挂国旗有两种具体方法，两者都以正面朝外，或者是主方国旗正面朝外，客方国旗反面朝外。

2. 多边排列

在中国境内，中国国旗与其他多国的国旗并列悬挂时，中国国旗应处于荣誉地位。

三、涉外宴请礼仪

宴请不是一般意义上的用餐，作为涉外交往中的一项重要的礼宾形式，宴请既可以向外宾展示东道主独特的饮食文化，又有着应酬答谢、祝贺共勉、联络感情、结交朋友、增加接触机会等功能，因此礼节在宴请活动中有着举足轻重的地位。

（一）宴请的类型

宴请因规格、菜肴、人数、时间、着装等方面的不同要求，可划分为多种形式。国际通用的宴请形式主要分为宴会、招待会、茶会和工作餐四种。本书重点介绍宴会和招待会。

1. 宴会

宴会常用于庆祝节日、纪念日，表示祝贺，迎送贵宾等事项，是最正式、最隆重的宴请形式。宴会的种类复杂，名目繁多。根据宴会的规格，可分为国宴、正式宴会和便宴（商务宴会）。

（1）国宴。国宴是国家元首或政府首脑为招待国宾和其他贵宾，以及为国家庆典和重大外交活动而举行的正式宴会。在所有宴会中，国宴规格最高，形式最为隆重，礼仪要求最严格。宴会时一般有现场乐队奏乐，悬挂国旗，致辞或者祝酒。

（2）正式宴会。正式宴会规格仅次于国宴，宾主需要按照身份排位就座，除了不挂国旗、不奏国歌、出席人员规格不同，其余安排大致与国宴相同。

(3)便宴。便宴不属于正式宴会,可以不排席位,不做正式讲话,较为随意亲切,更适合日常友好往来。

无论形式怎样,宴会作为正餐,需要安排座席,由服务人员按顺序上菜。一般而言,晚上举行的宴会比其他时间段更为隆重。一般情况下,宴会持续时间为 2 小时左右。

2. 招待会

招待会指各种不备正餐、安排较为灵活的宴请方式。备有食品和酒水,参加者不固定席位,或站或坐,可以自由活动,方便宾主间广泛接触和交谈。

(1)冷餐会。冷餐会又称自助餐会,是一种非常流行、灵活方便的宴请形式。根据主客双方的身份,冷餐会的规格可高可低。在我国,官方举行的大型冷餐会往往使用圆桌,设座椅,在主宾席安排座位,其余各席不固定席位。

冷餐会的举办时间一般在中午 12 点至下午 2 点、下午 5 点至 7 点。常在室内或花园中举行,设置小桌子和椅子,与会者自由入座,或站或坐。若宴请人数较多,可以不安排席位。菜肴以冷食为主,也可以提供热菜。与会者自由活动,多次取食,氛围轻松。

(2)酒会。酒会又称鸡尾酒会。酒会主要提供各种饮品,其中以酒精饮品为主。规格可高可低,适用于节日庆典、各种仪式及招待性演出之后。酒会以酒水为主,供应的酒类品种比较多,但少见烈性酒,并配有各种果汁;备有小吃,多为三明治、面包、小香肠、炸春卷等,不设刀叉,以牙签取食。通常不设座椅,仅置茶几或小桌,食品和酒水由服务人员托盘端送或部分放在小桌上,由与会者随意取食。

酒会举办的时间较为灵活,上午、中午、下午、晚上皆可,请柬上往往注明整个活动的持续时间,与会者可以在其间灵活掌握时间,到达或退席十分自由。

(二)宴请的桌次和席位礼仪

1. 中餐桌次席位的安排

中餐礼仪中,席位排列是一项十分重要的内容,关系到来宾身份和主人给予对方的礼遇程度。中餐宴请活动中,往往采用圆桌布置菜肴酒水。采用一张以上圆桌安排宴请时就会出现桌次的尊卑问题。

(1)两桌组成的小型宴请,在安排桌次时,注意以下原则:

①面门定位。如果横排,以面对正门位置来确定,以右为尊,以左为卑。

②以远为尊。如果竖排,视距离正门的远近,以远为上,以近为下。

(2)三桌或三桌以上的宴请,在安排桌次时,注意以下原则:

①居中为尊。各桌围绕在一起时,居于正中央的圆桌为主桌。

②以右为尊。各桌横向并列时,以面对正门位置来确定,右侧圆桌高于左侧圆桌。

③以远为尊。各桌纵向排列时,以距离正门远近来确定,距离越远,桌次越高。

2. 中餐的席位礼仪

(1)面门为主。主人大多应当面对正门而坐,并在主桌就座。

(2)各桌同向。各桌都应有一位主桌主人的代表在座,也称各桌主人。其位置与主桌主人同向。

(3)右高左低。各桌以该桌主人面向为准,其右为尊,其左为卑。同桌中距离该桌主人座位近者为上,远者为下。

(4)临景为上。高档餐厅中往往有优美的风景或高雅的演出,供用餐者欣赏。这时观赏角度最佳的席位为上座。

在涉外宴请时,中餐圆桌的席位安排借鉴了西方宴会礼仪,具体可分为两种情况:当每桌只有一个主人时,主宾在主人右侧就座,每桌只有一个谈话中心。当每桌有两个主位时,即主人夫妇坐在同一桌,以男主人为第一主人,女主人为第二主人,主宾和主宾夫人分别坐在男女主人的右侧,从而形成两个谈话中心。

每一张圆桌上,安排就餐的人数应限制在 10 人以内,并且为双数,尤其要避免 13 人。人数过多,会因为过于拥挤而照顾不周。

3. 西餐桌次席位的安排

(1)西餐的桌次礼仪。西餐宴会一般使用长桌,桌子的设置可根据参加人数的多少和场地的大小而定。正式宴会上,桌次的高低尊卑以距离主桌位置的远近而定,越靠右的桌次越尊贵。桌次较多时一般摆放桌次牌。若用餐人数较多,可以把长桌拼成其他造型,以便大家一起用餐。

(2)西餐的席位礼仪。除极其盛大的西餐宴会,大多情况下,西餐宴会一般不涉及桌次,席位安排主要是位次问题。西餐席位安排与中餐席位排列有所差别。

①女士优先,交叉排列。西餐礼仪往往体现女士优先原则。在安排用餐席位时,一般女主人为第一主人在主位就座,男主人作为第二主人坐在第二主人位。西餐排位一般会将男女客人交叉排位,以便每一位女士都能得到在她左边的男士的帮助。英国式的席位顺序是主人坐在桌子两端,原则上男女交叉而坐;法国式的席位顺序是主人相对坐于桌子中央,以女主人的座位为准,主宾在女主人的右上方,主宾夫人坐在男主人的右上方。

②面门为上,以右为尊。面对餐厅正门的座位要高于背对餐厅正门的座一位,按照礼仪规范,就某一具体座位而言,其右侧座位要高于左侧座位。同一张桌上越靠近主人的座位越尊贵。

无论是何种宴请活动,桌次和席位的安排依据是礼宾次序。在具体安排位时还需考虑一些其他因素。如多边活动中,需要注意外宾之间的政治关系,政治分歧大、两国关系紧张者应尽量避免安排在一起;使用同一种语言者、从事同一种职业者可以尽量安排在一起。译员一般安排在主宾右侧,也有些国家译员不上席而是坐在主人和主宾背后,这些具体情况需要灵活处理。

任务五 涉外馈赠礼仪

【学习要求】
理解涉外馈赠的原则和接收馈赠的注意事项。
【学习内容】
礼物是人际交往的有效媒介之一。在涉外交往中,得体的馈赠作为一种非语言的重要交际方式,犹如无言的使者,以物寄情,传达着对受礼人的祝贺、酬谢、慰问、友好之情和温暖关怀之意。

一、涉外馈赠有原则

(一)馈赠须恰当

常言道"千里送鹅毛,礼轻情意重"。礼品的选择,应该既体现自己的美好祝愿和情感,又能使对方产生愉悦的心情。因此,要针对性地考虑对方诸如年龄、性格、兴趣、品位、文化素养、家庭环境、避讳等具体情况择定礼品。同时,馈赠礼物的价值不应以价格高低衡量,而应以对方能愉快接受为尺度。在许多国家都不流行赠送过于贵重的礼品,因为这可能会让受礼者产生受贿的感觉。

(二)馈赠看时机

及时适宜地送出礼品,会增强馈赠的效果。向对方表示祝贺或欢庆时,可在双方见面之初向对方馈赠礼品或提前赠送。出席宴会时想向主人馈赠礼品可在宴会临近结束、起身告辞时进行。会见、会谈时要向主人馈赠礼品,一般在活动快结束、起身告辞时进行。

作为东道主接待国外来宾,想赠送对方礼品时,可在外宾向己方赠送之后回赠;也可在外宾临行前一天,前往探访赠送。出访他国有接待方专门派人陪同,可在开始不久就赠送一些小礼品。

赠礼的过程中,要注意一般由最高职位者代表本方向对方赠送礼品,是从对方地位最高者开始逐渐往下赠送,同一级别的人员应先赠年长者、后赠年少者,先赠女士、后赠男士。

(三)馈赠有特色

在涉外交往中向外宾赠送礼品,往往选择具有艺术特色、民族特色、地方特色的礼品。诸如代表中国文化的印章、陶瓷、书画,反映民间艺术的风筝、纸、刺绣、精巧的工艺品、茶叶等既携带方便又具有文化内涵的礼品,都是馈赠的佳品。

(四)馈赠要避忌

礼品选择不当是馈赠的最大禁忌。在涉外馈赠中要注意:现金和有价证券、珠宝首饰、药品或营养品、广告性或宣传性物品、易于引起异性误会的物品、粗制滥造之物或过季商品、涉及国家机密和商业机密的物品、有违社会公德或违法物品、有违他人习俗禁忌之物,都是不宜送给外宾的。另外,在挑选礼品时,要注意对方在民族、宗教信仰等方面的习俗禁忌。

二、馈赠礼品有讲究

要使对方愉快地接受馈赠,并不是件容易的事情,应注意以下四个方面。

(一)精心包装

精美的包装不仅使礼品的外观更具艺术性和高雅的情调,提高礼品档次,还能显现出赠礼人的文化和艺术品位,以及对受礼者的重视程度。外宾一般对礼品包装的精美程度和礼品的观赏价值比较重视。

(二)注意场合

赠礼场合的选择十分重要。通常情况下,当众只给一群人中的某一个人赠礼是不合适的,因为那会使受礼者有受贿和受愚弄之感,而且会使没有受礼的人有受冷落和受轻视之感。给关系密切的人送礼也不宜在公开场合进行,只有礼轻情重的特殊礼物才适宜在公开场合赠送。

(三)表达自然

送礼时要起身,神态自然,双手或右手递送,落落大方的动作伴随简短的礼节性用语。送礼时可附上卡片,在上面写上祝福的短语。

(四)重视细节

赠送外宾礼品时,要撕去礼品上的价格标签。赠送时不要因为客套而说些贬低礼品的话。诸如"区区薄礼,不成敬意""顺便买的,还望笑纳"之类的自谦之词,会给外宾造成困惑。正确的做法是微笑并说明礼品的实用价值和艺术价值。

三、接受馈赠有分寸

接受他人馈赠的礼品时,也应讲究接受的礼仪,做到有礼得体。接受礼品时应该态度友好,双手或右手接礼。收下礼品时,一般应赞美礼品的精致、典雅或实用,夸奖赠礼者的周到和细致,并伴有感谢之辞。在许多国家,受礼人在收到礼品并称谢之后,大多习惯立即把礼品拆封,打开欣赏并适当加以赞赏,在涉外交往中接受礼品时,应加以注意。

如果拒绝接受对方的礼物要注意方式方法,通常应委婉拒绝;在涉及公务方面的场合,应直接说明原因。另外,回礼要注意时机,可以回赠同类的物品,可以选择价格差不多的礼品回赠,也可以用对对方表示尊重的方式回礼。

【学习与思考】

一、单项选择题

1. 我国人口最多的少数民族是(　　　　)。

A. 壮族　　　　　　B. 回族　　　　　　C. 藏族　　　　　　D. 畲族

2. 有客人到来,畲族人都要先敬茶,一般要喝(　　　　)。

A. 一道　　　　　　B. 两道　　　　　　C. 三道　　　　　　D. 四道

3. (　　　　)忌讳送蜡烛。

A. 日本人　　　　　　B. 韩国人　　　　　　C. 德国人　　　　　　D. 俄罗斯人

4. 在涉外交往中,唯有(　　　　)才能获得对方的信任和好感,赢得尊重和合作。

A. 谨慎承诺　　　　　　B. 信守约定　　　　　　C. 失约道歉　　　　　　D. 一视同仁

5. 国宾行车路线一般提前(　　　　)分钟实施交通管制,采取全封闭方式,待国宾车队通过后开放。

A. 10　　　　　　B. 15　　　　　　C. 20　　　　　　D. 30

二、多项选择题

1. 应邀去美国人家中做客或参加宴会,最好给主人带上一些小礼品,如( )。

A. 一束鲜花 B. 一瓶酒 C. 一个红包

D. 印有公司标志的产品 E. 中国特色的小礼品

2. 俄罗斯人通常不吃( )。

A. 海参 B. 海蜇 C. 乌贼

D. 黄花菜 E. 木耳

3. 下列选项中,属于我国涉外礼宾服务通则的有( )。

A. 以右为尊,尊卑有序 B. 女士优先,尊重妇女

C. 信时守约,讲究诚信 D. 热情有度,尊重隐私

4. 在一般情况下,迎送外宾要讲究规格对等,即主要迎送人员的( )与来访外宾的大体相当。

A. 职务 B. 地位 C. 身份

D. 年龄 E. 身高

5. 宴请不是一般意义上的吃喝,作为涉外交往中的一项重要的礼宾形式,既可以向外宾展示东道主独特的饮食文化,又有着( )等功能,因此礼节在宴请活动中有着举足轻重的地位。

A. 应酬答谢 B. 祝贺共勉 C. 联络感情

D. 结交朋友 E. 增加接触机会

三、判断题(对的打√,错的打×)

1. 日本人见面通常都要互相鞠躬,鞠躬度数的大小、鞠躬次数的多少和鞠躬时间的长短,往往与对外交往对象的尊敬程度成反比。 ( )

2. 德国人邀请客人,往往提前一周发出邀请函或打电话通知被邀请者。 ( )

3. 英国、日本的车辆靠右行驶,而我国是靠左行驶。 ( )

4. 外国代表团来访,东道国举行的欢迎宴会,来访者是主人;答谢宴会,东道主为主人。 ( )

5. 在中国境内,中国国旗与其他多国的国旗并列悬挂时,中国国旗应处于荣誉地位。 ( )

四、简答题

1. 简述藏族敬青稞酒的礼节。

2. 简述国旗悬挂的要求。

模块一　旅游概论

项目一　旅游概述

一、单项选择题

1. B　2. C　3. A　4. A　5. C　6. C　7. C　8. A　9. A　10. A　11. A　12. C　13. B　14. A　15. A

二、多项选择题

1. ABCD　2. ABCD　3. ABCD　4. ACD　5. CD　6. ABCD　7. ACD　8. BCD

三、判断题

1. ×　2. √　3. ×　4. ×　5. √　6. √　7. √　8. ×

项目二　旅游活动的基本要素

一、单项选择题

1. A　2. B　3. B　4. A　5. C　6. C　7. C　8. D

二、多项选择题

1. ABD　2. ABC　3. ABCD　4. ABD　5. AB C

三、判断题

1. √　2. √　3. ×

项目三　旅游业的构成

一、单项选择题

1. C　2. D　3. C　4. C　5. B　6. D　7. A　8. B　9. A　10. C

一、多项选择题

1. ABC　2. ABD　3. AB　4. ABCD　5. ABC

三、判断题

1. √ 2. √ 3. √ 4. √ 5. ×

项目四　旅游市场

一、单项选择题

1. B　2. B　3. C　4. B　5. C　6. A　7. D　8. C

二、多项选择题

1. ABCD　2. ABCD　3. ACD　4. AB　5. ABC　6. BC　7. AD

三、判断题

1. ×　2. √　3. ×　4. ×　5. √　6. ×　7. √　8. ×　9. √

项目五　旅游业的发展趋势

一、单项选择题

1. D　2. C　3. B　4. C　5. B　6. A　7. B　8. D　9. A

二、多项选择题

1. ABCD　2. ABCD　3. ABCD　4. ABCD　5. ABD

三、判断题

1. ×　2. √　3. √　4. √　5. √　6. ×　7. ×

模块二　食品营养卫生

项目六　营养学概述

一、单项选择题

1. C　2. A　3. C　4. B　5. C　6. C　7. C　8. B　9. B　10. C

二、多项选择题

1. ABCDE　2. ABC　3. DE　4. ABC　5. ABCDE

三、判断题

1. ×　2. ×　3. ×　4. √　5. ×

项目七　各类食物的营养价值与卫生

一、单项选择题

1. B　2. C　3. C　4. C　5. B　6. A　7. C　8. B　9. C　10. D

二、多项选择题

1. ABCDE　2. ABCE　3. ABCDE　4. ABCDE　5. ABCDE

三、判断题

1. ×　2. ×　3. √　4. ×　5. √

项目八　合理营养与平衡膳食

一、单项选择题

1．B　2．A　3．A　4．C　5．B　6．C　7．C　8．B　9．B　10．B

二、多项选择题

1．ABCD　2．ABCD　3．ABCDE　4．ABCD　5．ACD

三、判断题

1．×　2．×　3．√　4．×　5．×

项目九　食品安全

一、单项选择题

1．C　2．A　3．C　4．A　5．C　6．B　7．B　8．B　9．B　10．A

二、多项选择题

1．ABC　2．ABCD　3．ABCDE　4．ABCD　5．ABCDE

三、判断题

1．×　2．×　3．√　4．×　5．×

模块三　礼貌礼仪

项目十　服务礼仪与服务意识

一、单项选择题

1．D　2．D　3．A　4．D　5．C

二、多项选择题

1．DE　2．BCDE　3．ABC　4．ABD　5．ABCDE

三、判断题

1．√　2．×　3．×　4．√　5．×

四、简答题

1．提升个人素质;调节人际关系;塑造企业形象;提高竞争附加值。

2．充分调查并了解客人的合理需求;深入挖掘并发现客人的隐性需求;创新服务并合理满足客人的超常规需求;认真对待并妥善处理客人的投诉。

项目十一　社交能力培养和言谈技巧提升

一、单项选择题

1．B　2．A　3．B　4．B　5．A

二、多项选择题

1. ABD　　2. BCD3. AB　　4. ABCDE　　5. CD

三、判断题

1. ×　　2. √　　3. ×　　4. √　　5. √

四、简答题

1. 握手的顺序原则为位尊者有决定权,即由位尊者决定双方是否有握手的必要。遵循这一原则,握手的先后顺序为:男女之间,男方要等女方先伸手后才能握手,如女方不伸手,无握手之意,可用点头或鞠躬致意;长幼之间,年幼的要等年长的先伸手;上下级之间,下级要等上级先伸手,以示尊重。

另外要注意的是,在宾主之间的握手顺序上不仅应遵循"以客为尊"的原则,还要讲究"迎来送往,主客有序"的原则。即在迎接客人时,由主人先伸手,以示欢迎客人;在送别客人时,由客人先伸手,主人再伸手回握,否则会有逐客之嫌。

当握手双方身份相当时,谁先伸手都可以。

2. 有效聆听,适当呼应;善于提问,巧妙插话;委婉拒绝,温和缓解;幽默表达,从容行事。

项目十二　职业形象塑造和礼仪危机处理

一、单项选择题

1. B　　2. D　　3. D　　4. C　　5. C

二、多项选择题

1. ACDE　　2. ACDE　　3. BDE　　4. ABCD　　5. ABCD

三、判断题

1. √　　2. √　　3. ×　　4. √　　5. √

四、简答题

1. 塑造有魅力的职业形象应考虑三个因素。第一,应考虑自身的性格、价值观及成长背景等。第二,要对自己的个人角色进行职业化转变,根据自己的职业角色准确定位,不能错位。第三,应注意"首轮效应",注重第一印象的塑造。从心理学的角度分析,人们对你的第一印象会影响和你交往的连续性。我们应内外兼修,创造适宜的职业形象。

2.(1)服务方面的原因。如客房卫生的清洁不达标;服务人员动用了客人房间里的物品;服务人员工作中的说笑声影响了客人休息。

(2)设施方面的原因。如饭店空调失灵、家具破损、设备陈旧。

(3)管理方面的原因。如客人物品丢失或被盗;旅游合同不规范。

项目十三　饭店及游客接待服务礼仪

一、单项选择题

1. C　　2. C　　3. B　　4. B　　5. A

二、多项选择题

1. ABDE　2. ACD　3. ABCD　4. ABE　5. ABCDE

三、判断题

1. ×　2. ×　3. √　4. √　5. ×

四、简答题

1. 上菜前,服务员从传菜员手中接过菜肴时应先确认,在仔细检查无误后立即将菜肴端上桌。上菜的同时报出菜名,慢慢地转动转台,让在座的客人欣赏菜肴。最好的方式是一边转动转台,一边介绍菜肴的特色及烹饪方法。当所有的菜肴都上完以后,服务员应告知客人,并请客人慢慢享用。

2.(1)提前到达。导游应提前30分钟抵达接站地点(一般为机场、车站、码头)。导游应正确佩戴导游胸卡,持导游旗、接站牌,以方便游客辨认。

(2)热情相迎。待旅游团抵达后,导游要主动上前认找。初次与游客见面,须主动向游客问候并表示旅途辛苦的慰问,然后介绍自己的单位及姓名。介绍完毕后,应和游客共同核对团号、实际抵达人数、名单,了解游客的特殊要求等。

(3)集合登车。导游应手持导游旗,带领游客集合登车。在引领过程中,导游应始终走在团队前方约1米处。待到达旅游车前,导游必须协助游客摆放行李,招呼游客按顺序上车。游客上车时,导游应站在车门一侧问候游客,并照顾游客上车。游客上车坐定后,导游要礼貌地、仔细地清点人数,清点无误后方可示意司机开车。车子发动时,要提示游客坐稳。

项目十四　民俗和涉外礼宾服务礼仪

一、单项选择题

1. A　2. B　3. D　4. B　5. B

二、多项选择题

1. ABE　2. ABCDE　3. ABCDE　4. ABC　5. ABCDE

三、判断题

1. ×　2. √　3. ×　4. ×　5. √

四、简答题

1. 敬青稞酒是藏族的一种礼俗。敬酒以满杯为敬,主人除用手蘸酒弹三下外,还会在五谷斗中抓一点青稞向空中抛酒三次。酒席时主人端酒杯先饮一口而后一饮而尽,饮完头杯酒大家才能自由饮用。敬酒时,客人先用右手无名指蘸点酒,向空中、半空、地上弹三下,以示敬天、地和祖先。然后小喝一口,主人会把杯子倒满,客人再喝一口,主人又会把杯子倒满,如此喝完三次,最后客人把杯中的酒喝完,这样主人会很高兴。

2.①不得使用受污染和损坏的国旗。②升挂国旗时,旗应升至杆顶。在建筑物上,或在室外悬挂国旗,一般应日出升旗,日落降旗。升降国旗时,服装要整齐,要立正脱帽行注目礼。③悬旗志哀时,通常的做法是降半旗,即先将旗升至杆顶,再下降至离杆顶相当于杆长1/3的地方。降旗时升至杆顶,然后再下降。④按国际惯例,在悬挂双方国旗时,以右为上。

两国国旗并挂,以旗本身面向为准,右挂客方国旗,左挂本国国旗。⑤国旗不能倒挂,一些国家的国旗由于文字和图案的原因,也不能竖挂或反挂。⑥各国国旗的图案、式样、颜色、比例均须符合各国法定标准。不同国家国旗并列悬挂时,应将其中一面略放大或缩小,以使国旗的面积大致相同。

参考文献

1. 《中华民族共同体概念》编写组．中华民族共同体概论［M］．北京：高等教育出版社，2024.

2. 周赟．中国古代礼仪文化［M］．北京：中华书局，2019.

3. 姜义华，朱子彦．中华文化通识［M］．北京：北京大学出版社，2018.

4. 徐春燕．礼貌礼节［M］．2 版．北京：高等教育出版社，2024.

5. 刘杨，梁中正．旅游职业礼仪与交往［M］．2 版．北京：高等教育出版社，2022.

6. 海英．礼仪中国［M］．北京：北京师范大学出版社，2021.

7. 吕艳芝．公务礼仪标准培训［M］．3 版．北京：中国纺织出版社，2021.

8. 杨雅蓉．高端商务礼仪：快速成为职场沟通达人［M］．北京：化学工业出版社，2021.

9. 张志毅，李灿佳．旅游心理学［M］．5 版．北京：高等教育出版社，2021.

10. 金正昆．礼仪金说：职场礼仪［M］．北京：北京联合出版公司，2019.

11. 吴宝华，张杨莉．礼貌礼节［M］．2 版．北京：高等教育出版社，2012.

12. 王丽华．旅游服务礼仪［M］．3 版．北京：中国旅游出版社，2021.

13. 金正昆．服务礼仪教程［M］．6 版．北京：中国人民大学出版社，2023.

14. 刘长凤．实用服务礼仪培训教程［M］．2 版．北京：化学工业出版社，2019.

15. 袁平．现代社交礼仪［M］．3 版．北京：科学出版社，2020.

16. 徐克茹．商务礼仪标准培训［M］．3 版．北京：中国纺织出版社，2015.